109
Cuestiones de antagonismo

Diseño interior y cubierta: RAG

Traducción de
Juanmari Madariaga

Reservados todos los derechos.
De acuerdo a lo dispuesto en el art. 270
del Código Penal, podrán ser castigados con penas
de multa y privación de libertad quienes sin la preceptiva autorización
reproduzcan, plagien, distribuyan o comuniquen públicamente,
en todo o en parte, una obra literaria, artística o científica,
fijada en cualquier tipo de soporte.

Título original: *Marx, Capital and the Madness of Economic Reason*

© David Harvey, 2017

© Ediciones Akal, S. A., 2019
para lengua española
Sector Foresta, 1
28760 Tres Cantos
Madrid - España
Tel.: 918 061 996
Fax: 918 044 028
www.akal.com

ISBN: 978-84-460-4732-2
Depósito legal: M-10.548-2019

Impreso en España

Marx, *El capital* y la locura de la razón económica

David Harvey

ARGENTINA / ESPAÑA / MÉXICO

¡Loco mundo, locos reyes, loca alianza! […]
Ese caballero de facciones suaves que se llama interés
¡El interés, el gran desvío del mundo!
El mundo, de por sí bien equilibrado,
Hecho para rodar suavemente sobre suelo plano,
Hasta que esa vil e irresistible pendiente,
Ese dueño tiránico de nuestros movimientos, el interés,
Le hace apartarse de toda indiferencia,
Dirección, propósito, rumbo, intención…
Y ese mismo desvío, ese interés,
Ese alcahuete, ese fullero, ese vocablo que lo cambia todo,
Robándole los ojos a este rey francés
Lo ha llevado de su propio y decidido apoyo
A una guerra meditada y honorable,
A una paz innoble y vilmente concertada.
¿Por qué debería yo renunciar a ese interés?
Solo porque aún no me ha cortejado.
No porque me falte fuerza para cerrar la mano
Cuando sus ángeles justos saludaran mi palma,
Sino porque mi mano, todavía no tentada,
como un pobre mendigo reniega de los ricos.
Bueno, mientras sea mendigo, renegaré
Diciendo que no hay peor pecado que ser rico
Y, cuando sea rico, mi virtud será decir
Que no hay peor pecado que ser pobre.
Si por el interés los reyes rompen sus promesas,
Sé tú mi señor, que yo he de adorarte.

    William Shakespeare, *Vida y muerte del Rey Juan* (fin del acto II)

Agradecimientos

Deseo manifestar mi agradecimiento por haberme beneficiado de una educación gratuita y de las becas que me condujeron también gratuitamente a lo largo de mi educación universitaria hasta la finalización de mi doctorado en Cambridge en 1961. Asimismo, deseo reconocer el privilegio de formar parte de la Universidad de la Ciudad de Nueva York, que, a pesar de sus muchas dificultades, todavía mantiene su misión como universidad pública para servir al interés común en la educación superior universal.

Y no querría dejar de expresar mi aprecio por John Davey, mi amigo y editor durante tantos años, quien me sugirió que escribiera este libro. Por desgracia, no vivió lo bastante para ver su publicación final. Mi buen amigo y colega Miguel Robles Duran me ayudó con el diseño de las figuras 2 y 3 y elaboró las versiones finales.

Prólogo

Durante toda su vida Marx se esforzó por comprender cómo funciona el capital. Pretendía descubrir cómo afectan a la vida cotidiana de la gente común lo que él llamaba «las leyes dinámicas del capital». Y expuso implacablemente las condiciones de desigualdad y explotación enterradas bajo la ciénaga de teorías embellecedoras propuestas por las clases dominantes. Le interesaba particularmente la manifiesta propensión del capitalismo a las crisis. ¿Se debían esas crisis, como las que él mismo conoció de cerca, en 1848 y 1857, a razones externas como las guerras, las escaseces naturales y las malas cosechas, o había algo en el propio funcionamiento del capitalismo que las hacía inevitables, con sus terribles consecuencias? Esta pregunta todavía atormenta la investigación económica. Dado el triste estado y la confusa trayectoria del capitalismo global desde el colapso de 2007-2008 –y sus impactos nocivos sobre la vida cotidiana de millones de personas–, este parece un buen momento para revisar lo que Marx logró descifrar. Tal vez haya en sus textos algunas ideas útiles que nos ayuden a aclarar la naturaleza de los problemas que afrontamos en la actualidad.

Por desgracia, no es nada fácil resumir los hallazgos de Marx y seguir sus intrincados argumentos y sus detalladas reconstrucciones. Esto se debe, en parte, al hecho de que la mayor parte de su tarea quedó incompleta; solo una pequeña parte de ella vio la luz de una forma que Marx considerara apta para su publicación. El resto nos ha llegado como una intrigante y voluminosa masa de notas y borradores, comentarios autoclarificadores, experimentos mentales del tipo «¿y si las cosas funcionaran así?» y un cúmulo de refutaciones de objeciones y críticas reales e imaginarias. En la medida en que el propio Marx se basaba en un examen crítico de las respuestas a ese tipo de cuestiones de la economía política clásica (y de sus figuras señeras, como Adam Smith, David Ricardo, Thomas Malthus, James Steuart, John Stuart Mill, Jeremy Bentham y muchos otros pensadores e investigadores), nuestra lectura de sus hallazgos a menudo exige un conocimiento práctico de las teorías de aquellos a quienes critica. Lo mismo se puede decir con respecto al método crítico con que Marx aplica la herencia de los clásicos de la filosofía alemana, y en particular de la imponente figura de Hegel, respaldada por Spinoza, Kant y muchos otros pensadores, que se remontan a los griegos (la propia tesis de doctorado de Marx tenía como objeto los filosofemas de los griegos Demócrito y Epicuro). Si añadimos a la mezcla las ideas de pensadores socialistas franceses como Saint Simon, Fourier, Proudhon y Cabet, tenemos ante nosotros la impresionante amplitud del lienzo sobre el que Marx trató de construir su obra.

Marx era, además, un analista inquieto, más que un pensador estático. Cuanto más aprendía de sus incesantes lecturas (no solo de los economistas, antropólogos y filósofos políticos, sino de la prensa financiera y de negocios, así como de los debates parlamentarios e informes oficiales), más evolucionaban sus puntos de vista (o, como algunos dirían, más complejas se volvían sus opiniones sobre diversos temas). Era un lector voraz de la literatura clásica: Shakespeare, Cervantes, Goethe, Balzac, Dante, Shelley, etc. Y no solo condimentó sus escritos (especialmente el Primer Volumen de *El capital,* que es una auténtica obra maestra) con muchas referencias literarias, sino que realmente valoraba el pensamiento de esos autores sobre el funcionamiento del mundo y se inspiró abundantemente en su método de presentación. Y, si eso no fuera suficiente, mantuvo una voluminosa correspondencia con otros pensadores en varios idiomas y preparó abundantes conferencias y conversaciones con sindicalistas británicos o comunicados de la Asociación Internacional de Trabajadores, formada en 1864 con las aspiraciones paneuropeas de la clase trabajadora. Marx fue un activista y un polemista, además de un teórico, estudioso y pensador de primera fila. Lo más cerca que estuvo de obtener unos ingresos regulares fue como corresponsal habitual del *New York Tribune,* que era uno de los periódicos de mayor circulación en Estados Unidos en aquel momento. Sus columnas, al tiempo que exponían sus puntos de vista particulares, también proporcionaban un análisis actualizado de los acontecimientos del momento.

En los últimos tiempos ha habido una oleada de estudios exhaustivos sobre Marx en relación con los medios personales, políticos, intelectuales y económicos de los que se nutría. Las obras al respecto de Jonathan Sperber y Gareth Stedman Jones son inestimables, al menos en ciertos aspectos[1]. Lamentablemente, también parecen tener como objetivo enterrar el pensamiento y la colosal obra de Marx, junto con él mismo, en el cementerio de Highgate, como un producto anticuado y defectuoso del pensamiento del siglo XIX. Para ellos Marx era una figura histórica interesante, pero su aparato conceptual tiene poca importancia hoy en día, si es que alguna vez la tuvo. Ambos olvidan que el objeto del estudio de Marx era el capital y no la vida del siglo XIX (sobre la cual tenía, ciertamente, muchas interesantes opiniones). Y el capital sigue todavía con nosotros, vivo y vigoroso en algunos aspectos, aunque en otros muestre en verdad sus dolencias, cuando no su espiralización desbordada, fuera de control, ebrio de sus propios éxitos y excesos. Marx consideraba que el concepto de capital era fundamental para la economía moderna, así como para la comprensión crítica de la sociedad burguesa. Sin embargo, uno puede leer hasta el final los volúmenes de Stedman Jones y Sperber, sin obtener la menor pista sobre cuál era el concepto de capital de Marx, y menos todavía sobre cómo podría aprovecharse hoy día. Los análisis de Marx, aunque obviamente anticuados en algunos aspectos, son, a mi parecer, aún más relevantes actualmente que en el momento en que se escribieron. Lo que en la época de Marx era un sistema económico dominante en un pequeño rincón del mundo ahora cubre toda la tierra, con asombrosas implicaciones y resultados. En la época de Marx, la economía política era un terreno de debate mucho más abierto de lo que es ahora. Desde entonces, un campo de estudio supuestamente científico, altamente matematizado y repleto de datos, llamado economía, ha logrado el estatus de una ortodoxia, un cuerpo cerrado de conocimiento supuestamente racional –una ciencia verdadera–, en cuyo seno a nadie más se admite si no es bajo la cobertura estatal o de las grandes corporaciones. Campo que tiene como complemento una creencia creciente en los poderes de las capacidades informáticas (duplicadas cada dos años) para construir, diseccionar y analizar enormes conjuntos de

---

[1] J. Sperber, *Karl Marx: A Nineteenth Century Life,* Nueva York, Liveright Publishing, 2013 [ed. cast.: *Karl Marx,* Barcelona, Galaxia Gutenberg, 2013]; G. Stedman Jones, *Karl Marx: Greatness and Illusion,* Cambridge, MA, Belknap Press, 2016 [ed. cast.: *Karl Marx: Ilusión y grandeza,* Barcelona, Taurus, 2018].

datos de todos los campos. Para algunos analistas influyentes, patrocinados por las grandes corporaciones, esto abre, supuestamente, el camino a una tecnoutopía de gestión racional (por ejemplo, de ciudades inteligentes) donde rige la inteligencia artificial. Esta fantasía se basa en la suposición de que si algo no se puede medir y condensar en bases de datos entonces es irrelevante o no existe. Mas no nos equivoquemos: los grandes conjuntos de datos pueden ser extremadamente útiles, pero no agotan el terreno de lo que se necesita saber. No ayudan a resolver problemas como los de la alienación o deterioro de las relaciones sociales.

Los comentarios premonitorios de Marx sobre las leyes dinámicas del capital y sus contradicciones internas, sus irracionalidades fundamentales y subyacentes, resultan mucho más incisivos y penetrantes que las teorías macroeconómicas unidimensionales de la economía contemporánea, que resultaron tan deficientes a la hora de explicar el crac de 2007-2008 y sus largas postrimerías. Los análisis de Marx, junto con su método característico de investigación y su modo de teorizar, no tienen precio para nuestros esfuerzos intelectuales por comprender el capitalismo de nuestro tiempo. Sus ideas merecen ser recogidas y estudiadas críticamente con toda seriedad.

¿Qué debemos hacer, pues, con el concepto de capital de Marx y sus supuestas leyes dinámicas? ¿Cómo podrían ayudarnos a comprender nuestros problemas actuales? Esas son las preguntas que exploraré aquí.

I

La visualización del capital como valor en movimiento

Die Verwandlung einer Geldsumme in Produktionsmittel und Arbeitskraft ist die erste Bewegung, die das Wertquantum durchmacht, das als Kapital fungieren soll. Sie geht vor auf dem Markt, in der Sphäre der Zirkulation. Die zweite Phase der Bewegung, der Produktionsprozeß, ist abgeschlossen, sobald die Produktionsmittel verwandelt sind in Ware, deren Wert den Wert ihrer Bestandteile übertrifft, also das ursprünglich vorgeschossene Kapital plus eines Mehrwerts enthält. Diese Waren müssen alsdann wiederum in die Sphäre der Zirkulation geworfen werden. Es gilt, sie zu verkaufen, ihren Wert in Geld zu realisieren, dies Geld aufs neue in Kapital zu verwandeln, und so stets von neuem. Dieser immer dieselben sukzessiven Phasen durchmachende Kreislauf bildet die Zirkulation des Kapitals.

Karl Marx, *Das Kapital*, MEW 23, Siebenter Abschnitt, p. 589

La transformación de una suma de dinero en medios de producción y fuerza de trabajo es el primer movimiento que efectúa la cantidad de valor cuyo cometido es funcionar como capital. Este movimiento se ejecuta en el mercado, en la esfera de la circulación. La segunda fase del movimiento, el proceso de producción, queda concluida no bien los medios de producción se han transformado en mercancía cuyo valor supera el valor de sus partes constitutivas, conteniendo, por ende, el capital adelantado originariamente, más un plusvalor. Acto seguido, es necesario lanzar, a su vez, estas mercancías a la esfera de la circulación. Hay que venderlas, realizar en dinero su valor, transformar de nuevo ese dinero en capital, y así sucesivamente, una y otra vez. Este ciclo, que ha de recorrer siempre las mismas fases consecutivas, constituye la circulación del capital.

Karl Marx, *El capital,* vol. 1, 3.ª y 4.ª ed., Sección séptima, pp. 653-54

Debo encontrar algún modo de sistematizar los voluminosos escritos de Marx sobre economía política, como son los tres volúmenes de *El capital,* otros tres volúmenes de *Teorías del plusvalor,* trabajos anteriores efectivamente publicados, como *Una contribución a la crítica de la economía política,* y los cuadernos de notas recientemente editados y publicados como los *Grundrisse,* así como los que Engels empleó como punto de partida para reconstruir minuciosamente (no sin suscitar críticas o controversias) las versiones póstumamente publicadas de los volúmenes segundo y tercero de *El capital.* Para ello necesito encontrar una forma comprensible de representar los hallazgos básicos de Marx.

En las ciencias naturales encontramos muchas representaciones simplificadas de procesos complejos, que ayudan a visualizar lo que sucede en determinado campo de investigación. Una de esas representaciones, que me parece particularmente interesante y que utilizaré como plantilla para representar el funcionamiento del capital, es la del ciclo hidrológico (figura 1). Lo que encuentro particularmente interesante es que el movimiento cíclico del H_2O implica cambios de forma. El líquido de los océanos se evapora bajo el calor del sol y asciende como vapor hasta que se condensa en las gotas de agua que forman las nubes. Si las gotitas se forman a una altitud suficiente, cristalizan como partículas de hielo, que forman los altos cirros que nos ofrecen hermosas puestas de sol. En determinado momento las gotitas o partículas de hielo se unen y a medida que se hacen más pesadas caen de las nubes bajo la fuerza de la gravedad como precipitación, que puede darse bajo toda una variedad de formas (lluvia, niebla, rocío, nieve, hielo, granizo, lluvia helada). Una vez que regresa a la superficie de la tierra, parte del agua cae directamente en los océanos; otra parte queda fija en las tierras más altas o regiones frías como hielo, que se mueve como mucho de forma extremadamente lenta; mientras que el resto fluye sobre la tierra como arroyos y ríos (volviendo a evaporarse una parte que se incorpora a la atmósfera) o bajo tierra como corrientes subterráneas que discurren hacia los océanos. Durante ese trayecto el agua es utilizada por plantas y animales, que respiran y transpiran una parte, devolviéndola a la atmósfera, y combinan otra parte en sus tejidos. También hay grandes cantidades de agua almacenada en campos de hielo o acuíferos subte-

Figura 1. El ciclo hidrológico, representado por el servicio geológico de Estados Unidos

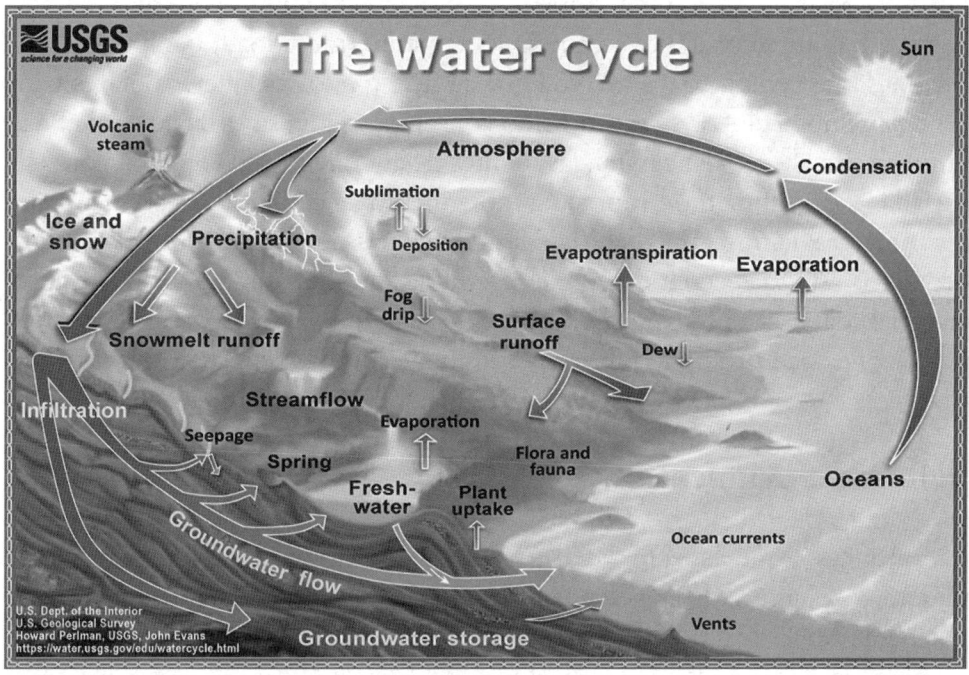

rráneos. No todo está en movimiento al mismo ritmo. Los glaciares se mueven a un ritmo proverbialmente lento, los torrentes se apresuran cuesta abajo, al agua subterránea a veces le cuesta muchos años desplazarse unos kilómetros.

Lo que más me gusta de ese modelo es que presenta el paso del H_2O por diferentes formas y estados, a distinta velocidad, antes de regresar a los océanos para comenzar todo de nuevo, algo muy similar al movimiento del capital: comienza como capital-dinero antes de asumir la forma de mercancía pasando por los sistemas de producción, de los que emerge como nuevos productos para ser vendidos (monetizados) en el mercado y distribuidos en diversas formas a diferentes grupos de titulares de derechos de propiedad (como salarios, intereses, alquileres, impuestos, ganancias), antes de regresar finalmente al papel de capital-dinero. Sin embargo, hay una diferencia muy significativa entre el ciclo hidrológico y la circulación del capital. La fuerza impulsora en el ciclo hidrológico es la energía irradiada por el sol, que es bastante constante (aunque varíe un poco). Su conversión en calor ha cambiado mucho en el pasado (haciendo pasar a la Tierra por eras glaciales o por fases de calor tropical). En los últimos tiempos el calor retenido ha aumentado significativamente debido a su retención por los gases de efecto invernadero (derivados del uso de combustibles fósiles). El volumen total de la circulación equivalente de agua permanece bastante constante o cambia lentamente (medido en tiempos históricos, más que geológicos) a medida que se derriten los casquetes polares y los acuíferos subterráneos se secan como consecuencia de su drenaje para el uso humano. En el caso del capital, las fuentes de energía, como veremos, son más variadas y el volumen de capital en movimiento se expande constantemente, con una tasa acumulativa debida a las exigencias de crecimiento. El ciclo hidrológico está más cerca de un ciclo genuino (aunque hay signos de aceleración debida al calentamiento global), mientras que la circulación de capital, por razones que pronto explicaremos, es una espiral en constante expansión.

Valor en movimiento

Entonces, ¿qué aspecto tendría un modelo de flujo del capital en movimiento, y cómo puede ayudarnos a visualizar las transformaciones de las que nos habla Marx?

Empezaré con la definición preferida de Marx del capital como «valor en movimiento». Pretendo usar aquí los propios términos de Marx, ofreciendo definiciones a medida que avanzamos. Algunos de sus términos son inusuales y a primera vista pueden parecer confusos, e incluso misteriosamente tecnocráticos. De hecho, no son demasiado difíciles de entender cuando se explican, y la única forma de ser fiel a mi misión es contar la historia del capital en el propio lenguaje de Marx.

Entonces, ¿qué significa que un «valor» esté en movimiento? Para Marx se trata de una idea muy especial, y es, pues, el primero de sus términos que requiere alguna elaboración[1]. Trataré de ir desplegando todo su significado a

---

[1] Gran parte de la prehistoria de la teoría laboral del valor aparece expuesta en R. Meek, *Studies in the Labour Theory of Value,* Londres, Lawrence and Wishart, 1973. Un repaso exhaustivo del pensamiento al respecto durante la década de 1970, cuando se debatió mucho sobre la ley del valor, puede consultarse en las once contribuciones reunidas en I. Steedman (ed.), *The Value Controversy,* Londres, Verso / New Left Books, 1981. He recurrido también a los siguientes textos: D. Elson (ed.), *Value: The Representation of Labour in Capitalism,* Londres, CSE Books, 1979; M. Heinrich, *An Introduction to the Three Volumes of Karl Marx's Capital,* Nueva York, Monthly Review Press, 2004; G. Henderson, *Value in Marx: The Persis-*

medida que avanzamos, pero su definición inicial es *el trabajo social que hacemos para otros, organizado mediante intercambios de mercancías en mercados competitivos en los que se fijan los precios*. Parece un poco complicado, pero en realidad no es demasiado difícil de digerir. Yo tengo zapatos, pero hago zapatos para vender a otros y utilizo el dinero que obtengo en esa venta para comprar a otros las camisas que necesito. En tal intercambio, lo que trueco, de hecho, es el tiempo que empleo haciendo zapatos, por el tiempo que emplea otra persona haciendo camisas. En una economía competitiva, con muchas personas haciendo camisas y zapatos, sería lógico pensar que si en promedio se emplea más tiempo de trabajo en la fabricación de calzado que en la fabricación de camisas, los zapatos deben acabar costando más que las camisas. El precio de los zapatos convergería en torno a un promedio y el de las camisas también debería converger hacia algún promedio. El valor subraya la diferencia entre esos promedios. Podría mostrar, por ejemplo, que un par de zapatos es equivalente a dos camisas. Pero obsérvese que lo que cuenta es el tiempo medio de trabajo. Si gasto una cantidad excesiva de tiempo de trabajo en los zapatos que fabrico, no obtendré su equivalente en el intercambio, lo que recompensaría mi ineficiencia. Solo recibiré el equivalente al tiempo de trabajo medio.

Marx define el valor como *tiempo de trabajo socialmente necesario*. El tiempo de trabajo que dedico a confeccionar bienes para que otros los compren y los usen es una relación social. Como tal es, al igual que la gravedad, una fuerza inmaterial, pero objetiva. No puedo diseccionar una camisa y encontrar átomos de valor en ella, del mismo modo que no puedo diseccionar una piedra y encontrar en ella átomos de gravedad. Ambas son relaciones inmateriales que tienen consecuencias materiales objetivas. No puedo exagerar la importancia de esta concepción. El materialismo físico, particularmente en su atuendo empirista, tiende a no reconocer cosas o procesos que no puedan ser físicamente documentados y directamente medidos; pero usamos conceptos como «valor» todo el tiempo. Si digo que «el poder político está muy descentralizado en China», la mayoría de las personas entenderán lo que

---

tence of Value in a More-Than-Capitalist World, Minneapolis, University of Minnesota Press, 2013; N. Larsen, M. Nilges, J. Robinson y N. Brown, *Marxism and the Critique of Value* (eds.), Chicago, MCM Press, 2014; B. Ollman, *Alienation*, Londres, Cambridge University Press, 1971; R. Rosdolsky, *The Making of Marx's Capital*, Londres, Pluto Press, 1977 [ed. cast.: *Génesis y estructura de El Capital de Marx (Estudios sobre los Grundrisse)*, Siglo XXI, 1978]; e I. Rubin, *Essays on Marx's Theory of Value*, Montreal, Black Rose Books, 1973.

Figura 2. Los caminos del valor en movimiento, derivados del estudio de los escritos de Marx sobre economía política

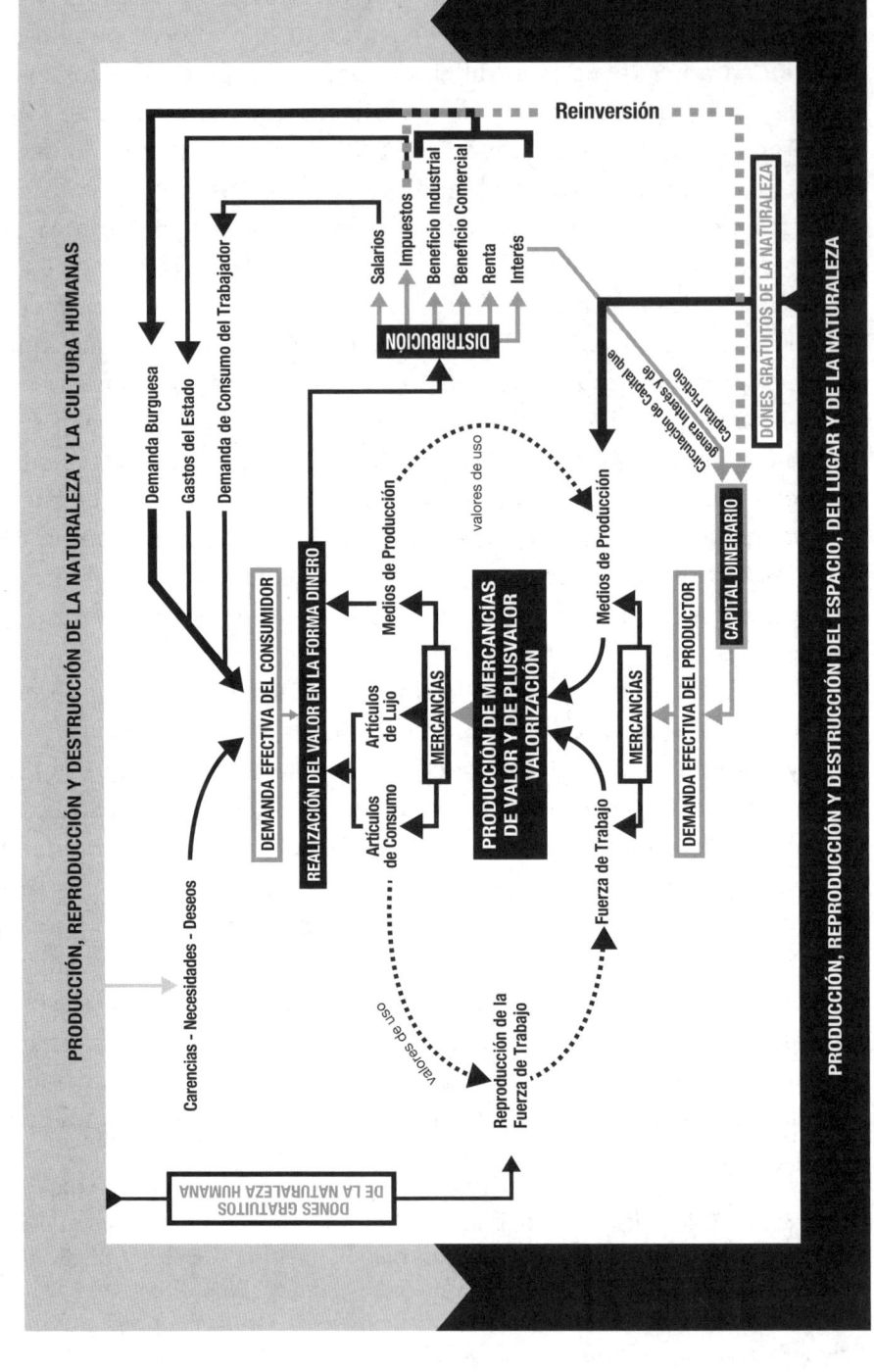

quiero decir, aunque no podamos salir a la calle y medirlo directamente. El materialismo histórico reconoce la importancia de los poderes inmateriales, pero objetivos, de este tipo. Por lo general recurrimos a ellos para dar cuenta del colapso del Muro de Berlín, la elección de Donald Trump, los sentimientos de identidad nacional o el deseo de las poblaciones indígenas de vivir de acuerdo con sus propias normas culturales.

Describimos características como el poder, la influencia, las creencias, el Estado, la lealtad y la solidaridad social en términos inmateriales. El valor, para Marx, es exactamente un concepto de ese tipo. «No son, empero, los elementos materiales los que convierten el capital en capital», escribe Marx. En cambio, «recuerdan que el capital también es, en otro sentido, un *valor,* es decir, algo *inmaterial,* algo indiferente a su consistencia material»[2].

Dada esa condición, surge una necesidad urgente de algún tipo de representación material –algo que podamos tocar, sostener y medir– del valor. Esa necesidad se satisface con la existencia del dinero como expresión o representación del valor. El valor es una relación social y todas las relaciones sociales escapan a la investigación material directa. El dinero es la representación material y la expresión de esa relación social[3].

Si el capital es el valor en movimiento, ¿cómo, dónde y por qué se mueve y adopta tan diversas formas? Para responder a esto, he construido un diagrama del flujo general del capital tal como lo describe Marx (figura 2). El diagrama es un poco intrincado a primera vista, pero no es más difícil de entender que la visualización estándar del ciclo hidrológico.

Capital en forma de dinero

El capitalista se apropia de cierta cantidad de dinero para utilizarlo como capital. Esto supone que ya existe un sistema monetario bien desarrollado. El dinero que circula por la sociedad puede ser usado, y lo es, de muchas maneras. De ese vasto océano de dinero que ya está en uso se extrae una parte para convertirla en capital-dinero. No todo el dinero es capital; el capital es una

---

[2] *EFCEP,* vol. 1, p. 250 [*MEW* 42, p. 230: «Diese stofflichen Elemente aber machen nicht das Kapital zum Kapital. Andrerseits fällt ihnen dann wieder ein, daß das Kapital nach der einen Seite *Wert* ist, also etwas *Immaterielles,* Gleichgültiges gegen sein stoffliches Bestehn»].

[3] *EFCEP,* vol. 1, p. 75 [*MEW* 42, p. 84].

parte del dinero total, utilizada de cierta manera. Esta distinción es fundamental para Marx. No admite (aunque a veces la cite como idea de uso corriente) la definición más familiar de capital como dinero que se usa para ganar más dinero. Marx prefiere su definición de «valor en movimiento», por razones que luego se harán evidentes. Esta le permite, por ejemplo, desarrollar una perspectiva crítica sobre la idiosincrasia del dinero.

Provisto de dinero como capital, el capitalista acude al mercado y compra en él dos tipos de mercancías: fuerza de trabajo y medios de producción. Esto supone que el trabajo asalariado ya existe y que la fuerza de trabajo está esperando allí a ser comprada. También supone que la clase de los trabajadores asalariados ha sido privada del acceso a los medios de producción y que, por lo tanto, debe vender su fuerza de trabajo para sobrevivir. El valor de esa fuerza de trabajo se establece por sus costes de reproducción en un nivel de vida determinado. Equivale al valor de la cesta de la compra que el trabajador debe reunir para sobrevivir y reproducirse. Pero nótese que el capitalista no compra al obrero (como sucedería en la esclavitud), sino el uso de su fuerza de trabajo por un periodo de tiempo fijo (por ejemplo, durante una jornada de ocho horas).

Los medios de producción son mercancías que adoptan toda una variedad de formas: materias primas tomadas directamente como dones de la naturaleza, productos parcialmente terminados, como piezas mecánicas o chips de silicio, máquinas y la energía para alimentarlas, fábricas y el uso de las infraestructuras físicas circundantes (carreteras, alcantarillas, suministros de agua, etc., que pueden ser suministrados gratuitamente por el Estado o pagados colectivamente por muchos capitalistas y otros usuarios). Si bien algunas de ellas se pueden usar en común, la mayoría de esas mercancías deben comprarse en el mercado a precios que representan sus valores. Por lo tanto, no solo deben existir ya un sistema monetario y un mercado de trabajo, sino también un sofisticado sistema de intercambio de mercancías e infraestructuras físicas adecuadas para que el capital pueda utilizarlas. Por esta razón Marx insiste en que el capital solo puede originarse en un sistema ya establecido de circulación de dinero, mercancías y mano de obra asalariada[4].

El valor experimenta en ese punto del proceso de circulación una metamorfosis (del mismo modo que el agua líquida se convierte en vapor en el ciclo hidrológico). El capital tenía inicialmente la forma de dinero. Ahora el

---

[4] *EFCEP,* vol. 1, pp. 189-95 [*MEW* 42, pp. 176-180].

dinero ha desaparecido y el valor aparece bajo la forma de mercancías: fuerza de trabajo a la espera de ser utilizada y medios de producción listos para su uso en la producción. Mantener como centro el concepto de valor le permite a Marx investigar la naturaleza de la metamorfosis que hace transformarse el valor de la forma dinero a la forma mercancía. ¿Podría ser problemático ese momento de metamorfosis? Marx nos invita a pensar en esta cuestión. Ve en ella la posibilidad, pero solo la posibilidad, de una crisis.

Producción de mercancías y producción de plusvalor

Una vez que la fuerza de trabajo y los medios de producción se reúnen con éxito bajo la supervisión del capitalista, se ensamblan en un proceso de trabajo para producir una mercancía que luego debe venderse. Es ahí donde el trabajo produce valor bajo la forma de una nueva mercancía. El valor es producido y sostenido por un movimiento que fluye de las cosas (mercancías) a los procesos (los procesos de trabajo que transmiten valor a las mercancías) y de estos de nuevo a las cosas (nuevas mercancías).

El proceso de trabajo implica la adopción de una determinada tecnología, cuyo carácter determina las cantidades y proporciones de fuerza de trabajo, materias primas, energía y maquinaria que el capitalista compró anteriormente en el mercado. Claramente, al cambiar la tecnología cambian también las proporciones de esos insumos en el proceso de producción; también es evidente que la productividad de la fuerza de trabajo aplicada en la producción depende de la sofisticación de la tecnología. Unos pocos trabajadores que trabajan con tecnología sofisticada pueden producir muchos más artilugios que cientos de trabajadores que trabajan con herramientas primitivas. El valor por artilugio es mucho más bajo en el primer caso, en comparación con el segundo.

Para Marx, la cuestión de la tecnología ocupa un lugar preponderante, como en todos los tipos de análisis económicos. La definición de Marx es amplia y lo abarca todo. La tecnología no solo se refiere a las máquinas, herramientas y sistemas de energía puestos en movimiento (el *hardware*, por decirlo así). También incluye formas de organización (divisiones del trabajo, estructuras de cooperación, formas empresariales, etc.) y el *software* de los sistemas de control, estudios de tiempo y movimiento, sistemas de producción «justo a tiempo», inteligencia artificial y similares. En una economía competitivamente organizada, la lucha entre las empresas por una ventaja tecnológica produce una pauta de saltos en las innovaciones en las formas tecnológicas y organizativas. Por esta razón (y otras que luego estudiaremos con más detalle) el capital se convierte en una fuerza revolucionaria permanente en la historia mundial. La base tecnológica de la actividad productiva cambia constantemente.

Sin embargo, aquí hay una contradicción importante, a la que Marx presta mucha atención. Cuanto más sofisticada es la tecnología, menos trabajo queda coagulado en la mercancía individual producida. Aún más perturbador es el hecho de que se puede crear un valor total menor si la producción total de mercancías no aumenta lo suficiente como para compensar el valor decreciente de los artículos individuales. Si la productividad se duplica, entonces habrá que producir y vender el doble de mercancías para mantener constante el valor total disponible.

Pero durante el proceso de producción de mercancías materiales sucede algo más. Para entenderlo tenemos que regresar a la teoría del valor - trabajo. El valor de la fuerza de trabajo, dijimos, equivalía a los costes de las mercancías necesarias para reproducir al trabajador con un cierto nivel de vida. Ese valor puede variar de un lugar a otro y de un momento a otro, pero es constante para un periodo contractual determinado. En cierto momento del proceso de producción, el trabajador ha creado el valor equivalente al valor de la fuerza de trabajo empleada. Al mismo tiempo, el obrero también ha transferido con éxito a la nueva mercancía los valores de los medios de producción empleados. En la notación de Marx, llega un momento en la jornada de trabajo en que el trabajador ha producido el equivalente de V (el valor de la fuerza de trabajo que Marx llama «capital variable») y ha transferido a la forma de la nueva mercancía el valor de C (los medios de producción que Marx llama «capital constante»).

El trabajador no deja de trabajar en ese momento. Su contrato dice que debe trabajar para el capitalista durante diez horas. Si el valor de la fuerza de trabajo se ha cubierto en las seis primeras horas, entonces el trabajador termina trabajando gratuitamente para el capital durante cuatro horas. Esas cuatro horas de producto gratuito dan lugar a lo que Marx llama plusvalor (que designa como P). El plusvalor se encuentra en la raíz del beneficio monetario. El misterio que había desconcertado a la economía política clásica –¿de dónde procede la ganancia?– se resuelve instantáneamente: El valor total de la mercancía es C + V + P. El gasto del capitalista es C + V.

Obsérvese, a este respecto, algo muy importante. Lo que se ha producido es una mercancía material. El valor y el plusvalor se encuentran coagulados en la forma mercancía. Cuando buscamos el valor que supuestamente está en movimiento, entonces simplemente existe como una pila de artefactos en el piso de la fábrica. Y, por muy enérgicamente que los movamos, no podemos ver que ahí se desplace ninguna cantidad de valor. El único movimiento que contará en ese momento es el del capitalista que se apresura a llevar los artefactos al mercado para reconvertir en dinero su valor oculto.

Pero antes de acompañar al mercado al Sr. Monedero, como le gustaba llamarlo a Marx, debemos reconocer algo que sucede en la morada oculta de la producción. Lo que se produce allí no es solo una nueva mercancía material, sino una relación social de explotación de la fuerza de trabajo. La producción capitalista tiene un doble carácter. Implica no solo la producción de bienes materiales para su uso, sino también la producción de plusvalor en beneficio del capitalista. Al fin y a la postre, lo único que les preocupa a los capitalistas es el plusvalor, que se realizará como ganancia dineraria. Les da igual cuáles son las mercancías que producen; si hay un mercado para el gas venenoso, lo producirán sin pensarlo dos veces. Este momento de la circulación del capital no solo abarca la producción de mercancías, sino también la producción y reproducción de la relación de clase entre el capital y el trabajo en forma de plusvalor. Mientras en el mercado (donde todo es transparente y el trabajador recibe el valor preciso de su fuerza de trabajo) se mantiene la ficción del intercambio individualista de equivalentes, allá, más abajo, se ha producido un incremento del plusvalor para la clase capitalista, en un proceso laboral que no es transparente y que el capitalista se esfuerza por mantener oculto. Desde fuera parece como si el valor tuviera la capacidad mágica de autoincrementarse. La producción es el momento mágico en el que ocurre lo que Marx llama «la valorización» del capital. Al capital muerto (capital constante, C) se le da una nueva vida mientras la fuerza de trabajo (capital variable, V), el único medio por el que se puede expandir el valor, se pone a trabajar para producir lo que Marx llama «plusvalor absoluto». La técnica es simple: ampliar la jornada laboral más allá del momento en que el valor de la fuerza de trabajo se ha recuperado. Cuanto más larga es la jornada de trabajo, más plusvalor se produce para el capital.

Esta es una característica clave en la historia del capital, que queda abundantemente ilustrada por la lucha durante más de doscientos años sobre la duración de la jornada laboral, de la semana laboral y del año, e incluso la de toda una vida laboral. Esa lucha ha sido interminable, avanzando y retrocediendo según la correlación o el equilibrio de las fuerzas de clase. Durante los últimos treinta años, como el poder del trabajo organizado se ha derrumbado en muchos lugares, cada vez más gente trabaja ochenta horas semanales (el equivalente a dos trabajos) para sobrevivir.

Cada vez que el capital pasa por el proceso de producción genera un excedente, un incremento en valor. Por esta razón la producción capitalista implica un crecimiento perpetuo. Esto es lo que produce la forma espiral del movimiento del capital. Ninguna persona sensata pasaría por todas las pruebas y problemas de organizar la producción de artilugios de esa forma, si al cabo del día se fuera a encontrar con la misma cantidad de dinero que tenía en el bolsillo al principio. El incentivo es el incremento que se representará como ganancia o beneficio dinerario. El medio es la creación de plusvalor en la producción.

La realización del valor en forma de dinero

Las mercancías se llevan al mercado para ser vendidas allí. En el transcurso de una transacción de mercado realizada con éxito, el valor vuelve a su forma de dinero. Para que esto suceda, debe haber una carencia, necesidad o deseo del valor de uso de la mercancía, respaldado por la capacidad de pago (una demanda efectiva). Esas condiciones no ocurren naturalmente. Bajo el capitalismo hay una larga e intrincada historia de creación de antojos, necesidades y deseos. Además, la demanda efectiva no es independiente de los hechos de distribución dineraria que abordaremos dentro de poco. Marx llama a esta transición clave en la forma del valor «la realización del valor». Pero la metamorfosis que ocurre cuando el valor se transforma de mercancía en dinero puede tropezar con problemas. Si, por ejemplo, nadie quiere, necesita o desea un producto en particular, entonces no tiene valor, por mucho tiempo de trabajo que se haya empleado en su producción. Marx se refiere, así, a la «unidad contradictoria» que debe prevalecer entre la producción y la realización para que se mantenga el flujo de valor. Conviene fijar bien esta idea, porque es muy importante en la presentación de Marx. Más adelante volveremos para ver más de cerca las posibilidades de crisis en ese momento de la realización.

Marx distingue entre dos formas de consumo involucradas en este momento de la realización. La primera es la que llama «consumo productivo», que se refiere a la producción y venta de los valores de uso que el capital necesita como medios de producción. Todos los productos parcialmente terminados que los capitalistas necesitan para su producción tienen que ser producidos por otros capitalistas y esos bienes vuelven de nuevo directamente al proceso de producción, de modo que parte de la demanda efectiva total en la sociedad está constituida por capital-dinero que compra medios de producción. Los antojos, necesidades y deseos de los capitalistas en relación con esos productos cambian constantemente en respuesta a los avances tecnológicos y organizativos. Los insumos básicos necesarios para hacer un arado son muy diferentes de los que se necesitan para hacer un tractor, y estos son, a su vez, muy diferentes a los requeridos para hacer un avión de pasajeros.

La segunda se refiere al consumo final, que incluye los bienes salariales requeridos por los trabajadores para reproducirse, bienes de lujo, consumidos principalmente, si no por entero, por parte de la clase burguesa, y bienes necesarios para mantener el funcionamiento del aparato estatal. Con el consumo final, las mercancías desaparecen totalmente de la circulación, lo que no sucede en el caso del «consumo productivo» de medios de producción. Los últimos capítulos del Segundo Volumen de *El capital* están dedicados a un estudio detallado de las proporciones que deben lograrse en la producción de bienes salariales, artículos de lujo y medios de producción para que se mantenga indemne el flujo de valor. Si esas proporciones no se respetan, se hace necesario destruir algún valor para mantener la economía en una senda de crecimiento equilibrado. Es en el contexto de la realización y la transformación en la forma dinero donde Marx construye su teoría del papel de la demanda efectiva en el mantenimiento, y en algunos casos incluso el impulso, de la circulación general del valor como capital.

La distribución del valor en forma de dinero

Una vez que los valores se transforman de mercancía a dinero mediante una venta en el mercado, ese dinero se distribuye entre toda una serie de participantes que, por una razón u otra, tienen derecho a reclamar una parte de esa suma.

Trabajo asalariado

El trabajo reclamará su valor en forma de dinero en efectivo. El estado de la lucha de clases es uno de los factores que determinan el valor de la fuerza de trabajo. Los trabajadores pueden mejorar sus salarios y condiciones de vida mediante la lucha de clases y, recíprocamente, contraataques organizados por la clase capitalista pueden reducir el valor de la fuerza de trabajo. Pero si los bienes salariales (esto es, los bienes que los trabajadores requieren para sobrevivir y reproducirse) resultan más baratos (por ejemplo, gracias a importaciones baratas y cambios tecnológicos), una participación menor en el valor puede ser compatible con un nivel de vida material más elevado. Esta ha sido una característica clave de la historia capitalista reciente. Los trabajadores en general obtienen una parte menor de la renta nacional total, pero ahora tienen teléfonos móviles y tabletas. Mientras tanto, el 1 por 100 más privilegiado de la sociedad se queda con un porcentaje mayor del valor total producido. Esto no es, como Marx se esfuerza en señalar, una ley natural, pero, si no hay quien lo evite, eso es lo que tiende a hacer el capital. Mientras que el valor producido se divide genéricamente entre capital y trabajo dependiendo del poder organizado (o desorganizado) de cada uno de ellos en relación con el otro, grupos particulares de trabajadores son recompensados de modo diferente en función de sus habilidades, estatus y posición, y también hay diferencias basadas en el género, la raza, la etnia, la religión y la preferencia sexual. Hay que decir, no obstante, que el capital se apropia de las habilidades, capacidades y poderes de los seres humanos como dones gratuitos donde y cuando puede. El conocimiento, el aprendizaje, la experiencia y las habilidades almacenados en la clase trabajadora son atributos importantes de la fuerza de trabajo, a los que el capital suele recurrir.

El dinero que fluye a los trabajadores en forma de salarios vuelve a la circulación general del capital en forma de demanda efectiva de las mercancías producidas en forma de bienes salariales. La intensidad de esa demanda efectiva depende del nivel salarial y del tamaño de la fuerza de trabajo asalariada. Sin embargo, en su regreso a la circulación, el obrero asume el papel de comprador y no el de trabajador, mientras que el capitalista se convierte en vendedor. Existe, por tanto, un cierto grado de libertad de elección de los consumidores en el modo en que se expresa la demanda efectiva que emana de los trabajadores. Si los trabajadores tienen el hábito de fumar tabaco, dice Marx, ¡entonces el tabaco es un bien salarial! Aquí hay un considerable margen para la expresión cultural y el ejercicio de preferencias socialmente cultivadas dentro de la población, para las que el capital encontrará una respuesta ventajosa y rentable.

Los bienes salariales mantienen la reproducción social. El auge del capitalismo dio lugar a una separación entre la producción de valor y plusvalor en forma de mercancías, por un lado, y las actividades de reproducción social, por otro. De hecho, el capital confía en que los trabajadores y sus familias se encarguen de sus propios procesos de reproducción (quizás con alguna ayuda del Estado). Marx sigue al capital y trata parecidamente la reproducción social como una esfera de actividad separada y autónoma, que proporciona, de hecho, un don gratuito al capital en la persona del obrero que regresa al lugar de trabajo tan preparado y dispuesto para el trabajo como sea posible. Las relaciones sociales dentro de esa esfera de la reproducción social y las formas de lucha social que acontecen dentro de ella son bastante diferentes de las que tienen lugar en el proceso de valorización (donde domina la relación de clase), o en el de realización (donde se enfrentan compradores y vendedores). Las cuestiones de género, patriarcado, parentesco y familia, sexualidad y similares se vuelven más importantes. Las relaciones sociales en la reproducción también se extienden a la política de la vida cotidiana orquestada a través de una gran cantidad de dispositivos institucionales, como son la Iglesia, la política, la educación y diversas formas de organización colectiva en barrios y comunidades. Aunque se emplea trabajo asalariado para fines domésticos y de cuidado, parte del trabajo desempeñado ahí es voluntario y no remunerado[5].

Tributos y diezmos

Una determinada porción del valor y el plusvalor es recaudada por el Estado en forma de impuestos y por otras instituciones de la sociedad civil (por ejemplo, la Iglesia) en forma de diezmos o contribuciones caritativas para mantener instituciones clave (como hospitales, escuelas y similares). Marx no ofrece ningún análisis detallado de esas contribuciones, lo que en el caso de los impuestos es bastante sorprendente, ya que uno de los focos principales de su crítica de la economía política eran los *Principles of Political Economy and Taxation* de David Ricardo. Sospecho que la razón es que Marx pretendía (según los planes expuestos en los *Grundrisse*) escribir un libro aparte sobre el Estado capitalista y la sociedad civil. Sería muy propio de su método retrasar cual-

---

[5] Fraser, N., «Behind Marx's Hidden Abode: For an Expanded Conception of Capitalism», *New Left Review* 86 (2014) [ed. cast.: «Tras la morada oculta de Marx: *Por una concepción ampliada del capitalismo*» (mayo-junio de 2014)].

quier consideración sistemática de un tema como los impuestos hasta haber realizado la investigación. Dado que Marx nunca la llevó a cabo, sigue constituyendo un vacío en su teoría. En varios puntos de sus escritos, sin embargo, menciona al Estado como un agente y elemento activo para asegurar la circulación del capital. Garantiza, por ejemplo, la base legal y jurídica de las instituciones y la gobernanza del mercado capitalista y asume funciones reguladoras con respecto a las políticas laborales (la duración de la jornada laboral y las leyes fabriles), el dinero (moneda acuñada y monedas fiduciarias) y el marco institucional del sistema financiero. Este último problema preocupaba persistentemente a Marx, según las notas que Engels fue dejando a lo largo del Tercer Volumen de *El capital*. El Estado ejerce una influencia considerable, por la demanda efectiva que crea al encargar equipamiento militar, todo tipo de medios de vigilancia y la gestión y administración burocrática. También se involucra en actividades productivas, particularmente con respecto a las inversiones en bienes públicos e infraestructuras físicas colectivas como carreteras, puertos y depósitos, suministro de agua y alcantarillado. En las sociedades capitalistas avanzadas los Estados asumen todo tipo de funciones, como la financiación de la investigación y el desarrollo (en primera instancia, principalmente con fines militares) y también operan como agentes redistributivos, subsidiando el salario social mediante la dotación a los trabajadores de educación, atención médica, vivienda y similares. Las actividades estatales pueden ser tan extensas, especialmente si se pretende una política de nacionalización de los altos mandos de la economía, que algunos analistas se muestran partidarios de distinguir una teoría particular del capitalismo monopolista de Estado, que funcionaría de acuerdo con distintas reglas que las derivadas de la competencia perfecta, las cuales Marx, siguiendo a Adam Smith, presumió en sus exploraciones de las leyes dinámicas del capital. El grado de participación del Estado y sus niveles asociados de tributación dependen en gran medida de la correlación de fuerzas de clase. También se ve afectado por la contienda ideológica sobre los beneficios o desventajas de las intervenciones estatales en la circulación del capital y su poder y posición geopolítica dentro del sistema interestatal. A raíz de crisis masivas (como la de la Gran Depresión, en la década de 1930), tiende a aumentar el clamor por una intervención estatal más efectiva. En condiciones de amenaza geopolítica (ya sea real o imaginaria), también tiende a aumentar la demanda de una mayor presencia militar y un incremento de los gastos que conlleva. El poder del complejo militar-industrial no es insignificante y la circulación del capital se ve claramente afectada por el ejercicio de ese poder.

Todo lo que se saca de la distribución mediante impuestos respalda los gastos estatales que afectan la demanda de productos básicos. Esto contribuye a la realización de valores en el mercado. Las estrategias de intervención estatal para apuntalar la demanda efectiva (tal como se prevé en la teoría keynesiana) se convierten luego en una posibilidad real, particularmente cuando la circulación de capital parece estar encontrando dificultades, o perdiendo vigor. Una respuesta típica a una situación en la que las tasas de ganancia son demasiado bajas como para alentar la inversión privada en la valorización es construir un «paquete de estímulos» inyectando una demanda efectiva más fuerte en la economía mediante una variedad de medidas generalmente orquestadas por el Estado. Para hacer esto, el Estado normalmente toma prestado de los banqueros y financieros (y, a través de ellos, del público en general).

En otros casos, sin embargo, esos fondos fluyen hacia la reinversión directamente en formas de producción capitalistas, aunque bajo propiedad estatal. En Gran Bretaña, Francia, Japón, etcétera, en la década de 1960, los principales sectores estaban en manos estatales, como sigue sucediendo hoy en día en China. Aunque esas entidades son nominalmente independientes y autónomas en relación con la política del poder estatal, su orientación como entidades públicas organizadas para promover el bien común, más que el de las corporaciones que buscan ganancias, cambia la forma en que se relacionan con la circulación del capital. Una parte significativa de la circulación de capital pasa por el aparato estatal y ningún examen del capital en movimiento estaría completo sin incorporar alguna consideración de ese hecho. Por desgracia, Marx no intentó integrar esto en su teoría general, ateniéndose más bien a un modelo de competencia perfecta en lo referente al funcionamiento del capital, y en general dejó a un lado las intervenciones estatales.

Distribución entre las diversas facciones del capital

La porción del valor y el plusvalor que queda después de que los trabajadores y el Estado hayan tomado lo que pueda corresponderles se divide entre varias facciones del capital. Los capitalistas individuales reciben, por razones que consideraremos más adelante, una parte del valor y del plusvalor total según el capital que hayan adelantado, más que según el plusvalor que hayan generado. Parte del plusvalor es absorbida por los propietarios de tierras e inmuebles en forma de rentas, o como licencias y regalías debidas a los derechos de propiedad intelectual. De ahí la importancia de la búsqueda de rentas en el capitalismo contemporáneo. Los capitalistas mercantiles también toman su parte, al igual que los banqueros y financieros, que forman el núcleo de una clase de capitalistas dinerarios que desempeñan un papel crítico en la facilitación y promoción de la conversión del dinero en capital productivo. El capital completa, así, el círculo y vuelve a los procesos de valorización. Cada uno de los agentes nombrados reclama una parte del plusvalor en forma de ganancias del capital industrial, beneficios del capital mercantil, rentas sobre la tierra y otros derechos de propiedad e intereses del capital dinerario.

Cada una de esas formas de distribución tiene raíces antiguas que preceden a la difusión de la forma de circulación del capital que aquí describimos. En sus capítulos históricos, Marx reconoce claramente la importancia pasada de las que denomina formas «antediluvianas» del capital. Su enfoque para entender esas categorías y derechos es bastante especial. Pregunta, en efecto, cómo es que los «capitalistas industriales», los productores de valor y plusvalor en forma de mercancía, están dispuestos a compartir con estos otros reclamantes parte del valor y plusvalor que generan, una vez que se monetizan. ¿Cuál es, en resumen, la función indispensable de los comerciantes, los terratenientes y los banqueros dentro de un capitalismo maduro? Esto acaba dando paso a otra pregunta. ¿De qué manera se organizan política y económicamente esos otros reclamantes para arrebatar desvergonzadamente tanto plusvalor como puedan a los capitalistas industriales, más allá de lo que justificaría el desempeño de su indispensable función? Las luchas intestinas dentro de la clase capitalista son evidentes en todas partes y Marx comienza a reconocerlo en sus presentaciones preliminares sobre la banca y las finanzas. Pero su contribución más sólida radica en la forma en que responde la primera pregunta, dejándonos la investigación de las condiciones coyunturales y los equilibrios de poder típicamente asociados a cualquier respuesta a la segunda pregunta.

En cualquier caso, hay una tendencia a considerar la distribución como el resultado final pasivo de la producción de plusvalor. Pero la presentación de Marx muestra que no es así. Las finanzas y la banca no son meros receptores pasivos de su parte alícuota en forma de dinero del plusvalor producido. Son intermediarios activos y agentes del regreso del dinero hacia la producción de plusvalor a través de la circulación del capital que devenga intereses. El sistema bancario, con el banco central en la cumbre, es un crisol para la creación de dinero sin tener en cuenta la creación de valor en la producción. Por esta razón los financieros y los banqueros son tanto impulsores de la nueva circulación de valores, como beneficiarios de la producción de plusvalor en el pasado. La circulación del capital, que devenga intereses y que exige un rendimiento basado en el derecho de propiedad, introduce una dualidad en lo que hasta ahora se ha conceptualizado como una sola corriente de valor en movimiento. Los capitalistas industriales interiorizan ese doble papel: como organizadores de la producción de plusvalor participan en un conjunto de prácticas, mientras que, como propietarios de capital en forma de dinero, se recompensan a sí mismos mediante el pago de intereses sobre el dinero que ellos mismos adelantan, o bien toman prestado el dinero para comenzar su negocio y pagan luego el interés a otra persona o institución.

Esto introduce en la circulación del capital una distinción cada vez más importante entre la propiedad y la gestión. Los accionistas demandan un rendimiento de su inversión de capital-dinero, mientras que los administradores encargados de la gestión exigen su parte a través de la organización activa de la producción de plusvalor en forma de mercancías. Una vez que la circulación del capital dinerario que devenga intereses adquiere un estatus autónomo dentro del concepto de capital, la dinámica del capital como valor en movimiento se desagrega. Surge toda una capa de accionistas e inversores (capitalistas dinerarios) que pretenden obtener ganancias invirtiendo el capital dinerario a su disposición. Esa capa acelera e intensifica la conversión del puro dinero en capital dinerario. Sin ese movimiento no podría haber valorización del capital en la producción, ni crecimiento ni rendimientos para el capital dinerario. Al mismo tiempo, también implica una orientación puramente dineraria para un poderoso e influyente sector del capital que podría igualmente buscar un rendimiento de su dinero por medios distintos a la valorización en la producción. Si se obtiene la misma tasa de ganancia dineraria, o mayor, de la especulación en los mercados del suelo, la propiedad inmobiliaria y los recursos naturales, o de las transacciones mercantiles, entonces invertirán ahí. Si la compra de deuda pública rinde más que la inversión en la producción, entonces el capital dinerario tenderá a afluir a esos otros sectores, a expensas del flujo hacia la valorización.

Marx reconoce tales posibilidades, pero tiende a desestimarlas, porque si todos invirtieran en la tierra o en actividades mercantiles, y nadie invirtiera en la producción de valor, la tasa de rendimiento de esta última se dispararía hasta que el capital regresara a lo que Marx considera sus funciones vitales legítimas. En el peor de los casos, Marx tiende a conceder (al menos en los casos del capital mercantil y el interés) que la tasa de ganancia tenderá con el tiempo a igualarse entre el capital industrial y las otras formas distributivas. Incluso si es así, sucede que el capital como valor en movimiento pierde su estructura singular simple y se fragmenta en corrientes que a menudo mantienen una relación antagónica entre sí. Esto es más o menos lo que ocurre en el ciclo hidrológico cuando las precipitaciones se dan en muchas formas diferentes. En los últimos tiempos, por ejemplo, el flujo de capital ha disminuido con respecto a la producción de valor, mientras que el capital dinerario busca tasas más altas de rendimiento dinerario en otros lugares, como la especulación inmobiliaria. El efecto es exacerbar el estancamiento prolongado en la producción de valor que ha caracterizado a gran parte de la economía mundial desde la gran perturbación de 2007-2008.

El elemento más contradictorio es que la creación de endeudamiento dentro del sistema financiero se convierte en un impulsor persistente de la acumulación. La frenética búsqueda de ganancias se complementa con la frenética necesidad de amortizar deudas; y parte de esa búsqueda frenética tiene que encontrar formas de aumentar la valorización del capital en la producción. El valor no regresa a las prácticas de valorización que comenzamos analizando de la misma forma que cuando comenzó su viaje. Evoluciona a medida que avanza y se expande; pero ahora la expansión abarca no solo la búsqueda de plusvalor, sino la necesidad añadida de redimir las deudas que se acumulan en la red distributiva que se requiere para la circulación eficaz del capital.

Las fuerzas impulsoras del valor en movimiento

La visualización del flujo de capital propuesta aquí es, por supuesto, una simplificación; pero no es una simplificación injustificada. Representa cuatro procesos fundamentales dentro del proceso global de circulación del capital: el de la valorización, donde el capital se produce en forma de plusvalor en la producción; el de la realización, cuando el valor recupera de nuevo la forma dinero a través del intercambio de mercancías; el de la distribución del valor y el plusvalor entre varios aspirantes; y, finalmente, el de la captación de parte del dinero que circula entre estos últimos para convertirlo de nuevo en capital-dinero, desde donde continúa su camino a través de la valorización. Cada proceso particular es en algunos aspectos independiente y autónomo; pero todos ellos están integralmente relacionados dentro de la circulación del valor. Estas distinciones dentro de la unidad del valor en movimiento, como veremos en breve, desempeñan un papel clave en la estructuración de *El capital* como texto. El Primer Volumen se centra en la valorización, el Segundo en la realización y el Tercero discute las diversas formas de distribución.

Queda por ofrecer un breve comentario sobre la fuerza o fuerzas motrices en funcionamiento, que mantienen en movimiento ese flujo de capital. La fuerza motriz más importante radica en el hecho de que ningún capitalista racional asumiría todo el esfuerzo y sufriría todas las penalidades asociadas a la organización de la producción de mercancías y el plusvalor, tal como lo hacen, a menos que al final del proceso de valorización terminen con más dinero del que tenían al principio. En resumen, lo que los impulsa es el motivo de la ganancia individual. Podemos, por supuesto, atribuir esto a la codicia humana, pero Marx, en general, no considera que esta sea un defecto moral. Es socialmente necesaria si queremos producir los valores de uso necesarios para vivir. Como el origen del beneficio reside en la producción de plusvalor, el proceso de valorización tiene un incentivo incorporado para continuar indefinidamente sobre la base de la explotación perpetua del trabajo vivo en la producción. La consecuencia, sin embargo, es una expansión perpetua de la producción de plusvalor. El círculo de reproducción del capital se convierte en una espiral de crecimiento y expansión perpetuos.

En general Marx descartaba la idea de que una fuerza motriz pudiera asociarse a los procesos de realización. No existe, sin embargo, una razón intrínseca que lo impida. Esta fuerza impulsora podría derivarse de cambios generalizados en los antojos, las necesidades y los deseos de los diferentes valores de uso. Aunque Marx se inclinaba a ver el conjunto de antojos, necesidades y deseos como «consumo racional» tal como lo define el capital, pueden surgir circunstancias en las que no sea así. Por ejemplo, cuando un sector significativo de una población (ya sean trabajadores o burgueses) expresa un deseo de lograr una relación diferente con la naturaleza, en la que puedan ser revertidas las degradaciones ambientales, las pérdidas de hábitat y los cambios climáticos derivados de las prácticas capitalistas realmente existentes, entonces el proceso general de circulación del capital puede ser impulsado hacia caminos alternativos. En la medida en que esos antojos, necesidades y deseos estén respaldados por una capacidad de pago (y ahí los incentivos estatales y las subvenciones pueden marcar claramente la diferencia), las protecciones medioambientales y las energías renovables pueden comenzar a reemplazar los combustibles fósiles.

Marx no consideró cuestiones de este tipo, pero la visualización aquí construida, basada en su pensamiento, se adapta fácilmente a ellas. Además, el Estado puede convertirse en fuerza impulsora de la acumulación, en la medida en que ejerza poderosas influencias sobre la demanda efectiva de equipamiento militar, tecnologías de vigilancia y policiales y una variedad de instrumentos de control social, por no mencionar todas las exigencias rutinarias de la administración y el gobierno. Esa influencia puede ser tan fuerte que algunos analistas han preferido, durante ciertos periodos históricos, considerar el keynesianismo militar como el principal impulsor de la acumulación. El Estado también ha desempeñado en la práctica un papel muy importante en el fomento de las innovaciones y los cambios tecnológicos. Abundan las luchas políticas y sociales en torno a las cuestiones de la realización de los valores, pero tienen una estructura y un significado social bastante diferente de las luchas clásicas en torno a la valorización, dado que la relación social básica que prevalece en el momento de la realización es la que existe entre compradores y vendedores, más que la que se da entre capitalistas y trabajadores en el momento de la valorización.

Igualmente difícil es ignorar las luchas sociales y políticas que ocurren dentro del campo general de la distribución. Pero entrar en esa disquisición requeriría ir mucho más allá de Marx, que limitó su análisis a la pregunta de por qué podrían y deberían existir esas formas de distribución dentro de una forma pura de capitalismo. Una perspectiva más dinámica considera a los rentistas, a los comerciantes y a los capitalistas financieros como bloques de poder peculiares que actúan en su propio interés, buscando apropiarse de tanto valor como puedan. La gran pregunta que sigue en pie es: ¿qué incentivos existen para que los comerciantes, financieros y terratenientes reinviertan en valorización cuando les está yendo muy bien, quedándose de brazos cruzados y viviendo de sus ganancias mal habidas, a costa de los que se toman la molestia de participar en la producción? ¿Por qué se molestaría alguien con la producción, si pudiera vivir de las rentas de la tierra?

Es ahí donde la forma peculiar que cobra la circulación del capital que genera intereses desempeña un papel crítico. Mediante la creación del endeudamiento, que incluye, por cierto, la creación de dinero por parte de los bancos independientemente de la producción de valor, el campo de la distribución interioriza un tremendo incentivo para perpetuar la circulación mediante la valorización. No es imposible decir que el incentivo para amortizar las deudas desempeña un papel tan importante en impulsar la producción futura de valores como la búsqueda de ganancias. Las deudas son reclamaciones sobre la producción futura de valor y, como tales, se ejecutan sobre el futuro de la valorización. La incapacidad de saldar las deudas inicia la madre de todas las crisis en el flujo de capital.

Al analizar el proceso general de circulación, se constatan múltiples incentivos para mantener el sistema intacto y en movimiento, y no faltarán fuerzas motrices para mantenerlo. Que también haya múltiples amenazas y dificultades para perpetuar el valor en movimiento es igualmente evidente. Esta es, sin embargo, una cuestión que abordaremos más adelante.

II

El capital: el texto

Die erste Bedingung der Akkumulation ist, daß der Kapitalist es fertiggebracht hat, seine Waren zu verkaufen und den größten Teil des so erhaltenen Geldes in Kapital rückzuverwandeln. Im folgenden wird vorausgesetzt, daß das Kapital seinen Zirkulationsprozeß in normaler Weise durchläuft. Die nähere Analyse dieses Prozesses gehört ins Zweite Buch.

Der Kapitalist, der den Mehrwert produziert, [...] ist zwar der erste Aneigner, aber keineswegs der letzte Eigentümer dieses Mehrwerts. Er hat ihn hinterher zu teilen mit Kapitalisten, die andre Funktionen im großen und ganzen der gesellschaftlichen Produktion vollziehn, mit dem Grundeigentümer usw. Der Mehrwert spaltet sich daher in verschiedne Teile. Seine Bruchstücke fallen verschiednen Kategorien von Personen zu und erhalten verschiedne, gegeneinander selbständige Formen, wie Profit, Zins, Handelsgewinn, Grundrente usw. Diese verwandelten Formen des Mehrwerts können erst im Dritten Buch behandelt werden.

Wir unterstellen hier also einerseits, daß der Kapitalist, der die Ware produziert, sie zu ihrem Wert verkauft, [...]. Andrerseits gilt uns der kapitalistische Produzent als Eigentümer des ganzen Mehrwerts oder, wenn man will, als Repräsentant aller seiner Teilnehmer an der Beute.

La primera condición de la acumulación consiste en que el capitalista haya conseguido vender sus mercancías y reconvertir en capital la mayor parte del dinero así obtenido. En lo que sigue, damos siempre por supuesto que el capital recorre de manera normal su proceso de circulación. El análisis más detallado de este proceso corresponde al libro segundo.

El capitalista que *produce* el plusvalor [...] es, por cierto, el primer apropiador, pero en modo alguno el propietario último de ese plusvalor. Posteriormente tiene que *compartirlo* con capitalistas que desempeñan otras funciones en el conjunto de la producción social, con los terratenientes, etc. El plusvalor, pues, se *escinde* en varias partes. Sus fracciones corresponden a diversas categorías de personas y revisten *formas* diferentes e independientes entre sí, como ganancia, interés, ganancia comercial, renta de la tierra, etc. No hemos de examinar estas *formas transmutadas del plusvalor* antes del libro tercero.

Suponemos aquí, por una parte, que el capitalista que produce la mercancía la *vende* a su valor [...]. Por otra parte, el productor capitalista cuenta para nosotros como propietario de *todo* el plusvalor o, si se quiere, como representante de todos sus copartícipes en el botín.

Marx, *El capital,* vol. 1, sec. VII, pp. 653-654 [*MEW* 23, pp. 589-90].

Si el mapa de la circulación del capital como un todo es una representación razonable del movimiento del capital como valor, tal como lo concibe Marx, ¿dónde se ubican en ese mapa los tres volúmenes de *El capital*?

Primer Volumen

Una vez que pasamos de los tres primeros capítulos introductorios, el Primer Volumen se centra casi exclusivamente en el proceso de valorización. Nos lleva desde el momento en que el dinero se convierte en capital-dinero hasta el momento en que el valor se realiza en su forma de dinero en el mercado. El flujo de salarios para comprar los productos necesarios para reproducir la fuerza de trabajo, junto con el flujo de ganancias para alimentar la reinversión, son los únicos eslabones de la cadena externos al movimiento del dinero hacia las mercancías, de estas hasta la producción, de ahí a nuevas mercancías y de nuevo a la forma dinero. Todo lo demás, dentro del proceso general de circulación, se supone que opera «de manera normal», que entiendo que para Marx significa libre de problemas. La hipótesis de que todas las mercancías se intercambian por su valor significa que no hay problemas de realización del valor como dinero en el mercado. La suposición de que la división del plusvalor en cuotas distributivas no altera las cosas (aparte de la que se da entre salarios y ganancias en general) evita toda clase de complicaciones. Quizás la suposición de Marx de mayor alcance e importancia es la que se refiere al poder indiscutido de los derechos de propiedad privada, tanto en la producción como en el intercambio. En ese contexto también asume una competencia perfecta en el mercado[1]. Acepta la teoría de Adam Smith de «la mano oculta», aunque insiste en que es la mano del trabajo, no la del capital. No entra a considerar el poder de los monopolios. Por qué adoptó esas hipótesis es una cuestión interesante. Tiendo a pensar que el primer objetivo de Marx en *El capital* era deconstruir la visión utópica del capitalismo de libre mercado que promovían los economistas políticos de la época; deseaba mostrar que las libertades del mercado no producen un resultado beneficioso para todos, como suponían Smith y otros, sino una distopía de miseria para las masas e inmensa riqueza para la clase capitalista propietaria.

Tras despejar el terreno con esas suposiciones, Marx queda libre para examinar la valorización en todas sus complejidades y detalles. Examina las formas de explotación del trabajo vivo en la producción en condiciones de igualdad en el mercado libre. Los capitalistas pagan a los trabajadores el valor de su fuerza de trabajo y luego la utilizan para producir más valor que el que ellos reciben al vender su fuerza de trabajo durante cierto periodo de tiempo. La base de la producción y la apropiación de plusvalor radica en la explotación de la fuerza de trabajo viva en el proceso de producción, pero no, téngase en cuenta, en el mercado. Marx se extiende luego sobre la distinción entre plusvalor absoluto y relativo, basándose el primero en la ampliación de la jornada de trabajo más allá de lo requerido para reproducir el valor equivalente a la fuerza de trabajo. La teoría del plusvalor relativo explica el dinamismo tecnológico y organizativo inherente a un modo capitalista de producción organizado sobre la base de la competencia intercapitalista. El aumento de la productividad reduce el valor de las mercancías necesarias para reproducir al trabajador. Eso significa que el valor de la fuerza de trabajo disminuye (suponiendo un nivel de vida material constante), dejando más plusvalor para el capitalista.

La competencia entre capitalistas por asegurarse una cuota de mercado transforma el círculo de la reproducción simple en la espiral de la acumulación perpetua por mor de la propia acumulación. Finalmente, Marx construye dos modelos dinámicos de lo que llama «la ley general de la acumulación capitalista», el primero basado en el supuesto de una tecnología constante, mientras

---

[1] *El capital*, vol. 1, cap. II.

que el segundo incorpora el cambio tecnológico. La consecuencia para el trabajador es una mayor concentración durante todo el proceso. En el segundo modelo vemos por qué el capital no puede escapar al imperativo (ya establecido en los capítulos anteriores) de empobrecer cada vez más al trabajador, tanto dentro como fuera del proceso de producción. Esto culmina en la formación de un ejército de reserva industrial de trabajadores desempleados y subempleados que reafirma su desempoderamiento. Al mismo tiempo, confirma la capacidad del capital para maximizar la extracción de plusvalor mediante la creciente explotación del trabajo vivo. La conclusión es la siguiente:

> [...] *dentro del sistema capitalista* todos los métodos para acrecentar la fuerza productiva social del trabajo se aplican a expensas del obrero individual; todos los métodos para desarrollar la producción se trastocan en medios de dominación y explotación del productor, mutilan al obrero, convirtiéndolo en un hombre fraccionado, lo degradan a la condición de apéndice de la máquina, mediante la tortura del trabajo aniquilan el contenido de este, le enajenan al obrero las potencias espirituales del proceso laboral en la misma medida en que a dicho proceso se incorpora la ciencia como potencia autónoma, vuelven constantemente anormales las condiciones bajo las cuales trabaja, lo someten durante el proceso de trabajo al más mezquino y odioso de los despotismos, transforman el tiempo de su vida en tiempo de trabajo, arrojan a su mujer y su prole bajo la rueda de Zhaganat del capital. Pero todos los métodos para la producción del plusvalor son a la vez métodos de la acumulación, y toda expansión de esta se convierte, a su vez, en medio para el desarrollo de aquellos métodos. De esto se sigue que a medida que se acumula el capital, empeora la situación del obrero, sea cual fuere *su remuneración*. La ley, finalmente, que *mantiene un equilibrio constante entre la sobrepoblación relativa, o ejército industrial de reserva, y el volumen e intensidad de la acumulación* encadena al obrero al capital con grillos más firmes que las cuñas con que Hefesto aseguró a Prometeo en la roca. Esta ley produce una *acumulación de miseria* proporcionada a la *acumulación de capital*. La acumulación de riqueza en un polo es al propio tiempo, pues, acumulación de miseria, tormentos laborales, esclavitud, ignorancia, embrutecimiento y degradación moral en el polo opuesto, esto es, donde se halla la clase que *produce su propio producto como capital*[2].

---

[2] *El capital,* vol. 1, cap XXIII.4, p. 736 [*MEW* 23, pp. 674-675: «[...] innerhalb des kapitalistischen Systems vollziehn sich alle Methoden zur Steigerung der gesellschaftlichen Pro-

Se pueden decir dos cosas sobre esta conclusión. Primero, Marx expone las consecuencias distópicas del capitalismo de libre mercado. No hay duda de que la historia del capitalismo y las clases trabajadoras desde sus orígenes en la Gran Bretaña industrializadora hasta nuestros días en, digamos, las fábricas contemporáneas de Bangladesh o Shenzhen, contiene una abundante evidencia de la recreación repetida de las condiciones que describe Marx; mientras que el énfasis en la libertad de mercado en los países capitalistas avanzados durante los últimos cuarenta años ha producido niveles cada vez mayores de desigualdad de clase. Pero también hay abundantes pruebas para decir que esa no es toda la historia, y que del mismo modo ha habido elementos de redención dentro de la dinámica del capital, que apuntan en una dirección diferente. Por ejemplo, la esperanza y el nivel de vida de los trabajadores han aumentado en muchos países del mundo, de modo que no todo es miseria y desolación. En algunos lugares incluso parece brillar seductoramente cierto consumismo compensatorio.

La conclusión de Marx al final del Primer Volumen depende enteramente de los supuestos en que se basa. Como en cualquier ejercicio de creación de modelos, si cambian las hipótesis cambian los resultados. El Primer Volumen ofrece una perspectiva de la totalidad desde el punto de vista de la valorización. Como tal es valiosísimo; pero es parcial.

---

duktivkraft der Arbeit auf Kosten des individuellen Arbeiters; alle Mittel zur Entwicklung der Produktion schlagen um in Beherrschungs- und Exploitationsmittel des Produzenten, verstümmeln den Arbeiter in einen Teilmenschen, entwürdigen ihn zum Anhängsel der Maschine, vernichten mit der Qual seiner Arbeit ihren Inhalt, entfremden ihm die geistigen Potenzen des Arbeitsprozesses im selben Maße, worin letzterem die Wissenschaft als selbständige Potenz einverleibt wird; sie verunstalten die Bedingungen, innerhalb deren er arbeitet, unterwerfen ihn während des Arbeitsprozesses der kleinlichst gehässigen Despotie, verwandeln seine Lebenszeit in Arbeitszeit, schleudern sein Weib und Kind unter das Juggernaut-Rad des Kapitals. Aber alle Methoden zur Produktion des Mehrwerts sind zugleich Methoden der Akkumulation, und jede Ausdehnung der Akkumulation wird umgekehrt Mittel zur Entwicklung jener Methoden. Es folgt daher, daß im Maße wie Kapital akkumuliert, die Lage des Arbeiters, welches immer seine Zahlung, hoch oder niedrig, sich verschlechtern muß. Das Gesetz endlich, welches die relative Übervölkerung oder industrielle Reservearmee stets mit Umfang und Energie der Akkumulation in Gleichgewicht hält, schmiedet den Arbeiter fester an das Kapital als den Prometheus die Keile des Hephästos an den Felsen. Es bedingt eine der Akkumulation von Kapital entsprechende Akkumulation von Elend. Die Akkumulation von Reichtum auf dem einen Pol ist also zugleich Akkumulation von Elend, Arbeitsqual, Sklaverei, Unwissenheit, Brutalisierung und moralischer Degradation auf dem Gegenpol, d.h. auf Seite der Klasse, die ihr eignes Produkt als Kapital produziert»].

Segundo Volumen

Marx pretendía que el Segundo Volumen de *El capital* fuera un estudio de la circulación del capital durante y después de su entrada en el mercado. Toma la historia del valor en movimiento donde la había dejado al finalizar el Primer Volumen. La metamorfosis del valor, de la forma mercancía a la forma dinero, es un momento crucial, porque la realización del valor y del plusvalor en forma de dinero es el momento en que se puede medir y registrar el logro real de la creación de valor. Solo ahí tenemos una prueba material tangible de que se ha producido plusvalor.

El Segundo Volumen propone una perspectiva sobre la circulación general del capital desde el punto de vista de la realización del valor y su subsiguiente circulación. Marx persigue este objetivo bajo ciertas hipótesis. Primero, supone una tecnología constante en todas partes. Ignora por completo los hallazgos de sus investigaciones intensivas en el Primer Volumen sobre el cambio tecnológico. «Por eso aquí se supone no solo que las mercancías se venden por su valor, sino también que eso ocurre en circunstancias invariables. También dejamos a un lado, por lo tanto, las variaciones de valor que puedan presentarse durante el proceso cíclico»[3]. Proceder como si los cambios en la productividad no afectaran al valor parece irrazonablemente irreal. Y aunque Marx comienza diciendo que ello lo supondrá como una cuestión de conveniencia, más tarde afirma: «No solo supondremos que los productos se intercambian por su valor, sino también que no tiene lugar ninguna revolución en los componentes del capital productivo. Aunque los precios lleguen a divergir de los valores, esa circunstancia no puede, por lo demás, ejercer ninguna influencia en el movimiento del capital social»[4]. En segundo lugar, ignora los datos de la distribución que, con la excepción de los salarios y las ganancias conjuntas (como en el Primer Volumen), se relegan al Tercer

---

[3] *El capital,* vol. 2, cap. I, pp. 43-44 [*MEW* 24, p. 32: «Daher wird hier angenommen, nicht nur, daß die Waren zu ihren Werten verkauft werden, sondern auch, daß dies unter gleichbleibenden Umständen geschieht. Es wird also auch abgesehn von den Wertveränderungen, die während des Kreislaufsprozesses eintreten können»].

[4] *El capital,* vol. 2, cap. XX, p. 444 [*MEW* 24, p. 392: «Ferner wird unterstellt nicht nur, daß die Produkte ihrem Wert nach sich austauschen, sondern auch, daß keine Wertrevolution in den Bestandteilen des produktiven Kapitals vorgehe. Soweit die Preise von den Werten abweichen, kann dieser Umstand übrigens auf die Bewegung des gesellschaftlichen Kapitals keinen Einfluß ausüben»].

Volumen. Esta última hipótesis es particularmente enojosa, ya que muchas veces señala en este Segundo Volumen que los problemas para coordinar diferentes tiempos de rotación e inversiones en capital fijo tienen una solución fácil recurriendo al sistema de crédito. Pero se niega a aceptar tales soluciones en el Segundo Volumen, porque todavía tiene que desarrollar su teoría del interés y las finanzas[5]. Lo más extraño de todo, dado su interés en las cuestiones de la realización del valor, es la suposición de que todas las mercancías se comercializan por su valor. Esto es lo que ya supuso en el Primer Volumen, por lo que es sorprendente que esa hipótesis reaparezca aquí. En el Segundo Volumen, sin embargo, desempeña un papel muy diferente. Parte de la suposición de que todo está en equilibrio y retrocede a partir de ahí, para discernir qué tendría que pasar para que las cosas acaben así. Sus modelos innovadores de los esquemas de reproducción al final del Segundo Volumen (Tercera Sección) se consideran generalmente como precursores de la modelización económica que más de medio siglo después se convirtió en la base de la macroeconomía. Muestran matemáticamente las proporciones que habría que mantener entre la producción de bienes salariales para los trabajadores y bienes de inversión y de lujo para los capitalistas, si se quiere mantener el equilibrio entre la demanda y la oferta.

Estos logros significativos y en algunos aspectos admirables no deberían, sin embargo, enmascarar las limitaciones impuestas por las hipótesis sobre las que descansan. Curiosamente, en esos modelos se admite un mínimo cambio tecnológico, pero solo el imprescindible para lograr un crecimiento equilibrado. Investigaciones posteriores han demostrado que existe, de hecho, una vía de evolución tecnológica que podría asegurar un crecimiento equilibrado dentro de esos esquemas de reproducción, pero no hay forma de que los procesos competitivos que sustentan la producción de plusvalor relativo identificados en el Primer Volumen puedan restringirse a esa vía; de modo que las crisis de desproporcionalidad son probables, si no inevitables.

Las hipótesis restrictivas no son el único problema que afrontar en el Segundo Volumen. Mucho más molesto es el carácter incompleto del análisis. Los materiales que Engels reunió en ese volumen de *El capital* son difusos y en muchos casos conjeturales, más que productos terminados. No constituyen un análisis definitivo de la circulación del capital organizado desde la perspectiva

---

[5] *El capital*, vol. 2, pp. 140 (cap. IV), 169 (cap. IV.II.2); 207 (cap. VIII.II); 319 (cap. XV.IV); 363 (cap. XVII).

de la realización y la transformación en dinero. Por lo tanto, se hace necesario reconstruir algunas de las ideas de Marx mediante el estudio de otros escritos relevantes. Los *Grundrisse*, por ejemplo, están llenos de ideas embrionarias que conviene cotejar con las del Segundo Volumen. Pero las ideas embrionarias de una parte, más las ideas conjeturales de otra, no dan lugar necesariamente a una explicación definitiva. En el mejor de los casos, tenemos que adivinar lo que Marx podría haber dicho, de haber completado el volumen. Es más fácil imaginar lo que sucede cuando eliminamos las hipótesis restrictivas de Marx, que adivinar lo más sustancial que falta en su presentación.

El Segundo Volumen comienza con una desagregación de la circulación del capital como un todo en tres circuitos de capital dinerario, productivo y mercantil, unificados en el circuito de lo que Marx llama «capital industrial». Los capitalistas industriales individuales deben desempeñar los tres papeles a veces conflictivos de productor, comerciante y administrador dinerario. Esto prefigura la fragmentación del capital en diferentes facciones (productores, comerciantes y financieros, en particular) en el Tercer Volumen. El objetivo principal del análisis de Marx es mostrar que las condiciones para la realización del valor en forma de dinero dependen del éxito del paso del capital a través de los momentos de valorización y producción de la mercancía. Lo mismo es cierto para la reproducción del capital productivo y la del capital mercantil. Las tres son interdependientes y están interrelacionadas, pero también son formas autónomas. El capitalista industrial tiene que ocuparse de los tres momentos en el proceso de circulación. Aunque Marx no lo dice, hay muchos ejemplos de capitalistas que son auténticos genios en la organización de la producción, pero fracasan miserablemente cuando se trata de entender el aspecto dinerario o comercial de las cosas.

Los cuatro primeros capítulos insisten en la necesidad del flujo continuo de capital mediante la valorización en la producción y la realización en el mercado, seguidas por la reinversión del capital-dinero. La tendencia del capital a realizar revoluciones tecnológicas y organizativas se convierte aquí en una fuerza perturbadora. Esta puede ser la razón de que Marx dejara las innovaciones a un lado y asumiera una tecnología constante. Habría sido difícil, si no imposible, estudiar las condiciones de continuidad de la producción y la circulación cuando los cambios tecnológicos ejercen una fuerza perturbadora tan poderosa e impredecible sobre esa continuidad. El efecto general del análisis de Marx es desagregar el flujo de capital en tres flujos diferentes (análogos a las diversas formas de precipitación en el ciclo hidrológico), con características bastante distintas. Por ejemplo, por regla general el dinero es geográficamente más móvil que las mercancías y ambos son mucho más móviles geográficamente que la producción. Esto tiene consecuencias importantes para entender el papel de la financiarización en la globalización. Marx se refiere al dinero como la forma «mariposa» del capital (revolotea fácilmente y aterriza donde quiere). Podemos extender la metáfora, para pensar en la mercancía como la oruga y la producción como la crisálida.

El resto del Segundo Volumen se refiere a la circulación y la realización en el mercado. Presta mucha atención a los problemas que surgen de los distintos tiempos de rotación y circulación del capital fijo. Al hacerlo, invoca con frecuencia la necesidad de un sistema crediticio, pero pospone su eventual estudio hasta el Tercer Volumen. Aquí se nos presenta el capital con diferentes periodos de trabajo (el tiempo necesario para fabricar un producto discreto, como un automóvil, frente a un par de zapatos), diferentes tiempos de circulación (el tiempo medio que un producto permanece en el mercado antes de ser vendido) y una medida general del tiempo de rotación medio del capital desplegado. La competencia intercapitalista pone un énfasis considerable en la aceleración de los tiempos de rotación y se dedican muchas innovaciones a ese fin. Las ganancias totales aumentan con tiempos de rotación más cortos. El gusto por la velocidad se extiende desde los ámbitos de la producción y el *marketing* hasta la transformación fundamental de los ritmos de la vida cotidiana. La aceleración de la producción requiere de algún modo una aceleración en el consumo (de ahí la importancia de la moda y la obsolescencia planificada). Al mismo tiempo, una mayor dependencia de las inversiones en capital fijo para promover el aumento de la productividad ralentiza el tiempo de rotación de algunas inversiones. Esto es particularmente cierto para las inversiones en el entorno construido. Aparte del tiempo de rotación del capital, se ralentiza en la forma del capital fijo y la infraestructura para facilitar la aceleración en el movimiento del resto. Aquí también se hace crítica la liberación del dinero guardado para construir, mantener y reemplazar grandes inversiones de capital fijo, o de larga duración, mediante el recurso al sistema de crédito. La discusión de este asunto se pospone al Tercer Volumen.

Es difícil señalar una conclusión unificadora para el Segundo Volumen. Si hay una idea dominante desde las investigaciones sustantivas, sería la del poderoso incentivo a la aceleración en la circulación del capital. Pero también hay un notable contraste con la conclusión del Primer Volumen:

Contradicción en el modo capitalista de producción: los obreros como compradores de mercancías son importantes para el mercado. Pero, como vendedores de su mercancía –la fuerza de trabajo–, la sociedad capitalista tiene la tendencia a reducirlos a su precio mínimo. Contradicción adicional: las épocas en que la producción capitalista despliega todas sus potencialidades resultan ser, regularmente, épocas de sobreproducción, porque las potencias productivas nunca se pueden emplear al punto de que con ello no solo se produzca más valor, sino que pueda realizarse ese valor acrecentado; pero la venta de las mercancías, la realización del capital mercantil, y por ende también la del plusvalor, no está limitada por las necesidades de consumo de la sociedad en general, sino por las necesidades de consumo de una sociedad en la que la gran mayoría es siempre pobre y está condenada a serlo siempre[6].

La demanda efectiva de las clases trabajadoras está aquí implicada en mantener el equilibrio del mercado y esa demanda efectiva está perpetuamente amenazada, dado el análisis del Primer Volumen. Es difícil introducir esta cuestión en la teorización marxista, porque también fue una de las preocupaciones de Keynes y al hablar de ello se corre el riesgo de verse acusado de importar el keynesianismo al marxismo, cuando de hecho la influencia es la inversa. Pero ahí tenemos una explicación de por qué el destino de las clases trabajadoras es perderse en el consumismo compensatorio, porque así es como el capital mantiene intacto su mercado. Pero, al igual que en el Primer Volumen, esta tentativa de conclusión depende de las hipótesis. En cualquier caso, y se mire como se mire, las conclusiones del Segundo Volumen sobre este tema contradicen las del Primer Volumen. La presión para reducir los

---

[6] *El capital,* vol. 2, cap. XVI.III, p. 358, nota [*MEW* 24, p. 318: «Widerspruch in der kapitalistischen Produktionsweise: Die Arbeiter als Käufer von Ware sind wichtig für den Markt. Aber als Verkäufer ihrer Ware - der Arbeitkraft - hat die kapitalistische Gesellschaft die Tendenz, sie auf das Minimum des Preises zu beschränken. - Fernerer Widerspruch: Die Epochen, worin die kapitalistische Produktion alle ihre Potenzen anstrengt, erweisen sich regelmäßig als Epochen der Uberproduktion; weil die Produktionspotenzen nie so weit angewandt werden können, daß dadurch mehr Wert nicht nur produziert, sondern realisiert werden kann; der Verkauf der Waren, die Realisation des Warenkapitals, also auch des Mehrwerts, ist aber begrenzt, nicht durch die konsumtiven Bedürfnisse der Gesellschaft überhaupt, sondern durch die konsumtiven Bedürfnisse einer Gesellschaft, wovon die große Mehrzahl stets arm ist und stets arm bleiben muß»].

salarios, tan presente en el Primer Volumen, reduce la capacidad de la demanda efectiva de los trabajadores para estabilizar la economía en el Segundo Volumen. Esto señala un punto de contradicción e inestabilidad dentro de la circulación del valor en movimiento. El debilitamiento del poder relativo de la demanda efectiva de los trabajadores durante los últimos cuarenta años de neoliberalismo ha contribuido al estancamiento secular que actualmente se vive en muchas partes del mundo capitalista.

Tercer Volumen

El tema principal del Tercer Volumen es la distribución. Engels también incluye algunos otros materiales importantes, como capítulos sobre la competencia y sobre la crítica de la llamada «fórmula de la trinidad» de la tierra, el trabajo y el capital, porque eran interesantes de por sí. Pero la mayor parte del texto se dedica a un análisis de las diferentes formas de distribución y sus consecuencias. Al hacerlo, deja de lado las cuestiones de valorización y realización analizadas en los otros dos volúmenes. La dinámica del cambio tecnológico y organizativo que sustenta el plusvalor relativo y contribuye a la formación del ejército de reserva industrial también queda a un lado. La metodología de Marx en este volumen, como en los otros dos, es tomar una fase de la circulación del valor y examinarla en detalle mientras se suponen constantes todas las demás características del proceso de circulación. Como muestra la cita inicial de este capítulo, Marx era bastante explícito al respecto. Teniendo eso en cuenta, consideremos las principales formas en que el valor y el plusvalor se distribuyen entre los diversos reclamantes distintos de los asalariados y tributos que ya hemos considerado.

a) La distribución del valor entre los capitalistas individuales

Las fuerzas del mercado obligan a los capitalistas individuales a competir para maximizar sus ganancias. Como resultado, la tasa de ganancia tiende a nivelarse. Esto produce un curioso efecto distributivo. El plusvalor total conjunto se distribuye entre los capitalistas individuales, no según el plusvalor que producen, sino según el capital que adelantan. Marx se refiere divertidamente a esto como «comunismo capitalista», ya que la redistribución del plusvalor entre los capitalistas individuales se basa en el principio «de cada capitalista según el trabajo que emplean y para cada capitalista según el capital que avanzan»[7]. Las razones técnicas de este principio son demasiado complicadas para detenernos aquí en ellas, pero de él se derivan consecuencias significativas. La redistribución del plusvalor favorece a las industrias intensivas en capital, que emplean a menos trabajadores, y penaliza las industrias intensivas en mano de obra, donde se produce mucho plusvalor. En ausencia de tendencias contrarias, la base para la producción de plusvalor (el empleo de trabajadores) tiende a disminuir.

Si la tasa de extracción de plusvalor por obrero y la fuerza laboral total permanecen constantes, entonces la cantidad total de plusvalor disponible para la distribución disminuye, y la tasa de ganancia tiende a caer con ella. El resultado es una contradicción crítica dentro de las leyes del movimiento del capital. Los capitalistas individuales que persiguen sus propios intereses en condiciones de competencia perfecta tienden a producir un resultado que amenaza la reproducción de la clase capitalista. Esto no sucede porque los capitalistas individuales sean estúpidos, codiciosos o locos, sino porque se ven impulsados por la mano oculta del mercado a procurar la maximización de sus beneficios, más que la maximización de la producción de plusvalor. En otras palabras, las leyes de distribución del plusvalor entre los capitalistas individuales son antagónicas de las leyes de producción de plusvalor. Una posibilidad para la generación de crisis se basa en ese antagonismo.

Para Marx quizá fuera aún más importante la forma en que la nivelación de la tasa de ganancia «oscurece y mistifica por entero el origen real del plusvalor»[8]. El «núcleo interno» del funcionamiento del capital se hace irreconocible, no solo para los propios capitalistas, sino para los economistas que tratan de representarlo. «*Por lo tanto, en la competencia todo se presenta invertido*. La figura acabada de las relaciones económicas, tal como se muestra en la superficie, en su existencia real, y por ende también en las ideas mediante las cuales los portadores y agentes de estas relaciones tratan de cobrar clara conciencia a su respecto, difiere mucho y es de hecho inversa,

---

[7] Carta de Marx a Engels, 30 de abril de 1868 [*MEW* 39, p. 73: «ist der *kapitalistische Kommunismus,* nämlich daß die *jeder Produktionssphäre angehörige Kapitalmasse,* in der Proportion, worin sie Teil des gesellschaftlichen Gesamtkapitals bildet, einen aliquoten Teil des Gesamtmehrwerts erhascht»].

[8] *El capital,* vol. 3, cap. IX, p. 195 [*MEW* 25, p. 177: «durchaus den wirklichen Ursprung des Mehrwerts verdunkelt und mystifiziert»].

antitética a su núcleo interno, esencial pero encubierta, y al concepto que le corresponde»[9]. Por supuesto, es ese «núcleo interno» oculto y misterioso lo que interesa a Marx.

b) *Los capitalistas industriales como fracción de clase*

Los capitalistas que contratan mano de obra con el propósito expreso de crear plusvalor en forma de mercancía deben estar en una posición privilegiada para hacerse con el plusvalor que producen. Pero la nivelación de la tasa de ganancia redistribuye el plusvalor desigualmente entre ellos, según el capital que adelantan, y los recaudadores de impuestos los persiguen constantemente para obtener su libra de carne. Esos capitalistas también están obligados a ceder parte del valor y el plusvalor en forma de ganancias para los comerciantes, renta para los propietarios de tierras e inmuebles e interés para los banqueros y financieros. Lejos de ser los recolectores privilegiados del plusvalor, los «capitalistas industriales», como los llama Marx, a menudo terminan quedándose con lo que sobra después de que la reclamación de todos los demás haya sido satisfecha.

c) *Los capitalistas mercantiles*

El capital se pierde y sufre una devaluación si no está constantemente en movimiento. El tiempo necesario para llevar el producto al mercado y conseguir venderlo es tiempo perdido y el tiempo es dinero. Por esta razón, los capitalistas industriales a menudo prefieren hacer llegar inmediatamente la mercancía producida a los comerciantes. El capitalista mercantil organiza las ventas de forma eficiente y a bajo coste (explotando sistemáticamente a sus trabajadores). La creación de almacenes, departamentos de ventas y servicios de entrega (ahora cada vez más *online*) produce economías de escala en la

---

[9] *El capital,* vol. 3, cap. XII.III, pp. 241-242 [*MEW* 25, p. 219: «*Es erscheint also in der Konkurrenz alles verkehrt.* Die fertige Gestalt der ökonomischen Verhältnisse, wie sie sich auf der Oberfläche zeigt, in ihrer realen Existenz, und daher auch in den Vorstellungen, worin die Träger und Agenten dieser Verhältnisse sich über dieselben klarzuwerden suchen, sind sehr verschieden von, und in der Tat verkehrt, gegensätzlich zu ihrer innern, wesentlichen, aber verhüllten Kerngestalt und dem ihr entsprechenden Begriff»].

comercialización. Los capitalistas mercantiles también son expertos en estrategias de mercadotecnia y técnicas de persuasión (por ejemplo, publicidad) que afectan el conjunto de antojos, necesidades y deseos de una población. Por todos esos motivos, los productores industriales tienen un fuerte incentivo para traspasar sus productos a los comerciantes con un descuento del valor total antes del momento de la realización. En el esquema de Marx, ese descuento es la fuente del beneficio comercial. Los comerciantes, en general, no crean ningún valor (hay algunas excepciones importantes, como el transporte hasta el mercado). Se apropian principalmente de una parte del valor ya producido por el capital industrial a cambio de hacer más eficientes, más rápidas y más seguras la realización y la monetización del valor.

d) Terratenientes y renta de la tierra

La tierra es uno de los principales medios de producción y la exclusión sistemática de los trabajadores al acceso a la tierra mediante los cercamientos y la privatización es vital para la reproducción del trabajo asalariado. Solo entonces se puede tener la seguridad de que los trabajadores tendrán que recurrir a un salario para vivir. Cuando en Estados Unidos todavía había una «frontera», la escasez de mano de obra en la costa este industrial obligaba a aumentar los salarios, hasta que la afluencia de inmigrantes era suficiente para volver a bajarlos de nuevo. De ahí que la tierra no cultivada se convierta en una mercancía que puede ser comercializada por un precio a pesar de no tener ningún valor, ya que todavía no se ha aplicado ningún trabajo en su producción. Esto plantea la cuestión de cómo entender y analizar la circulación del capital en los mercados de tierras.

La competencia por la tierra entre los productores capitalistas encuentra ventajas diferenciales debidas a una fertilidad y / o una ubicación superior en relación con otras formas de actividad económica. Esas diferencias (que Marx estudia mediante investigaciones detalladas de lo que llama «rentas diferenciales») pueden atribuirse en primera instancia a la naturaleza, pero con el tiempo se añaden las debidas a inversiones en mejoras de tierras y propiedades (que culminan, por supuesto, en el suelo y los inmuebles urbanos). Igualmente importantes son las revoluciones en las relaciones espaciales debidas a la inversión y las innovaciones en el transporte y las comunicaciones. Las ventajas locales son relativas, no absolutas. Terrenos remotos que carecían de valor comercial se vuelven repentinamente valiosos debido a la construcción de una vía férrea o una carretera.

Los propietarios de tierras e inmuebles que obtienen rentas de estas ventajas diferenciales hacen un servicio señalado al capital en general: igualan las condiciones para la competencia perfecta entre capitalistas industriales (en este caso, agricultores) que trabajan en o sobre la tierra. Si un productor industrial X obtuviera de forma permanente una tasa de ganancia mucho más alta que un productor Y en virtud de poseer un terreno con una ubicación superior o una mayor fertilidad, entonces la fuerza de la competencia intercapitalista se atenuaría permanentemente y las leyes de movimiento del capital se verían permanentemente dañadas. El capital, en efecto, hace un pago lateral a los propietarios de tierras por excluir a los trabajadores del acceso a la tierra y allanar el camino hacia una competencia perfecta en los espacios desiguales de un país, e incluso del mercado mundial.

A Marx le interesa principalmente la forma peculiarmente capitalista de la propiedad y la renta de la tierra. Sin embargo, en sus escritos históricos reconoce plenamente que la propiedad y la renta de la tierra son formas sociales que representan relaciones sociales de tipos bastante diferentes en una variedad de situaciones precapitalistas. La erradicación de los residuos feudales, por ejemplo, no se ha completado en absoluto aun después de muchos años de esfuerzo capitalista. En Gran Bretaña, la Iglesia, la Corona y algunas familias de la aristocracia todavía poseen grandes extensiones de tierras. Lo que Marx mostró, sin embargo, es que el capitalismo no puede funcionar sin su propia forma peculiar de renta de la tierra. No obstante, lo que no anticipó fue que las nuevas formas de renta capitalista podrían también evolucionar dentro de las estructuras evolutivas del capitalismo y que la búsqueda de rentas podría ir mucho más allá de lo que él consideraba necesario y funcional, así como políticamente tolerable, para una forma madura de desarrollo capitalista. La búsqueda de rentas mediante la especulación en los mercados del suelo y los recursos disponibles (como los pozos de petróleo) ya es bastante perniciosa; ¿pero qué hacer con la búsqueda de rentas mediante los derechos de propiedad intelectual? Ese es un ejemplo de una extensión que Marx no anticipó, pero con la que tenemos que enfrentarnos los analistas contemporáneos. Del mismo modo que los comerciantes, como bloque de poder faccional, frecuentemente van más allá del ámbito que Marx les concedía como necesario para el funcionamiento apropiado del capital, los rentistas tienden a hacer lo mismo en los mercados de tierras, propiedades y activos de todo tipo.

e) Banca, instituciones financieras

Esta es, con mucho, la categoría distributiva más complicada y problemática. Su representación es de gran importancia para entender la circulación general del capital. En los últimos tiempos se le ha prestado mucha atención debido a la influencia aparentemente determinante de la financiarización sobre los flujos de capital. Marx escribió mucho sobre ella, sin llegar a una conclusión incuestionable sobre la integración de muchas de las actividades que hallaba (como la especulación financiera y la circulación del capital que devenga intereses) en el concepto del capital como valor en movimiento. Lo que descubrió plantea algunos problemas serios para su teoría general, a los que prestaremos una detallada atención a medida que avancemos.

Hay muchas razones por las que los capitalistas industriales (y otros) están estrechamente vinculados con la banca y las finanzas. Coordinar las entradas y salidas de una forma particular de producción de mercancías exige combinar tiempos de rotación muy diferentes entre ellas. La industria algodonera necesita un suministro diario de algodón prácticamente constante, pero la cosecha de algodón llega una vez al año (aunque la ventaja de un mercado mundial con muchos proveedores en diferentes ubicaciones, con diferentes momentos de cosecha, ayuda a aliviar ese problema). Los productores de algodón reciben el pago por su cosecha una vez al año, pero necesitan el dinero no solo para producir, sino también para vivir durante todo el año. Sin un banco al que recurrir, el productor de algodón tendría que guardar el producto de la venta y sacarlo a diario de debajo del colchón hasta el año siguiente. Mientras tanto, alguien tiene que almacenar el algodón como mercancía para ir entregándolo diariamente a los molinos, donde se desmota, tritura, etc., antes de pasar a su hilado. Para Marx, todo ese valor acumulado en forma de dinero o de mercancía es capital muerto y devaluado; permanece sin ser usado ni producir nada durante la mayor parte del año.

Ese problema se hace aún más relevante cuando consideramos la circulación del capital fijo. Una máquina cuesta mucho dinero por adelantado, pero luego dura varios años. El valor inicial de la máquina se puede recuperar mediante los pagos anuales de depreciación, pero al final de su vida útil la máquina debe ser reemplazada. El capitalista debe haber ahorrado (acumulado) suficiente dinero cada año para comprar una nueva máquina. El resultado es un gran montón de capital muerto y devaluado en las cajas fuertes de los capitalistas, cuya seguridad plantea un primer problema, ya que hay ladrones al acecho en todas partes. La banca y el sistema de crédito capitalista abordan esos problemas. Los capitalistas pueden guardar con seguridad (al menos, eso creen) en un banco sus fondos excedentes acumulados, a cambio de un interés, y el banco puede prestarlos con un tipo de interés ligeramente más alto a otra persona o entidad. O bien los capitalistas industriales pueden pedir prestado el dinero por adelantado para comprar la máquina e ir pagando el préstamo con las depreciaciones anuales. En cualquier caso, el capital muerto y devaluado resucita para la circulación activa. Evidentemente, a medida que el capital se complica más con respecto a las cadenas de valor y las divisiones del trabajo que se cruzan, y depende más de grandes cantidades de capital fijo (por no hablar de las crecientes demandas de reservas infraestructurales y construcción urbana), crece la demanda de un sistema de crédito y financiero más sofisticado; de otro modo, todo el sistema de circulación del capital se atascaría, con cada vez más capital guardado para afrontar esos problemas temporales.

De la misma manera que la renta cubre una diversidad de problemas en las dimensiones geográficas y espaciales de las actividades capitalistas, el sistema de crédito se ocupa de las múltiples temporalidades involucradas en la organización de las actividades productivas. El sistema de crédito parte de una variedad aparentemente infinita de temporalidades en el funcionamiento de la organización diaria de la producción capitalista y las reduce a una sola: el tipo de interés durante un plazo determinado, aunque sin duda esa escala sea variable dependiendo de las condiciones de la oferta y la demanda de dinero, no solo como capital, sino para cualquier otra cosa (incluidos el consumo privado y los préstamos a los propietarios). El sistema de crédito introduce en el capitalismo dimensiones totalmente nuevas para el flujo de capital. Del mismo modo que la renta de la tierra se basa en la ficción de que la tierra es una mercancía que puede tener un precio aunque no tenga valor, también el sistema de crédito se basa en la ficción de que el dinero es una mercancía que tiene un precio. El efecto es sugerir que el dinero, el representante o expresión del valor, tiene un valor, lo cual es claramente ridículo. Pero el dinero tiene un precio, que es el interés.

La banca y las finanzas desempeñan múltiples roles. Absorben bolsas ociosas de dinero de donde quiera que estén y convierten ese dinero en capital-dinero prestándolo a quienquiera que esté interesado en buscar oportunidades de inversión rentable. Como intermediarios, los bancos y las instituciones financieras operan como «el capital común de la clase capitalista»[10]. Desempeñan un papel clave en la aceleración de la nivelación de la tasa de ganancia, extrayendo fondos de allí donde se trabaja en sectores de baja rentabilidad de la economía y redirigiéndolos hacia donde la tasa de ganancia es más alta. También tienen en sus manos cierto poder de creación de dinero, independientemente de cualquier aumento en la producción de valor. La independencia y la autonomía del sistema financiero, junto con sus poderes intrínsecos de creación de dinero, pueden subsumirse dentro del proceso general de circulación del capital como valor en movimiento, pero no dejan de tener algunos efectos muy importantes.

Los bancos y las instituciones financieras trabajan con el dinero como una mercancía y no para la producción de valor. Prestan allí donde la tasa de ganancia dineraria es más alta y no necesariamente en la actividad productiva: si las ganancias se pueden obtener de la especulación inmobiliaria, allí es donde prestarán los bancos para comprar suelo y propiedades (como lo hicieron al por mayor entre 2001 y 2007 en Estados Unidos). «Así queda consumada la figura fetichista del capital y la representación del capital-fetiche»[11]. Lo que Marx quiere decir con esto es que el sistema financiero necesariamente responde a las señales de dinero y ganancias dentro de los diferentes campos de distribución que pueden desviar la actividad capitalista de la creación de valor hacia canales improductivos. Los bancos pueden prestar a otros bancos, a compañías inmobiliarias, a capitalistas mercantiles, así como a consumidores (ya sean de la clase trabajadora o burguesa, eso no importa), y también al Estado (la deuda nacional es enorme).

El resultado es el mundo de lo que Marx llama circulación de «capital ficticio»[12]. Los bancos aprovechan sus depósitos para prestar un múltiplo de los activos que realmente poseen. Sus préstamos pueden sumar tres veces o hasta treinta veces más, en periodos de «exuberancia irracional», que los depósitos que tienen. Eso es creación de dinero más allá de lo necesario para cubrir la producción y la realización del valor actual. Esta creación de dinero toma la forma de deuda, y las deudas son derechos sobre la producción futura de valor. Una acumulación de deudas solo se puede amortizar mediante la

---

[10] *El capital,* vol. 3, cap XXII, p. 424 [*MEW* 25, p. 381: «gemeinsames Kapital der Klasse»].

[11] *El capital,* vol. 3, cap XXIV, p. 452 [*MEW* 25, p. 405: «Hier ist die Fetischgestalt des Kapitals und die Vorstellung vom Kapitalfetisch fertig»].

[12] *El capital,* vol. 3, cap XXIX.

producción futura de valor, o devaluarse en el curso de una crisis. Toda la producción capitalista es especulativa, por supuesto, pero en el sistema financiero esa característica se intensifica hasta un fetiche supremo. El financiero, dice Marx, tiene ese «carácter tan bien mezclado de timador y profeta»[13]. El capital ficticio puede o no realizarse mediante la valorización y la realización en una fecha posterior. En la cúspide del sistema financiero y monetario mundial se sitúan los bancos centrales, armados con poderes aparentemente infinitos de creación de dinero, sin importar cuál sea el estado de producción de valor. ¿Cómo encaja esto con la teoría de la circulación y acumulación de capital, y con los requisitos de valorización y realización?

El crédito y la deuda tienen innumerables formas precapitalistas, pero Marx está interesado, como lo está con respecto a los comerciantes y terratenientes, en la forma particular de los instrumentos del crédito en la circulación del capital. El auge del capitalismo revolucionó la esencia de la deuda y el crédito (una revolución que David Graeber apenas refleja en su historia de la deuda[14]). En la época de Marx, esa forma peculiar crecía y cambiaba rápidamente. Las sociedades anónimas y los nuevos instrumentos de crédito estaban en proceso de formación. En la nuestra, las innovaciones en el campo de la banca y las finanzas han llevado las cosas a otro nivel.

Considerar la distribución como un punto final pasivo para el proceso de circulación sería, argumentamos anteriormente, un error atroz. La distribución en forma de dinero constituye una fase de transición peculiar en el movimiento del capital. ¿Pero cómo se relaciona esto con la valorización y la realización? Es difícil llegar a una respuesta tajante a esa pregunta, pero una de las conclusiones de Marx proporciona una pista importante sobre cómo podríamos proceder para avanzar al menos hacia una conclusión provisional.

f) La circulación del capital que devenga intereses

El Tercer Volumen reconoce, de hecho, un marco para entender cómo podría volver el dinero al círculo de valorización y realización. El poder autónomo de creación de crédito del que goza el sistema bancario y financiero

---

[13] *El capital,* vol. 3, cap. XXVII, p. 512 [*MEW* 25, p. 457].
[14] D. Graeber, *Debt: Updated and Expanded –The First 5,000 Years,* Brooklyn, Melville Books, 2014 [ed. cast.: *En deuda. Una historia alternativa de la economía,* Barcelona, Ariel, 2014].

(con los bancos centrales en su cima) libera a la circulación un flujo de capital que devenga intereses. No hay necesidad que obligue a ese capital que devenga intereses a fluir hacia la valorización. Tiene muchas otras oportunidades, que varían desde el crédito al consumo hasta los préstamos a los capitalistas mercantiles, a los terratenientes y a los especuladores inmobiliarios, al Estado para combatir en guerras o incluso a potencias extranjeras. La circulación del capital que devenga intereses reclama su parte del plusvalor no sobre la base de su contribución a la producción activa, sino como puro derecho de propiedad. Este derecho es conferido por la propiedad del dinero como una mercancía, cuyo valor de uso es que puede utilizarse para ganar más dinero.

Aquí se introduce una nueva dimensión en la imagen de la circulación, prefigurada en el Segundo Volumen, donde Marx observa la circulación del capital-dinero como una forma peculiar. Cuando los capitalistas industriales realizan el valor como dinero, entran en posesión de una mercancía que tiene el interés como precio. Los capitalistas tienen ahí la posibilidad de elegir: pueden invertir en una mayor producción de valor o pueden llevar el dinero al mercado dinerario para obtener intereses. Para permanecer en el negocio, los capitalistas industriales deben ganar más que el tipo de interés vigente; de lo contrario, toda la irritación y el esfuerzo que entraña la organización de la producción no tiene sentido desde el punto de vista económico. El flujo de capital a través de las manos de los capitalistas industriales se divide, en efecto, en dos caminos: el capitalista, como poseedor de dinero, recibe intereses por el dinero aportado, mientras que, como productor, el capitalista se beneficia de la explotación del trabajo en la producción. El capitalista «tiene la opción de prestar su capital como capital que devenga intereses, o valorizarlo él mismo como capital productivo»[15]. Los capitalistas industriales pueden pedir prestado el dinero que necesitan para comenzar y pagar intereses por él mientras tratan de retener el resto del beneficio para sí mismos. Marx, en un aparte, considera esto como una virtud singular de las finanzas capitalistas para sostener el poder y la legitimidad de la clase capitalista burguesa. Compensa el poder de la riqueza heredada y permite a los empresarios más audaces y a los recién llegados la posibilidad de derribar las barreras de clase que de otro modo se interpondrían en

---

[15] *El capital,* vol. 3, cap. XXIII, p. 435 [*MEW* 25, 390: «Er hat die Wahl, ob er sein Kapital, sei e's, daß es im Ausgangspunkt schon als Geldkapital existiert, oder daß es erst in Geldkapital zu verwandeln ist, als zinstragendes Kapital verleihen oder als produktives Kapital selbst verwerten will»].

su camino. La fortaleza política y psicológica de la clase capitalista se refuerza incorporando a esos nuevos elementos a las clases dominantes.

Este doble papel produce, sigue diciendo Marx, una distinción entre propiedad y administración. Los titulares de acciones demandan un rendimiento de su inversión en capital dinerario, mientras que los directivos piden su parte mediante la organización activa de la producción. Un grupo de accionistas e inversores (capitalistas dinerarios) pretende obtener ganancias monetarias de su inversión del capital dinerario a su disposición. Esta clase impulsa y refuerza la conversión del dinero en capital-dinero. Aún más activo es el capital ficticio creado dentro del sistema bancario, que se presta como capital circulante que genera intereses[16].

El capital aquí se quiebra en corrientes de componentes que a menudo se mueven en una relación antagónica entre sí. En los últimos tiempos, por ejemplo, el flujo del capital ha tendido a disminuir con respecto a la producción de valor, mientras que el capital-dinero busca altas tasas de rendimiento en otros lugares. El efecto ha sido exacerbar el estancamiento a largo plazo en la producción de valor que ha caracterizado a la mayor parte de la economía global desde la gran perturbación de 2007-2008.

Marx no hubiera podido anticipar la situación actual, en la que unos pocos bancos poderosos, considerados demasiado grandes como para caer, invierten irresponsablemente en las condiciones de riesgo moral creadas por un Estado que les asegura que los contribuyentes cubrirán sus pérdidas si fallan. La circulación del capital que devenga intereses ejerce una gran presión sobre la valorización y la realización. Impregna y puede en algunos casos corromper todo el sistema del capital en movimiento. Sin embargo, hay buenas razones por las que Marx describe la circulación del capital que devenga intereses como representación de los intereses de toda la clase capitalista. Para empezar, reduce una inmensa variedad de temporalidades al único criterio del tipo de interés. Introduce en la valorización y la realización la fluidez que de otro modo faltaría. Los préstamos a los consumidores apuntalan la demanda efectiva que estimula la realización. En el mercado de la vivienda, por ejemplo, los financieros financian a los promotores para que construyan viviendas, mien-

---

[16] Sobre la importancia del capital ficticio, véanse D. Harvey, *A Companion to Marx's Capital, Volume 2,* Londres, Verso, pp. 240-266 [ed. cast.: *Guía de El capital de Marx, Libro segundo,* Madrid, Akal, 2016, pp. 234-258]; C. Durand, *Fictitious Capital: How Finance is Appropriating our Future,* Londres, Verso, 2017.

tras que los mismos financieros prestan a los consumidores para que realicen los valores de las viviendas en el mercado. La circulación del capital que devenga intereses cierra la unidad contradictoria entre valorización y realización, para armonizar ambas. Marx reconoce claramente esa distinción. Los préstamos para facilitar la valorización (para que los capitalistas industriales pongan en marcha la producción) son bastante diferentes de los préstamos para facilitar la realización (como el descuento de letras de cambio, que era común en la época de Marx), aunque estén claramente relacionados entre sí.

Pero esto conlleva un peligro. La palabra «embargo» (ejecución hipotecaria) tiene aquí un adecuado doble significado. Si los consumidores no pueden pagar la hipoteca, pierden su casa por ejecución hipotecaria; pero, si la pagan, en muchos aspectos se embarga su futuro, porque están condenados a una servidumbre por deudas durante treinta años. Por supuesto, tienen la posibilidad de amortizar la deuda en cualquier momento. Pero si los precios de la vivienda bajan, se encontrarán «bajo el agua», debiendo más por la casa de lo que actualmente vale. Y si pagan lo que les queda de deuda, tendrán que buscar otro lugar donde vivir.

Esta es, a mi parecer, una conclusión adecuada para este aspecto de la circulación del capital en los mercados financieros. Evidentemente, hay mucho más que decir y se necesita mucha más investigación, pero el punto crítico que aceptar son los papeles activos que desempeñan las diferentes formas de distribución en la promoción de una mayor circulación del capital. En esto, el aspecto financiero es de suma importancia, porque trata directamente con el capital-dinero, el crédito y las formas ficticias de capital creadas dentro del sistema financiero. Esto se convierte en uno de los impulsores más persistentes de una mayor acumulación a través del imperativo que impone de amortizar la deuda mediante una mayor producción de valor. La frenética búsqueda de ganancias se complementa con la frenética necesidad de saldar las deudas. Supuestamente, la valorización logrará ambos objetivos simultáneamente. La visualización del capital como valor en movimiento debe ajustarse y modificarse en consecuencia.

La totalidad del capital

En varias ocasiones, Marx menciona su deseo de representar el capital como una totalidad. El mapa de flujos de capital que hemos construido aquí ofrece una forma simplificada de visualizar el aspecto que tendría esa totalidad. Cada volumen de *El capital* nos proporciona una perspectiva definida de la totalidad desde un punto de vista particular. Es algo así como grabar vídeos de lo que está sucediendo en una plaza (Tahrir o Taksim, por ejemplo) desde tres ventanas diferentes. Cada vídeo contará su propia historia y será fiel a su propio punto de vista, pero la totalidad de lo que sucede en la plaza se captará mejor al mirar juntos los tres vídeos. Al leer *El capital* se suele privilegiar el punto de vista de la valorización, tal como queda articulado en el Primer Volumen, sobre los de la realización y la distribución, tal como se analizan y describen en los otros dos volúmenes. Esa visión sesgada conduce, en mi opinión, a un grave error. La importancia de considerar al capital como totalidad está precisamente en reconocer que las diferentes fases presuponen y prefiguran las demás. Aunque cada fase es autónoma e independiente, todas ellas quedan subsumidas en el movimiento de la totalidad. Mi lenguaje aquí es el que usa Marx explícitamente en su caracterización del capital financiero y el movimiento de su rama que devenga intereses.

Los diferentes momentos dentro del proceso de circulación del capital están laxamente acoplados y correlacionados, más que estrechamente unidos en un abrazo funcional. «Este mismo sistema orgánico, en cuanto totalidad, tiene sus supuestos, y su desarrollo hasta alcanzar la totalidad plena consiste precisamente [en que] subordina todos los elementos de la sociedad, o en que crea los órganos que aún le hacen falta a partir de ella. De esta manera llega a ser históricamente una totalidad. El devenir hacia esa totalidad constituye un momento de su proceso, de su desarrollo»[17]. O, como dice en otro lugar:

> El resultado al que llegamos no es que la producción, la distribución, el intercambio y el consumo sean idénticos, sino que constituyen las articulaciones de una totalidad, diferenciaciones dentro de una unidad. La producción trasciende tanto más allá de sí misma en la determinación opuesta de la producción, como más allá de los otros momentos. A partir de ella, el proceso recomienza siempre nuevamente. Se comprende que el intercambio y el consumo no puedan ser lo trascendente. Y lo mismo puede decirse de la distribu-

---

[17] *EFCEP*, vol. 1, p. 220 [*MEW* 42, p. 203: «Dies organische System selbst als Totalität hat seine Voraussetzungen, und seine Entwicklung zur Totalität besteht eben [darin], alle Elemente der Gesellschaft sich unterzuordnen oder die ihm noch fehlenden Organe aus ihr heraus zu schaffen. Es wird so historisch zur Totalität. Das Werden zu dieser Totalität bildet ein Moment seines Prozesses, seiner Entwicklung»].

ción en cuanto distribución de los productos. Pero, como distribución de los agentes de la producción, constituye un momento de la producción. Una producción determinada, por lo tanto, determina un consumo, una distribución, un intercambio determinados y *relaciones recíprocas determinadas de estos diferentes momentos.* A decir verdad, tambien la producción, *bajo su forma unilateral,* está a su vez determinada por los otros momentos. Por ejemplo, cuando el mercado, o sea, la esfera del intercambio, se extiende, la producción amplía su ámbito y se subdivide más en profundidad. Al darse transformaciones de la distribución se dan cambios en la producción en el caso, p. ej., de la concentración del capital o de una distinta distribución de la población en la ciudad y en el campo, etc. Finalmente, las necesidades del consumo determinan la producción. Entre los diferentes momentos tiene lugar una acción recíproca. Esto ocurre siempre en todos los conjuntos orgánicos[18].

La totalidad de la que habla aquí no es la de un solo organismo, como el cuerpo humano. Es una totalidad ecosistémica con múltiples especies competidoras o colaboradoras, con una historia evolutiva abierta a invasiones, nuevas divisiones del trabajo y nuevas tecnologías; un sistema en el que algunas especies y subsistemas desaparecen, mientras que otros nacen y florecen, al mismo tiempo que los flujos de energía crean cambios dinámicos que apuntan a todo tipo de posibilidades evolutivas. Marx era aficionado a las analogías y metáforas científicas, pero sobre todo a las orgánicas y evolutivas. Como

---

[18] *EFCEP,* vol. 1, p. 20 [*MEW* 42, p. 34: «Das Resultat, wozu wir gelangen, ist nicht, daß Produktion, Distribution, Austausch, Konsumtion identisch sind, sondern daß sie. alle Glieder einer Totalität bilden, Unterschiede innerhalb einer Einheit. Die Produktion greift über, sowohl über sich in der gegensätzlichen Bestimmung der Produktion, als über die andren Momente. Von ihr beginnt der Prozeß immer wieder von neuem. Daß Austausch und Konsumtion nicht das Übergreifende sein können, ist von selbst klar. Ebenso von der Distribution als Distribution der Produkte. Als Distribution der Produktionsagenten aber ist sie selbst ein Moment der Produktion. Eine bestimmte Produktion bestimmt also eine bestimmte Konsumtion, Distribution, Austausch und *bestimmte Verhältnisse dieser verschiedenen Momente zueinander.* Allerdings wird auch die Produktion, *in ihrer einseitigen Form,* ihrerseits bestimmt durch die andren Momente. Z. B., wenn der Markt sich ausdehnt, d.h. die Sphäre des Austauschs, wächst die Produktion dem Umfang nach und teilt sich tiefer ab. Mit Veränderung der Distribution ändert sich die Produktion; z.B. mit Konzentration des Kapitals, verschiedner Distribution der Bevölkerung in Stadt und Land etc. Endlich bestimmen die Konsumtionsbedürfnisse die Produktion. Es findet Wechselwirkung zwischen den verschiednen Momenten statt. Dies der Fall bei jedem organischen Ganzen»].

señala en el Prólogo a la primera edición del Primer Volumen de *El capital,* desde su «punto de vista» concibe «como [un] proceso de historia natural el desarrollo de la formación económico-social»[19]. Gran admirador de Darwin, trataba de hacer por las ciencias sociales e históricas lo que este había hecho en las ciencias naturales al promover su teoría de la evolución.

Analizar plenamente esa totalidad orgánica requeriría como mínimo una fusión de las perspectivas de los tres volúmenes de *El capital* en una teoría holística. Marx nunca intentó llevarla a cabo. Los diversos esquemas para su proyecto de investigación esbozados en los *Grundrisse* indican que para completar su proyecto se necesitarían otros volúmenes sobre temas como la competencia, el Estado (y presumiblemente los impuestos), el mercado mundial y las crisis[20], pero no llegó ni a acercarse a completarlo. Reconoció, no obstante, las mil formas complicadas en que las inestabilidades transversales que se cruzan dentro del ecosistema orgánico que constituye el capital pueden dar lugar a crisis. «Las contradicciones que se dan en la producción burguesa —escribió— se reconcilian mediante un proceso de ajuste que al mismo tiempo se manifiesta no obstante como crisis, una fusión violenta de factores desconectados que operan independientemente unos de otros, pero que sin embargo están interconectados»[21].

Una nota sobre la relevancia política

En algún momento se me preguntará por la relevancia política de esta visualización. Mi respuesta es que ayuda a situar los problemas y las propuestas en el contexto de una comprensión de la circulación del capital, y por lo

---

[19] *El capital,* vol. 1, Prólogo, p. 46 [*MEW* 23, p. 16: «mein Standpunkt, der die Entwicklung der ökonomischen Gesellschaftsformation als einen naturgeschichtlichen Prozeß auffaßt»].

[20] Para una discusión sistemática de los varios planes esbozados por Marx, véase R. Rosdolsky, *The Making of Marx's Capital,* Londres, Pluto Press, 1977 [ed. cast.: *Génesis y estructura de El Capital de Marx,* Siglo XXI, 1978].

[21] *Theorien über den Mehrwert, Band 3,* cap. XX [*MEW* 26.3, p. 117: «die in der bürgerlichen Produktion existierenden Widersprüche –die sich allerdings ausgleichen, ein Prozeß der Ausgleichung, der aber zugleich als Krise erscheint, gewaltsame Zusammenfügung der zerrißnen, gleichgültig gegeneinander existierenden und doch zusammengehörigen Momente–»].

tanto permite una evaluación de la probabilidad de que las diversas propuestas políticas alcancen sus objetivos. Permítanme darles un ejemplo sencillo.

Durante la campaña demócrata de las primarias en Estados Unidos, Bernie Sanders puso mucho énfasis en su propuesta de un salario mínimo de 15 dólares por hora como parte fundamental de su programa político. En agosto de 2016, la alianza formada en torno a Black Lives Matter publicó un documento que defendía la renta básica como una propuesta política fundamental (dirigida en primera instancia a la población negra como parte de un paquete de reparaciones por los años de la esclavitud). En ambos casos, la idea era que la calidad de vida asociada con la reproducción de la fuerza de trabajo podía mejorarse radicalmente aumentando la demanda efectiva de los empleados (Sanders) o de todos los que históricamente habían sufrido la esclavitud, ya fueran empleados o no (Black Lives Matter). Ambas propuestas planteaban el equivalente de los salarios en dinero. Este aumento de la demanda efectiva debería significar un aumento en los bienes y servicios recibidos por las poblaciones respectivas. Pero ese efecto supone que nada sucede en el punto de realización para reducir su posibilidad. Ahora bien, sabemos por el análisis de la circulación del capital que una gran parte de la apropiación de valor mediante la depredación ocurre en el momento de la realización. Aumentar el salario mínimo o crear una renta básica no servirá de nada si los fondos especulativos compran casas embargadas y patentes farmacéuticas y elevan los precios (en algunos casos astronómicos) para llenar sus propios bolsillos con la creciente demanda efectiva ejercida por la población. El aumento de las matrículas universitarias, las tasas de interés usurarias en las tarjetas de crédito, todo tipo de cargas ocultas en las facturas telefónicas y el seguro médico podrían devorar todos los beneficios. La población podría verse mejor servida por una intervención reguladora estricta para controlar esos gastos vitales, para limitar la gran apropiación de riqueza que se produce en el punto de realización. No es sorprendente que haya un fuerte respaldo entre los capitalistas de riesgo de Silicon Valley hacia las propuestas de renta mínima. Saben que sus tecnologías están dejando a millones de personas sin trabajo y que esas personas no formarán parte del mercado para sus productos si no tienen ingresos. Al integrar tales propuestas en la visualización aquí ofrecida, podemos ver de inmediato cuáles son las barreras para su puesta en práctica, así como las motivaciones ocultas. La visualización también proporciona un mapa de las posibles barreras a la continuidad de la circulación del capital en su conjunto. Localiza puntos donde los bloqueos pueden desencadenar crisis. Cada punto de metamorfosis de valor, por ejemplo, es un foco potencial para el estallido de crisis.

La visualización también arroja una luz interesante sobre las diferentes formas de lucha social que pueden repercutir en la totalidad. Las luchas en el punto de valorización tienen, inevitablemente, un carácter de clase (muy teorizado y bien conocido). Las que se dan en el punto de realización afectan a compradores y vendedores y desencadenan luchas contra las prácticas depredadoras y la acumulación por desposesión en el mercado (por ejemplo, contra la gentrificación y los desahucios). Tales luchas no están tan bien teorizadas. En el campo de la reproducción social, los aspectos de la jerarquía social, el género, la sexualidad, el parentesco, la familia y demás cobran mayor predominio y el enfoque político primario se desplaza a las cualidades de la vida cotidiana, más que al proceso de trabajo. Esas luchas han sido ignoradas a menudo en la literatura marxista. Las luchas por la distribución requieren un análisis de las relaciones a menudo antagónicas entre las diferentes facciones del capital y el aparato estatal. Esto, junto con las luchas capital-trabajo sobre los salarios en el mercado, completa un mapa aproximado de los diferentes lugares potenciales de la lucha política en y alrededor de la circulación del capital en su conjunto. De ahí se sigue que las luchas sociales y políticas contra el poder del capital dentro de la totalidad de la circulación del capital adoptan formas diferentes y requieren diferentes tipos de alianzas estratégicas para tener éxito. Los movimientos tradicionales de «izquierda» no siempre han reconocido la importancia de tales alianzas y los compromisos necesarios para que funcionen. Además, están todas las luchas que tienen lugar en el campo contextual en el que se inserta la circulación del capital. La cuestión no solo concerniente a qué es la naturaleza humana, sino de lo que podría llegar a ser, es de gran importancia política. La naturaleza humana que nos muestran los partidarios de Donald Trump, Geert Wilders, Marine Le Pen, Recip Tayyip Erdogan, Narendra Modi, Viktor Orban y Vladimir Putin es muy diferente de la de los seguidores de Mahatma Gandhi, el obispo Desmond Tutu, Nelson Mandela y Evo Morales, que a su vez es muy diferente de la de Vladimir Lenin, Fidel Castro, Gamal Abdel Nasser, Hugo Chávez, Franz Fanon, Leopold Senghor y Amilcar Cabral. Aunque pueda ser un cliché banal de la política que para aspirar a cualquier tipo de proyecto político-económico los corazones y las mentes de las personas tienen primero que involucrarse, formarse y obstinarse, sucede, no obstante, que las luchas políticas sobre lo que podría llamarse «la naturaleza» de la naturaleza humana se situarán con razón en la base de las preocupaciones que surgen a partir de las cuestiones económicas de la circulación del capital. Pero creo que la visualización del capital en movimiento deja bastante claro que las relaciones entre el valor que circula como capital y la construcción y la reconstrucción perpetua de valores políticos, culturales y estéticos en sentido amplio son, de por sí, una cuestión de gran importancia. Los que priorizan el pensamiento y las luchas activas sobre estas últimas tendrán que reconocer que lo hacen en el contexto de la circulación del capital, que restringe, al mismo tiempo que facilita, ciertas formas de pensamiento y acción. En la medida en que el capital está perpetua y necesariamente comprometido con la construcción y reconstrucción de antojos, necesidades y deseos, eso constituye un puente vital entre lo que a veces pueden parecer dos dominios muy alejados de la acción humana. Margaret Thatcher, después de todo, se propuso no solo cambiar la economía, sino también «cambiar el alma», y en eso tuvo cierto éxito. Mucha gente llegó a aceptar su mensaje de que «no hay alternativa». Ese mismo conjunto de preocupaciones conflictivas se extiende al vasto campo de las luchas políticas y culturales sobre nuestras relaciones actuales y futuras, con una «naturaleza» en constante evolución que ya está reconstituida en muchos aspectos como una «segunda naturaleza» después de una larga historia de transformaciones ambientales. La forma en que estamos produciendo actualmente la naturaleza es una cuestión muy controvertida que, de nuevo, no puede abordarse independientemente de la comprensión de cómo funciona la circulación y la expansión del capital.

No pretendo que esas luchas más amplias estén subsumidas en las que tienen que ver con la perpetuación del valor en movimiento; en todo caso, la subsunción se daría al revés. Pero lo que permite un estudio del valor en movimiento es una mejor comprensión de lo que debe ser subsumido dentro de esa política más amplia, y buena parte de ello es bastante difícil de asimilar.

III. El dinero como representación del valor

La mayoría de los argumentos teóricos de Marx a lo largo de *El capital* se expresan en términos de valor. Los datos económicos del mundo y la mayoría de los ejemplos reales de Marx se expresan en términos dinerarios. ¿Debemos asumir que el dinero es una representación precisa y sin problemas del valor? Si no lo es, ¿por qué? ¿Y con qué consecuencias? Dada la historia de las formas de representación, ¿es posible que el dinero se base en distorsiones sistémicas del valor que se supone que representa? Las proyecciones cartográficas se utilizan para representar con precisión algunas características de la superficie terrestre, mientras distorsionan otras. ¿No deberíamos preocuparnos por la posibilidad de distorsiones similares en el caso del dinero en relación con el valor?

El valor es una relación social. Como tal, es «inmaterial, pero objetivo». La «objetividad fantasmática» del valor surge porque «en la objetividad de las mercancías como valores no entra ni un átomo de materia». Su estatus como valores contrasta con «la objetividad groseramente sensorial de las mercancías como objetos físicos. Podemos torcer y dar vueltas a una mercancía tanto como queramos, pero con ello sigue siendo imposible entenderla como una cosa que posee valor»[1]. El valor de las mercancías es, como muchas otras ca-

---

[1] *El capital,* vol. 1, cap. I.1, I.3, pp. 86, 96 [*MEW* 23, p. 52: «Es ist nichts von ihnen übriggeblieben als dieselbe gespenstige Gegenständlichkeit»; p. 62: «Im graden Gegenteil zur sinnlich groben Gegenständlichkeit der Warenkörper geht kein Atom Naturstoff in ihre Wertgegenständlichkeit ein. Man mag daher eine einzelne Ware drehen und wenden, wie man will, sie bleibt unfaßbar als Wertding»].

racterísticas de la vida social —como el poder, la reputación, el estatus, la influencia o el carisma—, una relación social inmaterial, pero objetiva, que ansía expresión material. En el caso del valor, esta necesidad se cumple a través de lo que Marx llama la forma «deslumbrante» del dinero.

Marx es muy cuidadoso con su lenguaje. Se refiere al dinero casi exclusivamente como la «forma de expresión» o como la «representación» del valor. Evita escrupulosamente la idea de que el dinero sea el valor encarnado, o que sea un símbolo arbitrario impuesto convencionalmente en el intercambio de relaciones (una opinión generalizada en la economía política de su tiempo). El valor no puede existir sin el dinero como su modo de expresión[2]. Por el contrario, por muy autónomo que parezca, el dinero no puede cortar el cordón umbilical que lo ata a lo que representa. Deberíamos pensar en el dinero y el valor como autónomos e independientes entre sí, pero dialécticamente entrelazados. Este tipo de relación tiene una larga historia. Así es como la concibe Marx:

> En el curso de nuestra exposición hemos visto cómo el valor, que aparecía como una abstracción, solo es posible en calidad de tal abstracción una vez que está puesto el dinero; esta circulación monetaria, por otra parte, lleva al capital, y por tanto solo puede desarrollarse plenamente sobre la base del capital, así como, en suma, la circulación solo sobre esa base puede englobar todos los momentos de la producción. En el desarrollo, pues, se revela no solo el carácter histórico de las formas que, como el capital, pertenecen a determinada época histórica, sino que determinaciones tales como el valor, que se presentan como puramente abstractas, ponen de manifiesto la base histórica de la que han sido abstraídas y solamente sobre la cual, pues, pueden aparecer en esa abstracción; y determinaciones tales, que pertenecen *plus ou moins* a todas las épocas, como por ejemplo el dinero, evidencian la modificación histórica a la que han sido sometidas[3].

---

[2] *EFCEP*, vol. 1, pp. 75, 170 [*MEW* 42, pp. 84: «Alle Waren sind vergängliches Geld; das Geld ist die unvergängliche Ware»; 160: «Endlich in der letzten Bestimmung widerspricht es sich noch, weil es den Wert als solchen repräsentieren soll; in der Tat aber nur ein identisches Quantum von veränderlichem Wert repräsentiert. Es hebt sich daher auf als *vollendeter Tauschwert*»].

[3] *EFCEP*, vol. 2, pp. 314-315 [*MEW* 42, pp. 667: «Es hat sich im Lauf unserer Darstellung gezeigt, wie Wert, der als eine Abstraktion erschien, nur als solche Abstraktion möglich ist, sobald das Geld gesetzt ist; die Geldzirkulation anderseits führt zum Kapital, kann also

Para Marx, todas las categorías importantes de *El capital,* en conjunto, son abstracciones basadas en las prácticas y la experiencia histórica del capitalismo. «Entre los antiguos no se encuentra el concepto económico del valor […] El concepto de valor es enteramente propio de la economía más reciente, ya que constituye la expresión más abstracta del capital mismo y de la producción fundada en este.» Las categorías que tienen una larga historia, como la renta, el interés y el beneficio del capital comercial, se adaptan con el tiempo a los requisitos del modo capitalista de producción. Así sucede con el dinero. El problema es cómo distinguir entre las características del dinero que son propias del capitalismo y las diversas formas de dinero (como las conchas de cauri o los cordones de abalorios [*wampun*]) que lo precedieron. Esta cuestión se vuelve doblemente importante a la hora de analizar el crédito.

> La *ininterrumpida continuidad* del proceso, la transición libre y fluida en que el valor pasa de una forma a la otra, o de una fase del proceso a la otra, aparece como condición fundamental de la producción basada en el capital, y ello en un grado enteramente diferente del de todas las formas anteriores de la producción […] De este modo, para la producción fundada en el capital, aparece como contingente el que su condición esencial, la continuidad de los diversos procesos constitutivos de su proceso total, se produzca o no se produzca. La supresión, por el capital mismo, de este carácter contingente es el *crédito.* […] De ahí que el *crédito,* en cualquiera de sus formas desarrolladas, no se presente en ninguno de los modos de producción anteriores. Se prestaba y se tomaba en préstamo, también, en fases anteriores, y la usura es incluso la más antigua de las formas antediluvianas del capital. Pero dar y tomar en préstamo en modo alguno son sinónimos del *crédito,* del mismo modo que trabajar no lo es de *trabajo industrial* o de *trabajo asalariado libre.* Como relación de producción desarrollada, esencial, el crédito se presenta *históricamente* solo en la circulación basada sobre el capital o el trabajo asalariado. (El *dinero*

---

nur vollständig entwickelt sein auf Grundlage des Kapitals, wie überhaupt nur auf seiner Grundlage die Zirkulation alle Momente der Produktion ergreifen kann. In der Entwicklung zeigt sich daher nicht nur der historische Charakter der Formen, wie Kapital, die einer bestimmten Geschichtsepoche angehören; sondern solche Bestimmungen wie Wert, die rein abstrakt erscheinen, zeigen die historische Grundlage, von der sie abstrahiert sind, auf der allein sie daher in dieser Abstraktion Das Kapital als Frucht bringend erscheinen können; und solche Bestimmungen, die allen Epochen *plus ou moins* angehören, wie z.B. Geld, zeigen die historische Modifikation, die sie untergehn»].

mismo es una forma de eliminar la desigualdad del tiempo requerido en las diversas ramas de producción, en la medida en que aquella desigualdad obstaculiza el intercambio)[4].

Las cualidades peculiares, tanto del dinero como del crédito, dentro de un modo capitalista de producción, pretenden asegurar la continuidad del movimiento del capital como valor en movimiento. Y, recíprocamente, la necesidad de garantizar la continuidad reúne las categorías de dinero, crédito y valor en una configuración histórica específica.

El primer capítulo de *El capital* es una lección práctica sobre cómo estudiar asuntos de este tipo. Marx observa que los economistas políticos clásicos recurrieron a un pasado ficticio, el del mito de Robinson Crusoe, para «naturalizar» sus categorías, como si surgieran de un estado de naturaleza (y fueran por eso inmutables e invariables). Marx prefiere, en cambio, examinar las sociedades precapitalistas, insistir en cómo se integran las categorías en las historias reales, en lugar de hacerlas derivar de historias ficticias. «Desplacémonos ahora desde la isla de Robinson, bañada en luz, a la Europa medieval, envuelta en la oscuridad…», escribe. Examina brevemente las relaciones y categorías típicas del trabajo forzado feudal [*corvée*] y de la «industria rural patriarcal de una familia campesina». Pero luego triangula, por decirlo así, sobre las especificidades del capital de hoy, imaginando cómo serían esas categorías después de trascender el capitalismo. Utiliza el pasado precapitalista y el *futur antérieur* del comunismo como puntos de referencia para entender la naturaleza particular del capital (así como las

---

[4] *EFCEP,* vol. 2, pp. 25-26 [*MEW* 42, pp. 441: «Die beständige Kontinuität des Prozesses, das ungehinderte und flüssige Übergehn des Werts aus einer Form in die andre oder einer Phase des Prozesses in die andre erscheint als Grundbedingung für die auf das Kapital gegründete Produktion in einem ganz andren Grade als bei allen frühren Formen der Produktion […]. Es erscheint so zufällig für die auf das Kapital gegründete Produktion, ob oder ob nicht ihre wesentliche Bedingung […] hergestellt wird. Die Aufhebung dieser Zufälligkeit durch das Kapital selbst ist der Kredit […] Daher der Kredit in irgendwie entwickelter Form in keiner frühren Weise der Produktion erscheint. Geborgt und geliehen ward auch in frühren Zuständen, und der Wucher ist sogar die älteste der antediluvianischen Formen des Kapitals. Aber Borgen und Leihen konstituiert ebenso wenig den Kredit, wie Arbeiten industrielle Arbeit oder freie Lohnarbeit konstituiert. Als wesentliches, entwickeltes Produktionsverhältnis erscheint der Kredit historisch auch nur in der auf das Kapital oder die Lohnarbeit gegründeten Zirkulation. (Das Geld selbst ist eine Form, um die Ungleichheit der in den verschiednen Produktionszweigen erforderten Zeit aufzuheben, soweit sie dem Austausch entgegensteht)»].

cualidades del dinero y el crédito) en la actualidad. El *futur antérieur* no es una imagen utópica de lo que podría suceder, sino una especificación de lo que debe suceder si queremos llegar al comunismo. «Imaginemos finalmente, para variar, una asociación de seres humanos libres que trabajen con medios de producción colectivos y empleen conscientemente sus muchas fuerzas de trabajo individuales como una sola fuerza de trabajo social…» En condiciones tan desalienadas, «las relaciones sociales de los seres humanos con sus trabajos y con los productos de estos siguen siendo aquí diáfanamente sencillas, tanto en la producción como en la distribución»[5]. En ese mundo no hay una mano oculta del mercado ni leyes dinámicas a la espalda de cada uno, que limiten nuestras libertades, y menos aún un mandato estatal. Es a partir de esas perspectivas, o antes y después de ellas, cuando Marx atraviesa «el velo» de lo que llama los «fetichismos» que impregnan no solo los escritos de los economistas políticos, sino también las representaciones corruptas que se hace el sentido común del intercambio de mercancías en mercados que fijan los precios. El dinero es el ejemplo supremo de tal fetichismo. Creemos que el dinero posee un poder social sobre nosotros y sobre los demás, y por supuesto que lo tiene hasta cierto punto (lo que constituye el núcleo de la teoría marxista del fetichismo: es real, pero desacertado).

Entonces, ¿cómo debemos entender la relación dialéctica entre el valor y su representación como dinero? Esta fue una cuestión política muy debatida en la época de Marx. A finales de la década de 1840, mucho antes de haber resuelto muchas de las ideas centrales de *El capital*, Marx se encontró políticamente en desacuerdo no solo con los socialistas ricardianos británicos, sino, lo que era mucho más importante, con la imponente figura de Proudhon, que tenía muchos seguidores entre los artesanos franceses. Proudhon y sus seguidores planteaban la siguiente pregunta, perfectamente razonable: ¿por qué los capitalistas son tan ricos y las clases trabajadoras tan pobres, cuando los principales economistas políticos de la época –y, muy en particular, David Ricardo– insistían en que el valor económico era producido exclusivamente por el trabajo?

---

[5] *El capital,* vol. 1, cap. I.4, pp. 127-130 [*MEW* 23, pp. 92-93: «Stellen wir uns endlich, zur Abwechslung, einen Verein freier Menschen vor, die mit gemeinschaftlichen Produktionsmitteln arbeiten und ihre vielen individuellen Arbeitskräfte selbstbewußt als eine gesellschaftliche Arbeitskraft verausgaben […] Die gesellschaftlichen Beziehungen der Menschen zu ihren Arbeiten und ihren Arbeitsprodukten bleiben hier durchsichtig einfach in der Produktion sowohl als in der Distribution»].

Proudhon concluía que el fallo radicaba en la forma en que se representaba el valor del trabajo en el mercado. La irracionalidad del dinero y del intercambio de mercado era la clave del problema. Lo que se necesitaba, sugería, era una forma alternativa de medir el valor del trabajo y de establecer los precios, una forma que descansara directamente en el tiempo real que los trabajadores dedicaban a fabricar un producto. Los trabajadores debían recibir un pago en bonos o vales que representaran el tiempo real de trabajo, las horas de trabajo, o incluso monedas que las representaran con exactitud. El movimiento proudhonista pretendía reestructurar el sistema monetario, organizar la oferta de créditos gratuitos, reformar la banca central y crear instituciones cooperativas de crédito para resolver el problema de la desigualdad social y restaurar los derechos del trabajo.

Marx se opuso con vehemencia a estas ideas en *Miseria de la filosofía* (publicado en 1847). La primera parte de los *Grundrisse,* los cuadernos inéditos de 1857, constituye una larga refutación de las ideas monetarias de Alfred Darimon, un seguidor de Proudhon[6]. El problema que Marx tenía con Proudhon y sus seguidores era la incapacidad de estos para lidiar con las relaciones sociales que definen el valor. Bajo el capitalismo es el tiempo de trabajo socialmente necesario, y no el tiempo real de trabajo, lo que cuenta. «Socialmente necesario» implica la existencia de alguna «mano oculta» o «ley dinámica» a la que tanto el capitalista como el trabajador están subordinados. Ya en los *Manuscritos económicos y filosóficos de 1844,* Marx había concluido que el valor bajo el capitalismo era trabajo alienado explotado por el capital en la producción, asegurado por la propiedad privada y el intercambio de mercancías en los mercados donde se fijan los precios. Esas eran las condiciones que producían las desigualdades y degradaciones sociales a las que estaban sometidos los trabajadores, aun cuando estuvieran dedicados a la valorización del capital. El objetivo de la revolución socialista era la transformación radical de las relaciones sociales bajo las que trabajaban los obreros. Sin esa transformación sería imposible crear un mundo en el que los trabajadores asociados tomaran las decisiones y en el que el tiempo de trabajo real, y no el tiempo de trabajo socialmente necesario, pudiera convertirse en la medida del valor.

---

[6] *Misère de la philosophie,* https://www.marxists.org/francais/marx/works/1847/06/km18470615.htm; ed. cast.: https://www.marxists.org/espanol/me/1847/miseria/index.htm; *EFCEP,* vol. 1, *El capítulo del dinero,* pp. 35-174 [*MEW* 42, pp. 49-164].

El núcleo del problema era el trabajo dominado por el poder de una clase ajena. El dinero, en opinión de Marx, representaba valores de trabajo (enajenado). De ahí se deducía que «dejar intactas las relaciones de producción, intentando eliminar la irracionalidad de la formación de precios en el mercado, es intrínsecamente contraproducente, ya que asume la propia irracionalidad de la producción de valor de la que es expresión»[7]. Esto era lo erróneo en la posición de Proudhon.

Buscar un mejor modo de representación (como los vales de tiempo) del trabajo enajenado, sin ofrecer una crítica de las relaciones sociales sobre las que se fundamenta la ley capitalista del valor, era simplemente duplicar la alienación. Eso es lo que Marx creía que estaban haciendo involuntariamente Proudhon y sus seguidores junto con muchos socialistas ricardianos. Por eso es tan importante la descripción de Marx del *futur antérieur* del comunismo en el Primer Volumen de *El capital*. Allí presenta a los trabajadores asociados (un concepto que Proudhon aborrecía) con medios de producción de propiedad común, tomando decisiones de forma consciente, y por lo tanto no alienada, con total transparencia y sin las necesidades sociales dictadas por las relaciones de dominación capital-trabajo o las intervenciones de cualquier poder exterior (como el Estado o el mercado).

El mundo manufacturero del que Proudhon había sacado sus categorías era el de los talleres parisinos de la década de 1840[8]. Eran pequeñas empresas típicamente dirigidas por artesanos que controlaban su propio proceso laboral, con un taller en la parte posterior y una tienda que daba a la calle. La forma principal de capital era la de los comerciantes que compraban en los talleres y luego vendían esos artículos en sus tiendas de alimentos y tejidos (precursoras de los grandes almacenes que aparecieron en la década de 1850). Los artesanos no se quejaban de sus procesos de trabajo porque los controlaban. Desde su punto de vista, su trabajo no estaba alienado en el punto de producción. Su queja principal se refería a los bajos precios ofrecidos por los comerciantes y el creciente dominio de estos últimos sobre una red de talleres de trabajo a los que hacían pedidos y dictaban especificaciones sobre la naturaleza del producto terminado; en algunos casos proporcionaban las materias primas e in-

---

[7] P. Hudis, *Marx' Concept of the Alternative to Capitalism,* Chicago, Haymarket, 2012, p. 107.

[8] D. Harvey, *Paris: Capital of Modernity,* Nueva York, Routledge, 2003, cap. 8 [ed. cast.: *París, capital de la Modernidad,* Madrid, Akal, 2008].

cluso adelantaban crédito (a menudo con tasas usurarias). En aquella situación era comprensible la demanda de reconocimiento pleno de las horas de trabajo realizadas, frente a las míseras compensaciones monetarias ofrecidas por los comerciantes; el valor del trabajo resultaba expropiado (alienado) en el mercado. Los argumentos de Proudhon sobre el dinero y los mercados tenían un sentido fácil de entender para aquella audiencia. No es de extrañar que fuera considerado un defensor de los derechos de los trabajadores.

Marx escribía en el contexto del sistema fabril, en el que los capitalistas controlaban el proceso laboral y el trabajo alienado dominaba en el punto de producción. Es difícil para nosotros imaginar cuán enorme parecía esa diferencia en aquel momento histórico. Engels, que estaba familiarizado con los sistemas de trabajo artesanal en Alemania, registra su asombro y horror en sus primeros encuentros con el sistema fabril y el industrialismo capitalista en Gran Bretaña. Fue uno de los primeros comentaristas en describir sus características en la *Condition of the Working Class in England* en 1844, resaltando las diferencias entre ambos sistemas industriales. Marx quedó muy impresionado por el relato de Engels sobre el trabajo en las fábricas. Tendía a ver el sistema fabril teleológicamente, como el escenario futuro de la economía, y es a ese futuro al que dedicó el Primer Volumen de *El capital,* tras haber inferido de ese vaticinio sus categorías[9].

Las diferencias que separan a Proudhon y Marx reflejan los diferentes sistemas de trabajo que abordaron. De esto se deduce que también deberíamos reevaluar nuestras propias categorías, para reflejar las prácticas de trabajo contemporáneas. El trabajo fabril que Marx asumió como futuro del capitalismo se ha atenuado mucho, por ejemplo, en los países capitalistas avanzados, y la teleología correspondiente, asumida en líneas generales por Marx, no se ha desarrollado del modo que él imaginaba. El capital está actualmente constituido por una sorprendente mezcla de sistemas laborales muy diversos en diferentes lugares y momentos. El sistema fabril todavía predomina en algunas partes del mundo (por ejemplo, Asia oriental), pero en América del Norte y Europa se ha ido abandonando y ha sido reemplazado en buena medida por otros sistemas laborales (digital y otros similares).

Recientemente se ha vuelto a despertar el interés por las intervenciones monetarias de tipo proudhoniano con monedas locales, utilizándose el tiempo compartido y bonos de trabajo como alternativa a los modos convencio-

---

[9] *El Capital,* vol. 1, prólogo a la primera edición, pp. 44-45 [*MEW* 23, pp. 14-15].

nales de intercambio de bienes y servicios[10]. Algunos movimientos políticos han intentado asociar esas iniciativas con la resurrección de sistemas de producción descentralizados y a pequeña escala (preferiblemente bajo el control de los trabajadores). Esto último se hizo posible gracias a las nuevas tecnologías y formas organizativas de especialización flexible y producción en lotes pequeños que surgieron en los años ochenta. En aquel momento Piore y Sablein, en su influyente libro *The Second Industrial Divide,* lo interpretaban como una posibilidad para que la izquierda realizara el sueño de Proudhon del mutualismo de taller. Los sistemas autoorganizados de producción de lotes pequeños que surgieron en Toscana se convirtieron en un modelo para un futuro socialista en la década de 1980. Desgraciadamente, ese sistema laboral resultó ser una trampa neoliberal, que desmanteló el poder organizado de los trabajadores y aumentó las tasas de explotación en sistemas laborales basados en la precariedad y la inseguridad descentralizadas. La especialización flexible se convirtió en acumulación flexible para las corporaciones capitalistas[11]. Por otra parte, el sistema fabril masivo está muy vivo en Asia oriental y sudoriental, mientras que las pautas de empleo de la mano de obra digital y las microfinanzas están muy descentralizadas, aunque cada vez más organizadas en configuraciones de autoexplotación tan opresivas como la industrial tradicional[12].

Sería un gran error suponer que la relación social expresada en la teoría del valor-trabajo podría reconstruirse mediante reformas del sistema monetario. «Los males de la sociedad burguesa no se remedian mediante "transformaciones" bancarias o mediante la fundación de un "sistema monetario" racional»[13].

---

[10] A. Nelson, *Marx's Concept of Money,* New York, Routledge, 2014; T. Greco, Jr., *The End of Money and the Future of Civilisation,* White River Junction, VT, Chelsea Green Publishing, 2009.

[11] M. Piore y C. Sable, *The Second Industrial Divide: Possibilities for Prosperity,* Nueva York, Basic Books, 1986; D. Harvey, *The Condition of Postmodernity:* Oxford, Blackwell, 1989 [ed. cast.: *La condición de la posmodernidad,* Buenos Aires, Amorrortu, 2012].

[12] M. Bauwens, «Towards the Democratisation of the Means of Monetisation», Bruselas, 21 de octubre de 2013; U. Huws, *Labor in the Digital Economy,* Nueva York, Monthly Review Press, 2014.

[13] *EFCEP,* vol. 1, p. 58 [*MEW* 42, p. 69: «Es hätte sich dann von vornherein gezeigt, daß dem Übel der bürgerlichen Gesellschaft nicht durch Bank "verwandlungen" oder Gründung eines rationellen "Geldsystems" abzuhelfen ist»].

Así como es imposible eliminar complicaciones y contradicciones, derivadas de la existencia del dinero junto a las mercancías particulares, transformando la forma del dinero (aunque algunas dificultades relativas a una forma inferior pueden ser evitadas mediante una forma superior), del mismo modo es imposible eliminar el dinero mientras el valor de cambio siga siendo la forma social de los productos. Es necesario entender claramente este punto para no plantearse tareas imposibles y reconocer los límites dentro de los cuales las reformas monetarias y las transformaciones en el ámbito de la circulación pueden reorganizar las relaciones de producción y las relaciones sociales que descansan sobre ellas[14].

La única solución final, desde el punto de vista marxiano, es la total abolición del valor de cambio, que, por supuesto, también implica la abolición del valor como tiempo de trabajo socialmente necesario, dejando el intercambio organizado de valores de uso como único remanente de las categorías que Marx derivaba del capitalismo[15].

Al exponer su crítica de Darimon, Marx planteaba dos preguntas básicas. «¿Es posible revolucionar las relaciones de producción existentes y las relaciones de distribución que les corresponden, mediante una transformación en el instrumento de circulación, es decir, transformando la organización de la circulación?» La respuesta de Marx a esa pregunta era un rotundo «¡no!». «Nueva pregunta: ¿se puede llevar a cabo tal transformación de la circulación sin afectar las relaciones de producción existentes y las relaciones sociales que reposan sobre ellas?» Marx es ambiguo al respecto: «Sería necesario examinar [...] si las distintas formas civilizadas de dinero –moneda metálica, papel-moneda, moneda de crédito, moneda de trabajo (como forma socialista)– pueden lograr lo que se pretende de ellas sin suprimir la relación misma

---

[14] *EFCEP*, vol. 1, pp. 70-71 [*MEW* 42, p. 80: «Wie es nun unmöglich ist, Verwicklungen und Widersprüche, die aus der Existenz des Geldes neben den besondren Waren hervorgehn, dadurch aufzuheben, daß man die Form des Geldes verändert (obgleich Schwierigkeiten, die einer niedrigern Form desselben angehören, durch eine höhre vermieden werden mögen), ebenso unmöglich ist es, das Geld selbst aufzuheben, solange der Tauschwert die gesellschaftliche Form der Produkte bleibt. Es ist nötig, dies klar einzusehn, um sich keine unmöglichen Aufgaben zu stellen und die Grenzen zu kennen, innerhalb deren Geldreformen und Zirkulationsumwandlungen die Produktionsverhältnisse und die auf ihnen ruhenden gesellschaftlichen Verhältnisse neugestalten können».

[15] *EFCEP*, vol. 2, pp. 314-15 [*MEW* 42, pp. 667].

de producción expresada en la categoría dinero, y preguntarse luego si no es por otra parte una exigencia que se niega a sí misma el querer prescindir, mediante la transformación formal de una relación, de las condiciones esenciales de la misma». Pero, prosigue, «las distintas formas del dinero pueden también corresponder mejor a la producción social en los distintos niveles; una puede eliminar inconvenientes para los que otra no está madura; pero ninguna de ellas, mientras sigan siendo formas de dinero, y mientras el dinero siga siendo una relación esencial de producción, puede superar las contradicciones inherentes a la relación monetaria, y solo puede aspirar a representarlas de forma distinta. Del mismo modo que una forma de trabajo asalariado puede corregir los abusos de otra, pero ninguna forma de trabajo asalariado puede corregir el abuso del propio trabajo asalariado, una forma de dinero puede ser más práctica, más adecuada, puede implicar menos inconvenientes que otra. Pero los inconvenientes que surgen de la propia existencia de un medio específico de cambio, de un equivalente particular y no obstante universal, se reproducirían necesariamente en todas sus formas, aunque de manera distinta»[16].

---

[16] *EFCEP*, vol. 1, pp. 45-50 [*MEW* 42, pp. 58-62: «Können durch Änderung im Zirkulationsinstrument – in der Organisation der Zirkulation – die bestehenden Produktionsverhältnisse und die ihnen entsprechenden Distributionsverhältnisse revolutioniert werden? Fragt sich weiter: Kann eine solche Transformation der Zirkulation vorgenommen werden, ohne die bestehnden Produktionsverhältnisse und die auf ihnen beruhenden gesellschaftlichen Verhältnisse anzutasten? [...] Es wäre ferner zu untersuchen oder schlüge vielmehr in die allgemeine Frage, ob die verschiednen zivilisierten Formen des Geldes – Metallgeld, Papiergeld, Kreditgeld, Arbeitsgeld (letztres als sozialistische Form) – erreichen können, was von ihnen verlangt wird, ohne das in der Kategorie Geld ausgedrückte Produktionsverhältnis selbst aufzuheben, und ob es dann andrerseits nicht wieder eine sich selbst auflösende Forderung ist, durch die formelle Umwandlung eines Verhältnisses sich über wesentliche Bedingungen desselben wegsetzen zu wollen? Die verschiednen Formen des Geldes mögen der gesellschaftlichen Produktion auf verschiednen Stufen besser entsprechen, die eine Übelstände beseitigen, denen die andre nicht gewachsen ist; keine aber, solange sie Formen des Geldes bleiben und solange das Geld ein wesentliches Produktionsverhältnis bleibt, kann die dem Verhältnis des Geldes inhärenten Widersprüche aufheben, sondern sie nur in einer oder der andern Form repräsentieren. Keine Form der Lohnarbeit, obgleich die eine Mißstände der andren überwältigen mag, kann die Mißstände der Lohnarbeit selbst überwältigen. [...] Eine Form dieses Austauschinstruments oder dieses Äquivalents mag handlicher, passender sein, weniger Inkonvenienzen mit sich führen, als die andre. Aber die Inkonvenienzen, die von der Existenz eines besondren Austauschinstruments hervorgehn, eines besondren und doch allgemeinen Äquivalents, müßten sich in jeder Form, wenn auch verschieden, wiedererzeugen»].

El surgimiento y la adaptación del sistema crediticio es un ejemplo obvio de lo que Marx pretende exponer aquí. En un primer momento se adaptaron prácticas muy antiguas para abordar el problema del acaparamiento excesivo asociado con tiempos de rotación del capital muy diferentes, la formación de capital fijo y las inversiones a largo plazo en medios colectivos de consumo. Más recientemente, el capital que devenga intereses se ha convertido de por sí en una poderosa fuerza de acumulación independiente. El resultado no ha sido la emancipación humana de la necesidad y la carencia, sino la creciente eficiencia de la circulación y la producción de plusvalor, al precio de aumentar la servidumbre por deudas y la alienación en la vida cotidiana.

Las tecnologías de las formas y usos monetarios se han revolucionado varias veces a lo largo de la historia del capital, lo que plantea problemas interpretativos. ¿Qué vamos a hacer, por ejemplo, con la teoría del valor-trabajo, cuando los bancos centrales se dedican a la flexibilización cuantitativa, o cuando la creación de crédito dentro del sistema bancario parece tan descontrolada? ¿Dónde está la disciplina supuestamente impuesta por los valores a las formas monetarias en una economía desbocadamente especulativa? Las tecnologías de la banca electrónica y las cadenas de bloques [*blockchains*] (iniciadas por Bitcoin, pero ahora desarrolladas activamente por los bancos) sugieren que pueden estar gestándose revoluciones en la forma monetaria, y aunque tales revoluciones pueden no desafiar las relaciones de valor subyacentes, deben ser controladas de cerca, por sus consecuencias para las relaciones sociales[17]. Marx reconoció la existencia de tales problemas. Para obtener respuestas, se remontó a los propios fundamentos de sus investigaciones.

Cuando el intercambio de mercancías se convierte en un acto social normal, entonces una o dos mercancías cristalizan aparte para desempeñar el papel de equivalente general. Al inicio de la era capitalista el oro y la plata se convirtieron en la forma preferida de expresión de valor. Pero esto lleva inmediatamente a ciertas contradicciones. El valor de uso del oro (una mercancía sensible) «se convierte en la forma en que se manifiesta su contrario, el valor»[18]. El trabajo físico concreto encarnado en la producción de oro se convierte «en la forma en que se manifiesta su contrario, el trabajo humano

---

[17] A. Nelson, *Life without Money: Building Fair and Sustainable Economies,* Londres, Pluto Press, 2011.

[18] *El capital,* vol. 1, cap I.3.A.3, p. 106 [*MEW* 23, p. 70: «Gebrauchswert wird zur Erscheinungsform seines Gegenteils, des Werts»].

abstracto»[19]. El «trabajo privado» involucrado en la producción de oro «adopta la forma de su contrario, del trabajo bajo la forma directamente social»[20]. Finalmente, y quizás sea la más significativa de estas reflexiones, «el dinero mismo es mercancía, un objeto externo capaz de convertirse en propiedad privada de cualquier individuo. Así, el poder social se convierte en el poder privado perteneciente a un particular»[21].

Las distorsiones aquí mencionadas son sistémicas y de primer orden, no fortuitas y secundarias. El dinero se convierte en una medida de la riqueza y el poder individual, un objeto supremo de deseo. Constituye una base singular para el poder y el dominio de clase; y, lo que es aún más importante, se convierte en un medio de producción vital para la valorización. Sin embargo, ese poder social está sistémicamente limitado mientras los metales preciosos se encuentren en la base del sistema monetario. Con la proliferación y la creciente complejidad de la división social del trabajo y de las relaciones de intercambio, «crece el poder del dinero», de modo que «la relación de intercambio se establece como un poder externo e independiente de los productores. Lo que originalmente aparecía como un medio para promover la producción se convierte en una relación ajena a los productores. A medida que los productores se vuelven más dependientes del intercambio, este parece volverse más independiente de ellos»[22]. El dinero se introduce como el servidor del intercambio, pero pronto se convierte en su amo despótico. La «mano oculta» de Adam Smith comienza a tomar el control. Los productores se convierten en tomadores de precios en lugar de creadores de precios. «La brecha entre el producto como producto y el producto como valor de cambio se hace evidente. El dinero no crea estas antítesis y contradicciones –explica Marx–, es

---

[19] *El capital,* vol. 1, cap I.3.A.3, p. 108 [*MEW* 23, p. 73: «daß konkrete Arbeit zur Erscheinungsform ihres Gegenteils, abstrakt menschlicher Arbeit wird»].

[20] *El capital,* vol. 1, cap I.3.A.3, p. 108 [*MEW* 23, p. 73: «daß Privatarbeit zur Form ihres Gegenteils wird, zu Arbeit in unmittelbar gesellschaftlicher Form»].

[21] *El capital,* vol. 1, cap III.3.a, pp. 186-87 [*MEW* 23, p. 146: «Das Geld ist aber selbst Ware, ein äußerlich Ding, das Privateigentum eines jeden werden kann. Die gesellschaftliche Macht wird so zur Privatmacht der Privatperson»].

[22] *EFCEP,* vol. 1, p. 71 [*MEW* 42, p. 81: «in demselben Maße, wie dieser wächst, wächst die Macht des Geldes, d.h. setzt sich das Tauschverhältnis als eine den Produzenten gegenüber äußere und von ihnen unabhängige Macht fest. Was ursprünglich als Mittel zur Förderung der Produktion erschien, wird zu einem den Produzenten fremden Verhältnis. In demselben Verhältnis, wie die Produzenten vom Austausch abhängig werden, scheint der Austausch von ihnen unabhängig zu werden»].

más bien el desarrollo de esas contradicciones y antítesis lo que crea el poder aparentemente trascendental del dinero»[23]. Es este poder trascendental el que ahora nos rodea por completo.

Esas contradicciones encuentran eco en todos los escritos de Marx. Su presentación de la teoría del valor-trabajo en el capitalismo está inextricablemente entrelazada con ellas. El tema se vuelve aún más complicado a medida que Marx profundiza en las múltiples funciones del dinero. Puede ser una medida de valor, un modo de ahorro, un estándar de precio, un medio de circulación, o puede funcionar como moneda de cuenta, como dinero de crédito, y por último, pero no menos importante, como un medio de producción para producir capital[24].

Varias de esas funciones son incompatibles. Aunque el oro es excelente como medida de valor, como estándar de precios y como medio para ahorrar (porque es un metal que no se oxida), es inútil como medio de circulación. Esta última función está mejor servida por símbolos del dinero como las monedas fraccionarias, dineros fiduciarios emitidos por el Estado y, en último término, dinero electrónico. Esas formas de dinero no pueden existir sin garantías de sus cualidades en relación con la base metálica. «Acuñar es un asunto que concierne al Estado. Los diversos uniformes nacionales que el oro y la plata revisten en calidad de monedas, pero de los que se despojan cuando entran en el mercado mundial, ponen de manifiesto una escisión entre las esferas internas o nacionales de la circulación mercantil y su esfera universal, la del mercado mundial»[25].

Surge entonces la pregunta sobre las relaciones entre esas formas radicalmente diferentes de expresión del valor (por ejemplo, oro *versus* monedas *versus* dinero del banco central o instrumentos monetarios nacionales, frente a los internacionales). En esto resulta útil el paralelismo con las proyecciones cartográficas. Algunas proyecciones conservan la precisión de los án-

---

[23] *EFCEP,* vol. 1, p. 71 [*MEW* 42, p. 81: «die Kluft zwischen dem Produkt als Produkt und dem Produkt als Tauschwert [scheint] zu wachsen. Das Geld bringt diese Gegensätze und Widersprüche nicht hervor; sondern die Entwicklung dieser Widersprüche und Gegensätze bringt die scheinbar transzendentale Macht des Geldes hervor»].

[24] *El capital,* vol. 1, cap III.

[25] *El capital,* vol. 1, cap III.2.c, p. 179 [*MEW* 23, p. 139: «In den verschiednen Nationaluniformen, die Gold und Silber als Münzen tragen, auf dem Weltmarkt aber wieder ausziehn, erscheint die Scheidung zwischen den innern oder nationalen Sphären der Warenzirkulation und ihrer allgemeinen Weltmarktssphäre»].

gulos, pero distorsionan todo lo demás, mientras que otras representan con precisión las áreas, formas o distancias, a expensas de todas las demás características. Y así sucede con las diferentes formas de dinero. Las diferentes representaciones sirven para diferentes propósitos. Cabría la esperanza de que los significados no se cruzasen, pero por supuesto lo hacen regularmente. El dinero utilizado de un modo (como medio de ahorro, por ejemplo) puede pasar repentinamente a ser un medio de circulación, y viceversa. Como señala Marx divertidamente, si nos interesa únicamente el dinero como un medio para hacer circular mercancías, entonces las monedas y billetes falsos hacen el trabajo tan bien como las monedas fiduciarias garantizadas por el Estado[26].

Lo más paradójico es que la necesidad de encontrar una representación material física para los valores sociales llevó a la adopción de una base metálica impecable (oro y plata) para el dinero, que era tan disfuncional para el uso diario que requería, a su vez, representaciones simbólicas (papel-moneda y dinero electrónico) para funcionar con eficacia. Los dineros simbólicos se fueron haciendo gradualmente dominantes a medida que el comercio se expandía. El divorcio de la base metálica a principios de la década de 1970 produjo dos sistemas simbólicos –valor y dinero– que aparecían juntos en un incómodo abrazo dialéctico.

Parte de la incomodidad surge de lo que Marx llama una «diferencia cuantitativa entre el precio en dinero y la magnitud del valor», que es «inherente a la propia forma del precio». Los precios propuestos y realizados en el mercado (no importa si es en oro, en monedas fiduciarias o incluso en bonos que representan el tiempo de trabajo) pueden fluctuar indefinidamente de aquí para allá, pero eso es precisamente «lo que hace que esa forma sea adecuada para un modo de producción cuyas leyes solo pueden imponerse como promedios que operan ciegamente entre constantes irregularidades»[27]. Solo de

---

[26] *EFCEP*, vol. 1, p. 146 [*MEW* 42, p. 139: «Wenn aber ein falsches £ St. für ein echtes zirkulierte, täte es absolut im Ganzen der Zirkulation denselben Dienst, als ob es echt wäre. Wenn eine Ware A zum Preis von 1 £ gegen 1 falsches Pfund ausgetauscht und dies falsche Pfund wieder ausgetauscht wird gegen Ware B von 1 £ St., so hat das falsche Pfund absolut denselben Dienst getan, als ob es ein echtes wäre»].

[27] *El capital,* vol. 1, cap III.1, pp. 155 [*MEW* 23, p. 117: «Es ist dies kein Mangel dieser Form, sondern macht sie umgekehrt zur adäquaten Form einer Produktionsweise, worin sich die Regel nur als blindwirkendes Durchschnittsgesetz der Regellosigkeit durchsetzen kann»].

este modo pueden llegar a un equilibrio la demanda y la oferta y es el precio de equilibrio lo que más se parece a un valor aproximado.

Aún más preocupante es que la forma de dinero «pueda también albergar una contradicción cualitativa», de modo que «el precio deja de ser en general expresión del *valor* [...] Cosas que en sí y para sí no son mercancías, como la conciencia y el honor, etc., pueden ser puestas en venta por sus poseedores, y así adquirir la *forma mercantil* merced a su precio. Es posible, pues, que una cosa tenga formalmente *precio* sin tener *valor*». En algunos casos, estos precios pueden «ocultar una relación de valor real o una derivada de esta, por ejemplo, el *precio de la tierra no cultivada,* que no tiene valor alguno, porque en ella no se ha objetivado ningún trabajo humano»[28].

A primera vista esto es particularmente preocupante para la teoría del valor-trabajo, porque, como objetaron desde un principio los economistas neoclásicos, si es tanta la holgura en el ámbito de los precios con respecto al del valor, ¿por qué no analizar directamente los precios de mercado y sus movimientos, y olvidarse por completo de los valores? La desventaja es obvia: si borramos la relación dialéctica entre precios y valores, entonces no hay un punto de vista desde el que elaborar una crítica de las representaciones monetarias del trabajo social que los trabajadores están obligados a hacer para otros al realizar un trabajo asalariado para el capital. No podremos explicar los aspectos monetarios de las crisis y por qué estas se expresan en general inevitablemente en forma monetaria. Marx se esfuerza por explicar esto en el Primer Volumen de *El capital*.

«En una crisis, la antítesis entre las mercancías y su figura de valor, el dinero, se exacerba y se eleva al nivel de una contradicción absoluta.» ¿De dónde proviene esa contradicción? Tal como dice Marx, es «inmanente»:

> Existe una contradicción inmanente en la función del dinero como medio de pago. En la medida en que se compensan los pagos, el dinero funciona solo *idealmente como dinero de cuenta,* como una medida de los valores. En la me-

---

[28] *El capital,* vol. 1, cap III.1, pp. 156 [*MEW* 23, p. 117: «Dinge, die an und für sich keine Waren sind, z.B. Gewissen, Ehre usw., können ihren Besitzern für Geld feil sein und so durch ihren Preis die Warenform erhalten. Ein Ding kann daher formell einen Preis haben, ohne einen Wert zu haben [...] Andrerseits kann auch die imaginäre Preisform, wie z.B. der Preis des unkultivierten Bodens, der keinen Wert hat, weil keine menschliche Arbeit in ihm vergegenständlicht ist, ein wirkliches Wertverhältnis oder von ihm abgeleitete Beziehung verbergen»].

dida en que los pagos se efectúan realmente, el dinero ya no entra en escena como medio de circulación [...] sino como la encarnación individual de trabajo social [...] Esta contradicción estalla en esa fase de las crisis de producción y comerciales que se conocen como *crisis dinerarias*. Tales crisis ocurren solo donde la cadena consecutiva de los pagos se ha desarrollado completamente, junto con un sistema para resolverlos. Al suscitarse perturbaciones más generales de ese mecanismo, cualquiera que sea la causa, el dinero pasa de repente e inmediatamente de la figura puramente ideal del dinero de cuenta, a la del dinero contante y sonante. Las mercancías profanas ya no pueden reemplazarlo. El valor de uso de la mercancía pierde su valor, y su valor desaparece frente a su propia forma de valor. Hacía apenas un instante que el burgués, ebrio de prosperidad, había proclamado con sabihonda jactancia que el dinero era una ilusión huera. «Solo la mercancía es dinero», decía. Pero el clamor que ahora resuena en los mercados del mundo es justamente el opuesto: «¡Solo el dinero es mercancía!». Como el ciervo que brama por agua dulce, el alma del burgués brama por dinero, la única riqueza[29].

Es este el tipo de análisis que se hace posible al reconocer el movimiento dialéctico y fluido del dinero en relación con los valores. Pero el poder de esa dialéctica también debe reconocer que el propio valor no permanece inalterado por los movimientos que acabamos de describir. Si el valor surge a través de la proliferación de intercambios de mercado mediados por el dinero, entonces las cualidades del dinero y de lo que mide deben tener consecuencias

---

[29] *El capital,* vol. 1, cap III.3.b pp. 192-193 [*MEW* 23, pp. 151-52: «Die Funktion des Geldes als Zahlungsmittel schließt einen unvermittelten Widerspruch ein. Soweit sich die Zahlungen ausgleichen, funktioniert es nur ideell als Rechengeld oder Maß der Werte. Soweit wirkliche Zahlung zu verrichten, tritt es nicht als Zirkulationsmittel auf [...] sondern als die individuelle Inkarnation der gesellschaftlichen Arbeit [...] Dieser Widerspruch eklatiert in dem Moment der Produktions- und Handelskrisen, der Geldkrise heißt. Sie ereignet sich nur, wo die prozessierende Kette der Zahlungen und ein künstliches System ihrer Ausgleichung völlig entwickelt sind. Mit allgemeineren Störungen dieses Mechanismus, woher sie immer entspringen mögen, schlägt das Geld plötzlich und unvermittelt um aus der nur ideellen Gestalt des Rechengeldes in hartes Geld. Es wird unersetzlich durch profane Waren. Der Gebrauchswert der Ware wird wertlos, und ihr Wert verschwindet vor seiner eignen Wertform. Eben noch erklärte der Bürger in prosperitätstrunknem Aufklärungsdünkel das Geld für leeren Wahn. Nur die Ware ist Geld. Nur das Geld ist Ware! gellt's jetzt über den Weltmarkt. Wie der Hirsch schreit nach frischem Wasser, so schreit seine Seele nach Geld, dem einzigen Reichtum»].

para las cualidades sociales del valor. La incongruencia cualitativa entre precios y valores no se puede pasar por alto[30].

Antes de abandonar la base metálica, Marx detectó la existencia no solo de diferentes modalidades de dinero para diferentes propósitos, sino también de una jerarquía interesante dentro del sistema monetario. La base metálica fue, literalmente, el estándar dorado del valor, precisamente por sus cualidades materiales, que se mantenían constantes en el tiempo, y porque su cantidad global solo podía aumentar muy lentamente en relación con la ya extraída y disponible. Esta forma de dinero tan estrechamente restringida contrastaba espectacularmente con la efervescencia del sistema de crédito. Marx lo comentaba así: «El sistema monetarista es esencialmente católico, mientras que el sistema crediticio es esencialmente protestante [...] En cuanto papel, la existencia dineraria de las mercancías solo posee una existencia social. Lo que salva es *la fe*. La fe en el valor del dinero como espíritu inmanente de las mercancías, la fe en el modo de producción y su orden predestinado, la fe en los agentes individuales de la producción como meras personificaciones del capital que se valoriza a sí mismo. Pero así como el protestantismo no se emancipa de los fundamentos del catolicismo, tampoco se emancipa el sistema crediticio de su base, el sistema monetarista»[31]. En tiempos de prosperidad el crédito, «una forma social de riqueza, desplaza al dinero y usurpa su posición», de modo que «la forma dineraria de los productos aparece como algo simplemente evanescente e ideal, como una mera representación. Pero tan pronto como se agita el crédito [...] toda la riqueza real debe transformarse súbita y efectivamente en dinero —en oro y plata—, una exigencia desatinada que, no obstante, emana necesariamente del

---

[30] P. Bourdieu, *La Distinction. Critique sociale du jugement,* París, Éd. de Minuit, 1979; trad. al inglés como *Distinction: A Social Critique of the Judgment of Taste,* Cambridge, MA, Harvard University Press, 1984 [ed. cast.: *La distinción. Criterio y bases sociales del gusto,* Madrid, Taurus, 1998]; A. Arvidsson y N. Peitersen, *The Ethical Economy: Rebuilding Value After the Crisis,* Nueva York, Columbia University Press, 2013.

[31] *El capital,* vol. 3, cap XXXV, p. 681 [*MEW* 25, p. 606: «Das Monetarsystem ist wesentlich katholisch, das Kreditsystem wesentlich protestantisch [...] Als Papier hat das Gelddasein der Waren ein nur gesellschaftliches Dasein. Es ist der *Glaube,* der selig macht. Der Glaube in den Geldwert als immanenten Geist der Waren, der Glaube in die Produktionsweise und ihre prädestinierte Ordnung, der Glaube in die einzelnen Agenten der Produktion als bloße Personifikationen des sich selbst verwertenden Kapitals. So Wenig aber der Protestantismus von den Grundlagen des Katholizismus sich emanzipiert, so wenig das Kreditsystem von der Basis des Monetarsystems»].

propio sistema. Y todo el oro y la plata que supuestamente deberían satisfacer esas monstruosas exigencias ascienden a unos pocos millones depositados en los sótanos de los bancos»[32]. El valor de las mercancías debe ser «sacrificado para garantizar la existencia fantástica y autónoma de este valor en dinero». Ese sacrificio «es inevitable en la producción capitalista, y constituye uno de sus encantos particulares»[33].

«Se reconoce como piedra angular del sistema una cierta cantidad de metal, insignificante en comparación con la producción global.» La estructura es la siguiente: «El banco central es la piedra angular de todo el sistema crediticio. Y la reserva metálica, por su parte, es, a su vez, la piedra angular del banco. Es inevitable que el sistema de crédito se transfiera al sistema monetario» en momentos de dificultad. Como consecuencia, la base metálica constituía una "barrera material y fantástica a la riqueza" y su movimiento». Era inevitable que la producción capitalista «se esforzara constantemente por superar esa barrera metálica, dándose una y otra vez de cabeza contra ella». Marx creía que esa barrera nunca podría ser superada, pero estaba equivocado. Actualmente la base metálica ha sido abandonada y el capital ya no tiene que «romperse una y otra vez la cabeza contra ella»[34], con lo que la única barrera en su camino es la que constituyen las políticas y medidas de los bancos centrales y los Estados. Esto deja la cuestión de la calidad y la cantidad (así como la forma) del dinero

---

[32] *El capital,* vol. 3, cap XXXV, p. 660 [*MEW* 25, pp. 588-589: «Der Kredit, als ebenfalls gesellschaftliche Form des Reichtums, verdrängt das Geld und usurpiert seine Stelle. Es ist das Vertrauen in den gesellschaftlichen Charakter der Produktion, welches die Geldform der Produkte als etwas nur Verschwindendes und Ideales, als bloße Vorstellung erscheinen läßt. Aber sobald der Kredit erschüttert wird [...] , soll nun aller reale Reichtum wirklich und plötzlich in Geld verwandelt werden, in Gold und Silber, eine verrückte Forderung, die aber notwendig aus dem System selbst hervorwächst. Und alles Gold und Silber, das diesen ungeheuren Ansprüchen genügen soll, beläuft sich auf ein paar Millionen in den Kellern der Bank»].

[33] *El capital,* vol. 3, cap XXXII, p. 596 [*MEW* 25, p. 532: «Dies ist unvermeidlich in der kapitalistischen Produktion und bildet eine ihrer Schönheiten»].

[34] *El capital,* vol. 3, cap XXXV, pp. 659-61 [*MEW* 25, pp. 588-589: «Die Zentralbank ist Angelpunkt des Kreditsystems. Und die Metallreserve ihrerseits ist Angelpunkt der Bank. Der Umschlag des Kreditsystems in das Monetarsystem ist notwendig [...] Ein gewisses, im Vergleich mit der Gesamtproduktion unbedeutendes Quantum Metall ist als Angelpunkt des Systems anerkannt [...] mit der Entwicklung des Kreditsystems die kapitalistische Produktion diese metallne Schranke, zugleich dingliche und phantastische Schranke des Reichtums und seiner Bewegung, beständig aufzuheben strebt, sich aber immer wieder den Kopf an dieser Schranke einstößt»].

en manos sociales, en lugar de depender de las cantidades y cualidades físicas fijas e inmutables del suministro de oro como restricción externa.

El abandono de la base metálica del sistema monetario en los primeros años de la década de 1970 permitió que la circulación del capital que devenga intereses se convirtiera en motor principal e irrestricto de la acumulación sin fin de capital. El análisis de este fenómeno requiere una mirada más atenta a la posición de la banca y las finanzas dentro del campo de la distribución en general.

Lo primero que debemos decir es que hay algunas interacciones inmensamente complicadas, que tienen lugar en el campo de la distribución como un todo. Los financieros pueden canalizar dinero e inversiones hacia la especulación en terrenos e inmuebles, apoyando así las actividades de las clases propietarias a expensas de todas las demás. Los propietarios utilizan sus tierras como garantía para obtener préstamos. En Gran Bretaña, como consecuencia, muchos terratenientes aristocráticos se convirtieron en banqueros. Los capitalistas mercantiles a menudo amplían sus negocios dependiendo del crédito. En muchos países del mundo, los ingresos de los trabajadores aumentan con el uso de tarjetas de crédito. Los trabajadores pueden integrarse en la circulación del capital que genera intereses contratando una hipoteca con la esperanza de convertirse en propietarios. Esto, nos asegura el Banco Mundial, confiere estabilidad social o, como dice el viejo adagio: los propietarios con deudas no van a la huelga. A los trabajadores también se les induce a veces a depositar su dinero en fondos de pensiones que tienen que invertir en algún lugar para explotar a otros trabajadores, a fin de obtener cierto rendimiento. Los financieros prestan a los gobiernos, mientras que los gobiernos usan a su vez los impuestos para garantizar y asegurar las actividades de las instituciones de crédito. Mientras tanto, los bancos con superávit prestan a bancos con déficit y ambos recurren a las reservas de los bancos centrales cuando es necesario. Los diversos roles son porosos y a veces internamente contradictorios. Los fabricantes de automóviles respaldan los dispositivos de venta que extienden el crédito a los consumidores para que compren sus automóviles, y a menudo no está claro si los beneficios de la empresa provienen de las actividades de valorización, realización o distribución. Los financieros prestan a los promotores inmobiliarios para construir casas y a los trabajadores para comprarlas, interiorizando así la oferta y la demanda en una sola operación bajo su mando. Los trabajadores presionan para obtener aumentos salariales que pueden reducir los precios de las acciones en las que invierten sus fondos de pensiones. Los sindicatos pueden verse obligados a invertir en la deuda de las empresas que los emplean. Cuando estalló Enron, las pensiones de sus trabajadores desaparecieron. En la crisis fiscal de la ciudad de Nueva York en la década de 1970, los sindicatos municipales se vieron obligados a invertir sus fondos de pensiones en deuda municipal, con consecuencias predecibles. Los gobiernos establecen sistemas de participación en las ganancias para los empleados, de modo que estos últimos tienen interés en contener sus propias demandas salariales.

Los flujos y flujos cruzados dentro de lo que podría llamarse el «campo distributivo» (el terreno del Tercer Volumen de *El capital*) se vuelven con el tiempo, como ilustran los ejemplos anteriores, cada vez más complejos y voluminosos, a medida que sus categorías y roles se hacen más porosos y se superponen unos a otros. En algunos países el volumen de transacciones y la rotación asociada del capital dentro y a través del campo distributivo superan las actividades de valorización por un margen muy significativo. El mercado de transacciones de divisas es enorme en comparación con la reinversión en la industria manufacturera. Lo que es menos fácil de discernir es qué parte de esta actividad es simplemente espuma especulativa o ruido transaccional que no tiene nada que ver con la creación de valor.

Marx veía claramente que la centralización de los fondos excedentes en forma de dinero dentro del sistema financiero significa que el desembolso de esos fondos debe desempeñar obligatoriamente un papel en la orientación de la dinámica de la reinversión del dinero como capital. Volveremos sobre este problema a modo de conclusión. El sistema financiero constituye, en efecto, un vasto depósito de activos líquidos que la banca y las finanzas vinieron a envolver como representación del capital común de la clase capitalista. Ese capital común aumenta a veces mediante el apalancamiento, esto es, el préstamo de capital ficticio, lo que equivale a la creación de dinero dentro del sistema bancario. A veces esa creación de dinero puede volverse excesiva (cuando los bancos prestan, digamos, treinta veces la cantidad de dinero que tienen en depósito). El sistema financiero también funciona como un centro de intercambio de información para todo tipo de transacciones. Se convierte así, de hecho, en el sistema nervioso central del capital en general, orquestando los flujos de capital monetario en y a través de una amplia gama de actividades, en las que la tasa de ganancia puede ser de hecho o potencialmente mayor.

Detrás de todo esto emerge una clase de inversores –individuos, instituciones, organizaciones y corporaciones– que buscan desesperadamente una tasa de rendimiento para su capital dinerario[35]. Se trata de una clase peculiar de propietarios –una «aristocracia financiera»–, que impulsa la circulación de capital que devenga intereses para obtener una tasa de rendimiento sin hacer nada[36]. Los fondos de pensiones quieren un rendimiento para su capital (de hecho, tienen el deber fiduciario de obtenerlo), y lo mismo se puede decir de las donaciones de instituciones sin fines de lucro (como universidades privadas) e individuos ricos con poderosas carteras de inversión.

También sabemos, por la brillante descomposición de Marx de la circulación del capital en mercancías, dinero y formas de producción en el Segundo Volumen de *El capital*, que desde el punto de vista de la circulación del capital dinerario, los procesos de valorización y realización son meros inconvenientes en el camino hacia la obtención de ganancias. Si el capital que devenga intereses pudiera encontrar una forma de aumentar sin pasar por la valorización y la realización, lo haría sin duda. Esto es precisamente lo que permite todo el alboroto que se produce dentro del campo distributivo. Los bancos otorgan préstamos a otros bancos, ¿y qué podría ser más fácil que tomar prestado de la Reserva Federal estadounidense al 0,5 por 100, y comprar bonos del tesoro a diez años, que rinden un 2 por 100? Los incentivos para que el capital dinerario se salte la inversión en valorización, en particular cuando la tasa de ganancia es baja o las relaciones laborales problemáticas, son múltiples. Lo único que cabe esperar es que la ausencia de inversión generará suficiente escasez para elevar los precios y las tasas de ganancia hasta que el capital dinerario considere rentable volver a la valorización. Pero, en medio de todo ese zarandeo, surgen fondos de cobertura y compañías de capital privado que obtienen beneficios apostando directamente a los movimientos de mercado de cualquier tipo, tanto hacia arriba como hacia abajo y a largo o corto plazo. La justificación que ofrecen para sus actividades es que, supuestamente, ayudan a los mercados a transar de manera más eficiente, pero cuando tienen éxito (lo que sucede en general) lo hacen absorbiendo grandes ganancias de la circulación general del capital. La inclinación de Marx a evocar imágenes de vampiros parece tan apropiada aquí como en el terreno de la producción.

De hecho, Marx tenía algunas cosas buenas que decir acerca de la circulación del capital que devenga intereses, incluso en su época. Con él, decía,

---

[35] *El capital*, vol. 3, cap XXV, p. 464 [*MEW* 25, pp. 415-416].

[36] *El capital*, vol. 3, cap XXVII, p. 509 [*MEW* 25, p. 454: «Er reproduziert eine neue Finanzaristokratie»].

«el capital aparece como una fuente misteriosa y autogeneradora del interés, de su propia multiplicación». Es ahí donde la relación capitalista «cristaliza en su forma pura, como valor que se valoriza a sí mismo, dinero que genera dinero». «Aquí queda consumada la figura fetichista del capital y la idea del fetiche capitalista.» Es «la mistificación del capital en la forma más estridente»[37]. Ahí tenemos la gran traición del valor mediante su monetización; esa es la mayor distorsión que el dinero inflige a la forma valor que se supone que representa.

Los efectos son mucho más profundos que la espuma superficial de la actividad especulativa en mercados inestables. Marx no sabía qué hacer con algunos de los cambios institucionales que acompañaban a la creciente concentración de los flujos de capital dentro del sistema financiero. La aparición de sociedades anónimas y de instituciones bancarias relativamente grandes en la década de 1860 sugería una quiebra entre la propiedad y la gestión de las empresas. Admirador como era de las ideas asociacionistas de Henri de Saint-Simon, buscaba en vano algunas consecuencias progresivas de la asociación de capitales, sugiriendo en cierto modo que eso podría significar «la abolición del modo de producción capitalista dentro del propio modo de producción capitalista». Era, por lo tanto, «un mero punto de transición a una nueva forma de producción»[38]. Pero a la luz de la movilización contrarrevolucionaria de las ideas saintsimonianas en el París del Segundo Imperio, incorporando la constitución de nuevas instituciones de crédito y la financiación por el Estado de megaproyectos capitalistas, Marx cambió pronto de opinión. El sistema de crédito «da lugar al monopolio en ciertas esferas, y por lo tanto provoca una intromisión estatal. Reproduce una nueva aristocracia financiera, un nuevo tipo de parásito disfrazado de promotores de empresas, especuladores y directores meramente nominales; todo un sistema de fraude y engaño con respecto a la promoción de compañías, emisión de

---

[37] *El capital,* vol. 3, cap XXIV, p. 452 [*MEW* 25, p. 405: «Das Kapital erscheint als mysteriöse und selbstschöpferische Quelle des Zinses, seiner eignen Vermehrung [...] Im zinstragenden Kapital ist daher dieser automatische Fetisch rein herausgearbeitet, der sich selbst verwertende Wert, Geld heckendes Geld [...] Hier ist die Fetischgestalt des Kapitals und die Vorstellung vom Kapitalfetisch fertig [...] die Kapitalmystifikation in der grellsten Form»].

[38] *El capital,* vol. 3, cap XXVII, p. 508 [*MEW* 25, p. 454: «Es ist dies die Aufhebung der kapitalistischen Produktionsweise innerhalb der kapitalistischen Produktionsweise selbst [...] der *prima facie* als bloßer Übergangspunkt zu einer neuen Produktionsform sich darstellt»].

acciones y reparto de estas. Es la producción privada sin el control de la propiedad privada»[39].

El capital no solo se redefinía como «mando sobre el dinero de otra gente», sino que también creó un espacio totalmente fuera del control de las relaciones de valor. «Aquí desaparecen todas las pautas de medida, todas las razones y explicaciones más o menos justificadas aun dentro del modo de producción capitalista. Lo que arriesga el gran comerciante que especula es propiedad social, no *su* propiedad. Igualmente absurda se torna la frase acerca del origen del capital a partir del ahorro, ya que lo que ese especulador exige es precisamente que *otros* ahorren para él»[40]. De ahí la presión perpetua, que hace que el sistema de «pago-sobre-la-marcha» en la Seguridad Social estadounidense se convierta en financiación de los fondos de pensiones en el mercado de valores. Los efectos de ese proceso no podían considerarse benignos ni siquiera en tiempos de Marx.

> Ideas que aún tenían cierto sentido en una etapa menos desarrollada de la producción capitalista lo pierden aquí por completo. El éxito y el fracaso llevan ahora simultáneamente a la centralización de los capitales, y por consiguiente a la expropiación en la escala más enorme. La expropiación ahora se extiende desde los productores inmediatos hasta los capitalistas pequeños y medianos. La expropiación es el punto de partida del modo de producción capitalista [...] Dentro del sistema capitalista mismo, esta expropiación toma la forma antitética de la apropiación de la propiedad social por la pequeña, y el crédito les da a esos pocos cada vez más el carácter de simples aventureros[41].

---

[39] *El capital,* vol. 3, cap. XXVII, p. 509 [*MEW* 25, p. 454: «Er stellt in gewissen Sphären das Monopol her und fordert daher die Staatseinmischung heraus. Er reproduziert eine neue Finanzaristokratie, eine neue Sorte Parasiten in Gestalt von Projektenmachern, Gründern und bloß nominellen Direktoren; ein ganzes System des Schwindels und Betrugs mit Bezug auf Gründungen, Aktienausgabe und Aktienhandel. Es ist Privatproduktion ohne die Kontrolle des Privateigentums»].

[40] *El capital,* vol. 3, cap. XXVII, p. 509 [*MEW* 25, p. 455: «Alle Maßstäbe, alle mehr oder minder innerhalb der kapitalistischen Produktionsweise noch berechtigten Explikationsgründe verschwinden hier. Was der spekulierende Großhändler riskiert, ist gesellschaftliches, nicht *sein* Eigentum. Ebenso abgeschmackt wird die Phrase vom Ursprung des Kapitals aus der Ersparung, da jener gerade verlangt, daß *andre* für ihn sparen sollen»].

[41] *El capital,* vol. 3, cap. XXVII, p. 510 [*MEW* 25, pp. 455-456: «Vorstellungen, die auf einer minder entwickelten Stufe der kapitalistischen Produktion noch einen Sinn haben, werden hier völlig sinnlos. Das Gelingen und Mißlingen führen hier gleichzeitig zur Zentralisation der

La economía de la expropiación y la acumulación por desposesión entra en escena trastocándolo todo, a través del sistema de deudas y créditos, intensificándose a medida que aumentan las dificultades de las vías convencionales para la acumulación de capital, como viene sucediendo desde la década de 1970. Marx percibía claramente que, de todos los peligros futuros que afrontaría la reproducción del capital, ese era el que podría, en última instancia, resultar fatal. La gran paradoja es que la contradicción principal en este caso no es la que se da entre capital y trabajo, sino en la relación antagónica entre diferentes facciones del capital.

Kapitale und daher zur Expropriation auf der enormsten Stufenleiter. Die Expropriation erstreckt sich hier von den unmittelbaren Produzenten auf die kleineren und mittleren Kapitalisten selbst. Diese Expropriation ist der Ausgangspunkt der kapitalistischen Produktionsweise […] Diese Expropriation stellt sich aber innerhalb des kapitalistischen Systems selbst in gegensätzlicher Gestalt dar, als Aneignung des gesellschaftlichen Eigentums durch wenige; und der Kredit gibt diesen wenigen immer mehr den Charakter reiner Glücksritter»].

IV. Antivalor: la teoría de la devaluación

Las últimas frases de la primera sección del primer capítulo del Primer Volumen de *El capital* nos dicen: «Nada puede ser valor si no es un objeto para el uso. Si es inútil, también lo es el trabajo contenido en él; no cuenta como trabajo, y no constituye valor alguno»[1]. Con este impulso incisivo, Marx nos recuerda que la circulación del capital es vulnerable y puede producirse una parada brusca; que, mientras circula, la amenaza de la devaluación, de la pérdida de valor, siempre se cierne sobre él. Además, el valor de los medios de producción incorporados en la mercancía también se perdería junto con el valor agregado por el trabajo. La transición de la forma mercancía a la representación dineraria del valor es un paso cuajado de peligros.

A lo largo del Primer Volumen, como hemos visto, Marx deja de lado en su mayor parte las cuestiones de realización, para concentrarse en el proceso de producción de bienes materiales y de plusvalor. Sabe muy bien, por supuesto, que «mientras que el trabajo vivo es *creador de valor,* la circulación del capital es *realizadora de valor*». La unidad que necesariamente prevalece entre la producción y la realización es, sin embargo, una «unidad contradictoria»[2]. De ahí la advertencia al comienzo del Primer Volumen: las mercancías pue-

---

[1] *El capital,* vol. 1, cap. I.1, p. 89 [*MEW 23*, p. 55: «Endlich kann kein Ding Wert sein, ohne Gebrauchsgegenstand zu sein. Ist es nutzlos, so ist auch die in ihm enthaltene Arbeit nutzlos, zählt nicht als Arbeit und bildet daher keinen Wert»].

[2] *EFCEP,* vol. 2, pp. 35 [*MEW 42*, pp. 448: «Die Zirkulation des Kapitals ist *wertrealisierend,* wie die lebendige Arbeit *wertschaffend*»].

den estar enamoradas del dinero, pero «el curso del verdadero amor siempre tiene que vencer problemas»[3].

Sería muy improbable que Marx formulara un concepto clave, como el del valor, sin incorporar dentro de él la posibilidad de su negación. En ciertas lecturas de Marx se da mucha importancia a la influencia en su pensamiento de la «negación de la negación» hegeliana. Lo cierto es que reconoce su «coqueteo» (el término es suyo) con esa y otras formulaciones de Hegel. La mente burguesa, entonces como ahora, consideraba la dialéctica un «escándalo» y una «abominación», decía Marx, porque «incluye en su comprensión positiva de lo que existe un reconocimiento simultáneo de su negación, esto es, de su inevitable ruina; porque considera cada forma desarrollada en el fluir de su movimiento, y por lo tanto no pierde de vista su lado perecedero o transitorio»[4].

El valor solo existe en Marx en relación con el antivalor. Aunque esto pueda parecer una formulación extraña, los físicos de hoy día recurren a la relación entre materia y antimateria para interpretar los procesos físicos básicos. Marx citaba a menudo paralelismos entre sus marcos conceptuales y los que se encuentran en las ciencias naturales. Si hubiera tenido a su disposición esa analogía, probablemente la habría usado. Las leyes evolutivas del capital dependen de la relación que se desarrolla entre valor y antivalor, del mismo modo que las leyes de la física descansan en las relaciones entre materia y antimateria. Esta oposición existe incluso en el acto de intercambio, ya que una mercancía tiene que tener un valor de uso para su comprador y un valor de otro tipo, no de uso, para su vendedor. O, como afirma más filosóficamente Marx en los *Grundrisse:* «Como el valor constituye la base del capital, y este solo existe, forzosamente, gracias al intercambio por un contravalor, el capital se repele necesariamente a sí mismo.[...] La repulsión recíproca de los capitales ya está implícita en él como valor de cambio realizado»[5].

---

[3] *El capital,* vol. 1, cap. III.2.a, p. 161 [*MEW 23*, p. 122: «Man sieht, die Ware liebt das Geld, aber "the course of true love never does run smooth"»].

[4] *El capital,* vol. 1, postfacio a la 2.ª edición, p. 57 [*MEW 23*, p. 28: «weil sie in dem positiven Verständnis des Bestehenden zugleich auch das Verständnis seiner Negation, seines notwendigen Untergangs einschließt, jede gewordne Form im Flusse der Bewegung, also auch nach ihrer vergänglichen Seite auffaßt, sich durch nichts imponieren läßt»]; F. Moseley y T. Smith (eds.), *Marx's Capital and Hegel's Logic: A Reexamination,* Chicago: Haymarket Press, 2015.

[5] *EFCEP,* vol. 1, p. 375 [*MEW 42*, p. 336: «Da der Wert die Grundlage des Kapitals bildet, es also notwendig nur durch Austausch gegen Gegenwert existiert, stößt es sich notwen-

No hay nada místico u oscuro en esa negación del valor en el punto de realización. Todos los capitalistas saben que el éxito de su empresa solo está asegurado cuando su mercancía ha sido vendida por un valor dinerario mayor que el que inicialmente gastaron en salarios y medios de producción. Si no pueden lograrlo, ya no son capitalistas. El valor que imaginaron que tendrían después de poner a los asalariados a trabajar para confeccionar una mercancía no se materializaría. Pero el concepto de antivalor tiene un papel aún más omnipresente que este. En el mundo de Marx no es un accidente desafortunado, el resultado de un error de cálculo, sino una característica profunda y permanente de lo que es el capital. «Por lo tanto, si mediante el proceso de producción se reproduce el capital como valor y nuevo valor, al mismo tiempo permanece como *no valor,* como algo que *no se valoriza mientras no entra en el intercambio*»[6]. Tanto la perspectiva como la realidad del antivalor están siempre ahí. El antivalor tiene que ser superado –redimido, por así decirlo–, para que la producción de valor sobreviva a las tribulaciones de la circulación.

El capital es valor en movimiento, y cualquier pausa, o incluso desaceleración, en ese movimiento, por la razón que sea, significa una pérdida de valor, que solo puede ser recuperado, en todo o en parte, cuando se reanuda el movimiento del capital. Cuando el capital adopta una forma particular –como proceso de producción, como producto a la espera de ser vendido, como mercancía que circula en manos de los capitalistas comerciales, como dinero a la espera de ser transferido o reinvertido–, entonces está «virtualmente privado de valor *[entwertet]*». El capital que permanece «en reposo» en cualquiera de esos estados recibe diversos nombres: «negado», «en barbecho», «inactivo», «durmiente» o «fijo». Considérese esta frase: «Mientras el capital permanezca fijo en la forma de producto acabado, no puede ser activo como capital, es capital *negado*»[7]. Esa «devaluación virtual» queda superada o «sus-

---

dig von sich selbst ab. Ein Universalkapital ohne fremde Kapitalien sich gegenüber, mit denen es austauscht – und von dem jetzigen Standpunkt aus hat es nichts sich gegenüber als Lohnarbeit oder sich selbst –, ist daher ein Unding. Die Repulsion der Kapitalien voneinander liegt schon in ihm als realisiertem Tauschwert»].

[6] *EFCEP,* vol. 1, p. 355 [*MEW* 42, p. 317: «Wenn also durch den Produktionsprozeß das Kapital als Wert und Neuwert reproduziert ist, so zugleich als Nichtwert gesetzt, als erst zu verwertend durch den Austausch»].

[7] *EFCEP,* vol. 2, pp. 131, 38 [*MEW* 42, p. 521: «Solang es in einer dieser Phasen verharrt […] ist es nicht zirkulierend, fixiert. Solange es im Produktionsprozeß verharrt, ist es nicht

pendida» tan pronto como el capital reanuda su movimiento. De esa colección de afirmaciones de Marx se desprende que no consideraba el antivalor como algo que «flotara sobre» el valor en movimiento como una amenaza externa, sino como una fuerza perturbadora permanente en las propias entrañas de la circulación del capital.

La ventaja de ver la devaluación como un «momento del proceso de realización» es que nos permite captar de inmediato la posibilidad de una devaluación general del capital: una crisis. Cualquier fallo al mantener cierta velocidad de circulación del capital a lo largo de las diversas fases de producción, realización y distribución producirá dificultades e interrupciones. Nos vemos, así, obligados a reconocer la importancia de mantener la continuidad y velocidad de la circulación. Cualquier desaceleración del movimiento conlleva una pérdida de valor. Recíprocamente, la aceleración del tiempo de rotación del capital es un aspecto vital para mejorar la producción de valores. Esta es una de las principales conclusiones implícitas del Segundo Volumen de *El capital*. Estas características son, sin embargo, las que elude la suposición del Primer Volumen de *El capital* de que todo se intercambia por su valor. Se producirán crisis si los depósitos se llenan a tope, si el dinero permanece inactivo por más tiempo del estrictamente necesario, si se mantienen más existencias durante un periodo más largo durante la producción, y así sucesivamente. Una «crisis ocurre no solo porque una mercancía sea invendible, sino porque no se puede vender dentro de un periodo particular»[8]. Este mismo principio se aplica con igual fuerza al tiempo de trabajo empleado en la producción: si las fábricas coreanas pueden producir un automóvil en la mitad del tiempo requerido en Detroit, el tiempo extra que se gasta en

---

zirkulationsfähig; und *virtualiter* entwertet. Solange es in der Zirkulation verharrt, ist es nicht produktionsfähig, nicht Mehrwert setzend, nicht als Kapital prozessierend. Solange es nicht auf den Markt geworfen werden kann, ist es als Produkt fixiert; solange es auf dem Markt bleiben muß, ist es als Ware fixiert. Solange es sich nicht gegen Produktionsbedingungen eintauschen kann, ist es als Geld fixiert»; p. 451: «Solang das Kapital fixiert bleibt in der Gestalt des fertigen Produkts, kann es nicht als Kapital tätig sein, ist es *negiertes* Kapital»]. Véase también Harvey, D., *The Limits to Capital,* Oxford: Basil Blackwell, 1982, pp. 85-89.

[8] *Theorien über den Mehrwert, Band 2,* cap. XVII.11 [*MEW* 26.2, p. 515: «Aber im letzteren Fall die Krise nicht nur, weil Ware unverkäuflich, sondern weil sie nicht in *bestimmtem Zeitraum* verkäuflich, und die Krise entsteht und leitet ihren Charakter her nicht nur von der *Unverkäuflichkeit* der Ware, sondern der *Nichtrealisierung einer ganzen Reihe von Zahlungen,* die auf dem Verkauf dieser bestimmten Ware in dieser bestimmten Frist beruhn. Dies die *eigentliche Form der Geld-krisen*»].

este último lugar no cuenta para nada. «En tanto permanezca en el proceso de producción, no es capaz de circular y se halla virtualmente desvalorizado. En tanto permanezca en la circulación, no está en condiciones de producir [...] En tanto no pueda ser lanzado al mercado, está fijado como producto; en tanto deba permanecer en el mercado, está fijado como mercancía. En tanto no se pueda intercambiar por condiciones de producción, está fijado como dinero»[9].

Los capitalistas están inmersos, por tanto, en una batalla perpetua, no solo para producir valores, sino para combatir su posible negación. El paso de la producción a la realización es un punto clave en la circulación general del capital, donde esa batalla es espléndidamente librada.

¿Qué circunstancias podrían imposibilitar que el valor se realizara en el mercado? Para empezar, si nadie quiere, necesita o desea un valor de uso particular ofrecido en un lugar y momento particular, entonces el producto no tiene valor[10]. Ni siquiera es digno de ser llamado mercancía. Los compradores potenciales también deben poseer dinero suficiente para pagar el valor de uso. Si una u otra de esas dos condiciones no se cumplen, entonces el resultado no tiene valor. Posteriormente investigaremos con cierto detalle por qué pueden no cumplirse esas dos condiciones; pero está claro que la producción y gestión de nuevos antojos, necesidades y deseos ha tenido una gran importancia en la historia del capitalismo, convirtiendo lo que podríamos llamar «naturaleza humana» en algo necesariamente cambiante y maleable, más que constante y fijo. El capital se entremezcla tanto con nuestras mentes como con nuestros deseos.

Pero hay una característica de gran importancia en el momento de la realización. La relación social fundamental involucrada en la realización es la que se da entre compradores y vendedores. Hasta los trabajadores peor re-

---

[9] *EFCEP,* vol. 2, p. 131 [*MEW* 42, p. 521: «Solange es im Produktionsprozeß verharrt, ist es nicht zirkulationsfähig; und virtualiter entwertet. Solange es in der Zirkulation verharrt, ist es nicht produktionsfähig, nicht Mehrwert setzend, nicht als Kapital prozessierend. Solange es nicht auf den Markt geworfen werden kann, ist es als Produkt fixiert; solange es auf dem Markt bleiben muß, ist es als Ware fixiert. Solange es sich nicht gegen Produktionsbedingungen eintauschen kann, ist es als Geld fixiert»].

[10] *El capital,* vol. 1, cap. III.2.a, p. 160 [*MEW* 23, p. 121]; *EFCEP,* vol. 2, p. 23 [*MEW* 42, p. 439: «Der Wert ist bestimmt durch die objektivierte Arbeitszeit, in welcher Form auch immer. Es hängt nun aber von dem Gebrauchswert ab, worin er realisiert ist, ob dieser Wert realisierbar ist»].

munerados llegan al mercado dotados del derecho sagrado de elección que tiene el consumidor[11], algo muy diferente de la relación capital-trabajo que se da en el proceso de valorización. Evidentemente, en el encuentro entre el capital y el trabajo en el mercado se aplican formalmente las reglas del intercambio de mercado (aunque el capital tiene poder sobre las condiciones de oferta y demanda de la mano de obra, mediante los cambios tecnológicos y la producción de un ejército de reserva industrial). Pero, en el caso de la valorización, lo que realmente importa es lo que sucede en la morada oculta de la producción –la relación de clase entre el capital y el trabajo tal como se experimenta en el proceso laboral–. En el caso de la realización no hay nada equivalente. En él, los compradores de productos (independientemente de su clase) ejercen cierto derecho de elección del consumidor (ya sea individual o colectivo). Si bien es cierto que los antojos, necesidades y deseos de los compradores han sido manipulados a lo largo del tiempo por todo tipo de medios directos e indirectos, para insertarlos en las pautas de «consumo racional» tal como las define el capital, siempre ha habido bolsas, y a veces grandes movimientos, de resistencia social frente a tales manipulaciones. Las opciones colectivas de los consumidores se pueden ejercer de varias maneras, incluyendo, por ejemplo, las decisiones estatales con respecto al salario social impuesto mediante la legislación, a instancias de movimientos políticos prolongados. Las resistencias surgen por motivos morales, políticos, culturales, estéticos, religiosos e incluso filosóficos. En algunos casos, la resistencia se refiere al propio concepto de mercantilización y racionamiento de mercado del acceso a bienes y servicios básicos (como la educación, la atención médica y el agua potable). Muchos considerarían tales bienes como derechos humanos básicos y no como mercancías para comprar y vender. El antivalor que surge de los fallos técnicos e interrupciones en la circulación del capital se transforma en el antivalor activo de la resistencia política a la mercantilización y la privatización.

El antivalor define, así, un campo activo de lucha anticapitalista. Los boicots de consumidores, aunque rara vez tienen éxito, apuntan a ese tipo de política, pero todos los movimientos contra el consumismo de lujo, o incluso compensatorio, constituyen una amenaza política para la realización. Los capitalistas se ven obligados a organizarse para contrarrestar esa amenaza; si

---

[11] *El capital,* Libro I, Capítulo VI (inédito) «Resultados del proceso inmediato de producción», Siglo XXI, 1971, 2001, p. 70.

bien la existencia de múltiples luchas en y alrededor del momento de la realización es innegable. Las luchas, resistencias y agitaciones organizadas en relación a los problemas de la vida cotidiana son habituales, ya se las defina explícitamente como luchas anticapitalistas o no. Marx no investigó esas cuestiones, y meramente las señaló de pasada; pero aquí se hace más evidente la virtud del marco general que construyó para representar la circulación del capital.

El valor realizado solo puede seguir siendo capital volviendo a la producción para ser «valorizado» en ella mediante una nueva aplicación de trabajo. Es en el momento de la valorización –cuando el dinero vuelve a financiar el proceso de trabajo– cuando encuentra su otra amenaza persistente de negación activa, en la persona del obrero enajenado y recalcitrante. La clase trabajadora (como quiera que se defina) es la encarnación del antivalor. Es sobre la base de esta concepción del trabajo alienado sobre la que Tronti, Negri y los autonomistas italianos construyeron su teoría de la resistencia laboral y la lucha de clases en el punto de producción[12]. El acto de rechazo del trabajo es antivalor personificado. Esta lucha de clases, que ocurre en la morada oculta de la producción, implica una política bastante diferente de la que existe entre compradores y vendedores, y domina en el momento de la realización. Al producir plusvalor, el obrero produce capital y reproduce al capitalista. La negativa a trabajar es una negativa a ambas cosas.

Del mismo modo que Marx invoca la idea de una unidad contradictoria entre producción y realización desde el punto de vista de la acumulación continua de capital, para los movimientos anticapitalistas existe una necesidad paralela de reconocer la unidad contradictoria de las luchas relacionadas con la producción y las que se libran en torno a la realización. A primera vista, la política de la realización tiene una estructura social y una forma organizativa muy diferentes a las de la valorización. Por esta razón, a menudo la izquierda las trata como luchas totalmente separadas, priorizando las de la valorización como más importantes. Sin embargo, ambos tipos de luchas se incluyen dentro de la lógica general y el dinamismo de la circulación del capital visto como una totalidad. ¿Por qué no reconocer su unidad contradictoria, afrontándola como tal desde los movimientos anticapitalistas?

---

[12] M. Tronti, «Our Operaismo», *New Left Review* 73 (2012) [ed. cast.: «Memorias del Operaísmo», marzo-abril 2012]; A. Negri, *Marx más allá de Marx: Cuaderno de trabajo sobre los Grundrisse,* Madrid, Akal, 2001.

El estudio de esta unidad contradictoria revela mucho acerca de la contradicción que se desarrollará en cualquier orden postcapitalista, en el que el trabajo social –el trabajo que hacemos para otros– seguirá siendo, casi con seguridad, una característica central. Cualquier sociedad postcapitalista tendrá que evolucionar fuera del útero del capitalismo contemporáneo, fuera de este mundo en el que todo está, como decía Marx, «preñado de su opuesto»[13]. Dado que «toda economía se reduce, en definitiva [...], a la economía del tiempo», habrá que entender que «después de la abolición del modo capitalista de producción, pero no de la producción social, seguirá predominando la determinación del valor, en el sentido de que la regulación del tiempo de trabajo y la distribución del trabajo social entre los diferentes grupos de producción, y con ellas la contabilidad al respecto, se tornan más esenciales que nunca»[14]. Así sucedería, en particular, cuando los trabajadores asociados, al mando de sus propios procesos de trabajo y medios de producción, establecieran la coordinación de sus capacidades con las de los demás, e igualmente de sus propios antojos, necesidades y deseos con las de los demás. En los textos de Marx se da una brega perpetua entre lo que es el valor actualmente y lo que podría ser en un mundo postcapitalista[15]. El objetivo, aparentemente, no es abolir el valor (aunque hay quienes prefieren expresarlo de ese modo), sino transformar su significado y su contenido. Y en esa contienda se invoca constantemente el antivalor. En este sentido, el antivalor constituye el suelo subterráneo en el que puede florecer el anticapitalismo, tanto en la teoría como en la práctica.

Aunque Marx lleva indudablemente razón al ver la lucha contra el capital en la morada oculta de la producción como algo diferente, y por tanto de mayor importancia política que las luchas en el mercado, ahora vemos claramente que la producción no es el único lugar donde es relevante el antivalor. El valor y el antivalor se relacionan dentro de la circulación del capital de

---

[13] K. Marx, *La Guerra Civil en Francia*, Madrid, Fundación Federico Engels, 2003, p. 73; en línea: https://omegalfa.es/downloadfile.php?file'libros/la-guerra-civil-en-francia.pdf.

[14] *El capital*, vol. 3, cap XLIX, p. 967 [*MEW* 25, pp. 859: «... bleibt, nach Aufhebung der kapitalistischen Produktionsweise, aber mit Beibehaltung gesellschaftlicher Produktion, die Wertbestimmung vorherrschend in dem Sinn, daß die Regelung der Arbeitszeit und die Verteilung der gesellschaftlichen Arbeit unter die verschiednen Produktionsgruppen, endlich die Buchführung hierüber, wesentlicher denn je wird»].

[15] Cfr. G. Henderson, *Value in Marx: The Persistence of Value in a More-Than-Capitalist World,* Minneapolis: University of Minnesota Press, 2013.

muchas formas. El papel del antivalor no es siempre de oposición; también tiene un papel clave en definir y asegurar el futuro del capital. La lucha contra el antivalor mantiene alerta al capital, por decirlo así. La necesidad de compensar el antivalor es una fuerza imperiosa sobre la producción de valor.

La economía de la deuda

Esto nos lleva a estudiar el papel de la deuda como una forma crucial de antivalor. La pregunta que plantea Marx es por qué y cómo surge la deuda y cuál puede ser su función dentro de un modo capitalista de producción que funcione a la perfección. Considérese el caso de las inversiones a largo plazo en capital fijo, al comprar, por ejemplo, una máquina con una esperanza de vida relativamente larga. La proporción del valor de la máquina recibida cada año durante la vida útil de la máquina debe guardarse (ahorrarse) para comprar una máquina nueva cuando se desgaste la vieja. El dinero acumulado es, sin embargo, capital muerto y devaluado. El antivalor en forma de capital negado se acumula anualmente hasta que se haya ahorrado suficiente dinero para comprar una nueva máquina cuando llegue el momento[16]. Los ahorros de los consumidores para comprar grandes artículos, como autos y casas, se estructuran de manera similar. Se acumulan, así, grandes cantidades de capital muerto (o ahorros en barbecho, escondidos bajo el colchón en el caso de los consumidores). La acumulación de ahorros aumenta con la mecanización y el consumo de bienes duraderos. Y es ahí donde el sistema de crédito viene al rescate. El dinero guardado para cualquier fin se puede colocar en un banco para ser prestado a otros capitalistas, obteniendo a cambio intereses. El capitalista industrial tiene, de hecho, una alternativa: pedir prestado para comprar la máquina y pagar la deuda a plazos durante su vida útil, o comprar la máquina y colocar la depreciación anual en el mercado dinerario, para obtener intereses hasta que necesite reemplazar la máquina.

En cualquier caso, el dinero prestado –la deuda contraída– se convierte en una forma de antivalor que circula dentro del sistema de crédito como capital que devenga intereses. La negociación de las deudas se convierte en un elemento activo dentro del sistema financiero, que crea mayor liquidez y ayuda a prevenir obstrucciones a la circulación continua creadas por capitales con

---

[16] *El capital,* vol. 2, cap VIII.

tiempos de rotación radicalmente diferentes. El dinero puede seguir circulando sin problemas, aunque como producción de mercancías se apelmace y sufra a menudo discontinuidades. Eso es lo que hace al sistema de crédito tan especial dentro de un modo de producción capitalista, diferenciándolo de todos los anteriores. «La antítesis entre tiempo de trabajo y tiempo de circulación contiene toda la teoría del crédito», señala Marx. «La anticipación de frutos venideros del trabajo, por consiguiente, en modo alguno es una consecuencia de las deudas públicas, etc.; en una palabra, ninguna innovación propia del sistema crediticio. Tiene *sus raíces en los modos específicos de valorización, rotación y reproducción del capital fijo*»[17]. El sistema de crédito se forma dentro de la circulación del capital, no se superpone desde el exterior.

El papel inmediato de las intervenciones crediticias es resucitar el capital dinerario guardado, y por tanto «muerto», poniéndolo de nuevo en movimiento. Pero la deuda es una reclamación sobre la producción futura de valor que solo puede compensarse mediante la producción actual de valor. Si la producción futura de valor es insuficiente para amortizar la deuda, entonces surge una crisis. Las colisiones entre valor y antivalor provocan crisis monetarias y financieras periódicas. A largo plazo, el capital tiene que afrontar reclamaciones cada vez mayores sobre valores futuros para amortizar la acumulación de antivalor en la economía de la deuda y el sistema de crédito. En lugar de una acumulación de valores y de riqueza, el capital produce una acumulación de deudas que deben ser amortizadas. El futuro de la producción de valor queda, así, comprometido.

El antivalor de la deuda se convierte en uno de los principales incentivos y palancas para garantizar una mayor producción de valor y plusvalor. La visión tradicional y convencional sobre la procedencia de la energía que impulsa la circulación del capital siempre ha sido el anhelo de ganancias (la codicia) de los capitalistas individuales. Ciertamente, el emprendedor propietario de una pequeña empresa acosado por las regulaciones gubernamentales aparece con frecuencia como el héroe de lo que supuestamente hace que el capitalismo sea tan dinámico; pero probablemente esa evocación es más una máscara

---

[17] *EFCEP,* vol. 2, pp. 179, 260 [*MEW* 42, pp. 561, 627: «Der Gegensatz von Arbeitszeit und Zirkulationszeit enthält die ganze Lehre vom Kredit»; «Die Antizipation kommender Früchte der Arbeit ist also keineswegs eine Folge von Staatsschulden etc., kurz, keine Erfindung des Kreditsystems. Sie hat *ihre Wurzel in der spezifischen Verwertungsweise, Umschlagsweise, Reproduktionsweise des capital fixe*»].

retórica que una realidad. La pretensión de maximizar los beneficios no conduce a la maximización de la producción de plusvalor. Las indicaciones de ganancias son equívocas, cuando no directamente incorrectas. Seguirlas, tal como muestra Marx, puede conducir a la caída de los beneficios y a una crisis. Surgen entonces dos tipos de soluciones: la centralización del capital en grandes corporaciones para disminuir la presión de la competencia y / o las intervenciones estatales para incentivar la acumulación mediante la creación de demanda efectiva de encargos y la manipulación de las condiciones de realización. La financiación estatal y privada mediante la deuda se convierte en un medio importante para mantener la continuidad de la producción de valor. Así sucedió desde 1945 hasta 1980 en gran parte del mundo capitalista. El capitalismo competitivo cedió terreno al capitalismo monopolista de Estado, mientras que las políticas estatales keynesianas creaban incentivos de mercado a lo largo de diversas líneas, centrándose en la demanda efectiva agregada, financiada mediante deuda. Este sistema afrontaba dos dificultades. En primer lugar, sectores importantes de la clase trabajadora obtenían más poder, al tiempo que sus sentimientos contrarios al valor y al capitalismo se reforzaban a medida que avanzaba la década de 1960. En segundo lugar, el cambio hacia una dependencia cada vez mayor de la financiación de la deuda significaba mejorar el poder del antivalor a través de flujos más amplios del capital que devenga interés hacia el proceso de circulación del capital. El efecto fue bloquear el camino hacia el futuro en la producción de valor y concentrarse en otras alternativas, hasta que una sacudida masiva abriera una vía para incumplir tales obligaciones. De ahí las repetidas crisis de deuda desde mediados de la década de 1970 (comenzando con la quiebra técnica de la Ciudad de Nueva York en 1975, que se propagó a través de las crisis de deuda en el mundo en desarrollo iniciadas en México en 1982).

Valorización, realización y distribución se han interpretado siempre como «momentos» (tal como le gustaba llamarlos a Marx) independientes, pero interrelacionados, dentro de la totalidad de la circulación del capital. Pero su importancia relativa ha cambiado con las circunstancias. El despliegue masivo de antivalor dentro del sistema financiero para garantizar la futura producción de valor es relativamente nuevo. También ha habido cambios geográficos. Hasta hace muy poco, la acumulación de capital en China estaba dominada por inversiones estatales en el consumo productivo (infraestructuras físicas), pero puede haberse iniciado un cambio espectacular hacia la liberación del sistema financiero. Los cambios de ese tipo plantean problemas para la oposición anticapitalista. Se hace cada vez más difícil plantar cara al enemigo de clase, mientras los tentáculos del endeudamiento se extienden por todas partes y envuelven a todo aquel que lleva consigo aunque solo sea una tarjeta de crédito.

El capital inicialmente creaba deuda como antivalor como solución para problemas específicos, tales como los peligros del excesivo acaparamiento en relación con los diferentes tiempos de rotación del capital en diferentes industrias. Se utilizó el poder del antivalor para liberar todo el valor latente y asegurar la continuidad en la medida de lo posible. «El impulso sin límites al enriquecimiento» puede «ser común al capitalista y al avaro; pero mientras que el avaro no es más que un capitalista enloquecido, el capitalista es un avaro racional. El aumento incesante del valor que trata de obtener el primero, apartando su dinero de la circulación, lo logra el capitalista, más perspicaz, arrojando su dinero una y otra vez a la circulación»[18]. Y esto solo podía hacerlo si existía un sistema de crédito activo y un mercado de dinero abierto. Marx toca ligeramente este problema en el Primer Volumen de *El capital*: «El papel de los acreedores o de los deudores surge aquí de la circulación mercantil simple». Esta relación está, pues, implícita en el intercambio de mercado; pero Marx avanza indicando oscuramente que ese papel es «solo un reflejo de un antagonismo más profundo entre las condiciones económicas de vida»[19]. No está claro en el texto a qué antagonismo más profundo se refiere. ¿Quizá a la dialéctica oculta entre valor y antivalor? Me gusta pensar que es así.

Las relaciones entre deudores y acreedores precedieron durante mucho tiempo al surgimiento del capital como modo de producción dominante. El problema para Marx y para nosotros, como en los casos de la renta y de las ganancias del capital comercial, es cómo se perpetúa la relación deuda-crédito y se transforma en una fuerza motriz fundamental del valor en movimiento, y con qué consecuencias sobre el curso de la historia del capital. El desa-

---

[18] *El capital,* vol. 1, cap IV.1, p. 212 [*MEW* 23, p. 168: «Dieser absolute Bereicherungstrieb [...] ist dem Kapitalisten mit dem Schatzbildner gemein, aber während der Schatzbildner nur der verrückte Kapitalist, ist der Kapitalist der rationelle Schatzbildner. Die rastlose Vermehrung des Werts, die der Schatzbildner anstrebt, indem er das Geld vor der Zirkulation zu retten sucht, erreicht der klügere Kapitalist, indem er es stets von neuem der Zirkulation preisgibt»].

[19] *El capital,* vol. 1, cap III.3.b, pp. 190, 191 [*MEW* 23, pp. 149, 150: «Der Charakter von Gläubiger oder Schuldner entspringt hier aus der einfachen Warenzirkulation»; «hier nur den Antagonismus tiefer liegender ökonomischer Lebensbedingungen wider»].

rrollo de las microfinanzas en la India, por ejemplo, ha dado lugar a que unos 12 millones de personas se vean obligadas a devolver sus préstamos, produciendo el mayor valor posible. Si no pueden hacerlo o se niegan activamente, como una cuestión de voluntad política, entonces sus bienes (a menudo la tierra y el hogar) son embargados (este es el famoso truco de las hipotecas *subprime*)[20]. Acumular deuda sobre poblaciones vulnerables y marginadas es, en resumen, una forma de disciplinar a los prestatarios para convertirlos en trabajadores productivos (productivos de un valor que pueda ser apropiado por el capital en forma de un tipo de interés exorbitante). Más cerca de casa, las futuras libertades de los estudiantes y propietarios endeudados se verán severamente restringidas. No es casual que esta forma de fomentar la producción de valor haya pasado a primer plano a medida que al capital le resulta cada vez más difícil organizar la producción de valor siguiendo las líneas convencionales. Volveremos sobre este asunto en la conclusión.

En la otra columna del libro de cuentas, mi fondo de pensiones invierte en deuda creyendo que esta se amortizará algún día[21]. Pero si ese futuro no se materializa, el valor (ficticio) de mi fondo de pensiones desaparecerá en el agujero negro del antivalor. Basta leer algo sobre el estado de las pensiones en el mundo de hoy para vislumbrar que se avecina una crisis de pasivos no respaldados que se extienden interminablemente hacia el futuro. El panorama de las deudas nacionales parece aún más estremecedor. De la misma manera que los individuos están sometidos por sus deudas, los Estados se ven doblegados por el peso del antivalor que ejercen sus tenedores de bonos. Existe el peligro de que el sistema económico colapse bajo el peso muerto del antivalor; lo que sucedió en Grecia después de 2011 es un ejemplo a pequeña escala. Cuando la deuda se hace tan enorme que no caben esperanzas de que la producción de valor en el futuro la redima, se ve perfilarse el fantasma de la servidumbre por deudas. Celebramos la Atenas del pasado como cuna de la democracia: la Atenas de hoy es el epítome de la servidumbre por deudas no democrática.

La formación y circulación del capital que devenga intereses es, de hecho, la circulación de antivalor. Puede parecer extraño pensar en los principales centros financieros del capitalismo global actual, como la City de Londres,

---

[20] A. Roy, *Poverty Capital: Microfinance and the Making of Development,* Nueva York, Routledge, 2011.

[21] R. Blackburn, *Banking on Death: Or Investing in Life,* Londres, Verso, 2004.

Wall Street, Frankfurt, Shanghái y otros, como centros de formación de antivalor, pero eso es lo que realmente significan todas esas plantas embotelladoras de deuda que dominan los horizontes de esas ciudades globales. El peligro, que Marx insinuó en sus escritos sobre la banca, las finanzas y la formación de capital ficticio, es que el capital degenerará, convirtiéndose en una enorme pirámide de Ponzi en la que las deudas del año pasado se compensan endeudándose este año por más dinero. Los bancos centrales están creando actualmente suficiente dinero nuevo para apuntalar la bolsa de valores y el valor de los activos en beneficio de la oligarquía de aquí y ahora; pero eso le deja al banco central el problema de cómo retirar las deudas que han acumulado en sus balances. El escenario de la creciente desigualdad social, que Marx describió en su conclusión del Primer Volumen de *El capital,* será aún más ruinoso, aunque esta vez se logre mediante diferentes mecanismos de manipulación y exclusión financiera. Los ricos se hacen más ricos mediante manipulaciones financieras, mientras que los pobres se empobrecen por la necesidad de saldar sus deudas (tanto individuales como colectivas, contraídas sin saberlo en la deuda pública estatal). Mientras tanto, la valorización parece casi una ocurrencia tardía para el entretenimiento de los países más pobres del planeta.

El concepto de antivalor llega a su apogeo en la devaluación masiva que se produce en los momentos de las mayores crisis. En el Primer Volumen de *El capital* Marx nos brinda un ejemplo concreto de cómo funciona eso. Discrepa de la Ley de Say (aceptada por Ricardo), según la cual, dado que cada venta implica una compra, ventas y compras siempre deben estar en equilibrio. La aceptación de esa llamada «ley» implicaría que las crisis generales son imposibles[22]. Así sucedería en una economía de puro trueque; pero, en una economía monetizada, la simple circulación toma la forma del paso de mercancía a dinero, de este a mercancía y de vuelta otra vez. No hay nada que impulse a alguien que haya vendido por dinero a usar inmediatamente ese dinero para comprar otra mercancía. Si todos los agentes económicos deciden, por alguna razón (por ejemplo, una pérdida de fe en el sistema), retener y ahorrar dinero, la circulación cesa y la economía se desmorona al ser negado el valor. Eso es lo que Keynes definió más tarde como la «trampa de la liquidez». El antivalor prevalece sobre el valor porque el valor solo puede seguir siéndolo mediante el movimiento continuo. La pérdida acumulada (devaluación) del

---

[22] *El capital,* vol. 1, cap III.2.a, pp. 166-67 [*MEW* 23, pp. 127-28].

valor de los activos en Estados Unidos en la crisis de 2007-2008 fue, por ejemplo, del orden de los 15 billones de dólares (cerca del valor de mercado del producto total de bienes y servicios durante un año).

La importancia del emparejamiento de valor y antivalor en el pensamiento de Marx se ignora, o se le resta importancia en las presentaciones sobre el tema. Pero una formulación dialéctica basada en la negación del valor (una formulación que la economía clásica y neoclásica no puede comprender dadas sus inclinaciones positivistas) es fundamental para comprender, las tendencias del capital a la crisis. Cabe preguntarse si el propio Marx entendía todas las consecuencias de esa formulación dialéctica. Su extensa y a menudo confusa investigación del sistema financiero británico en el Tercer Volumen muestra que entendió muy bien que «una acumulación de capital dinerario solo significa, de hecho, una acumulación de exigencias y títulos jurídicos sobre la producción futura»[23]. La banca y el crédito se estaban convirtiendo en «los medios más poderosos para impulsar la producción capitalista más allá de sus propios límites». También se estaban convirtiendo en «uno de los vehículos más eficaces de las crisis y las estafas». La acumulación incontrolada de capitales ficticios podría significar que «se pierde, hasta sus últimos rastros, toda conexión con el proceso real de valorización del capital». El efecto sería confirmar «la idea del capital en cuanto valor que se reproduce a sí mismo y que se multiplica en la reproducción»[24]. Meto dinero en una cuenta de ahorro y genera un interés compuesto, multiplicándose con el tiempo. Parece mágico. ¡No hago nada y crece! Pero ahora esa parece ser la forma en que supuestamente crece toda la economía. No es de extrañar que Marx calificara al sistema financiero como cumbre de las tendencias fetichistas del capitalismo.

El sistema crediticio es una «forma inmanente del modo de producción capitalista» y uno de los poderes clave que impulsa la acumulación sin fin del capital.

---

[23] *El capital,* vol. 3, cap. XXIX, pp. 542-543, 540; cap. XXXVI, p. 698 [*MEW* 25, p. 486: «Alle diese Papiere stellen in der Tat nichts vor als akkumulierte Ansprüche, Rechtstitel, auf künftige Produktion»; «Aller Zusammenhang mit dem wirklichen Verwertungsprozeß des Kapitals geht so bis auf die letzte Spur verloren»; pp. 620-21: «Bank und Kredit werden aber dadurch zugleich das kräftigste Mittel, die kapitalistische Produktion über ihre eignen Schranken hinauszutreiben, und eins der wirksamsten Vehikel der Krisen und des Schwindels»].

[24] *El capital,* vol. 3, cap. XXIV, p. 455 [*MEW* 25, p. 407: «Die Vorstellung vom Kapital als sich selbst reproduzierendem und in der Reproduktion vermehrendem Wert»].

La valorización del capital fundada en el carácter antagónico de la producción capitalista solo permite un desarrollo libre y real hasta cierto punto; es decir, que de hecho configura una traba y una barrera inmanentes de la producción, constantemente quebrantadas por el sistema crediticio, que acelera el desarrollo material de las fuerzas productivas y la creación del mercado mundial... Al mismo tiempo, el crédito acelera los estallidos violentos de esta contradicción, las crisis y con ello los elementos de disolución del antiguo modo de producción. El sistema de crédito tiene un doble carácter: por un lado impulsa la producción capitalista, el enriquecimiento por la explotación del trabajo ajeno, en el sistema más puro y colosal del juego y la estafa, y restringe cada vez más el pequeño número de explotadores de la riqueza social; por otro lado, sin embargo, constituye la forma de transición hacia un nuevo modo de producción. Tal ambigüedad es la que confiere a los principales voceros de crédito... su agradable carácter híbrido de timadores y profetas[25].

Pero hete aquí que los actuales «Amos del Universo», como a menudo se denomina a los agentes que operan en Wall Street, funcionan mucho mejor como estafadores, aun cuando cultiven el arte de la falsa profecía para justificar sus estafas. Tampoco hay muchas señales de que la evolución del sistema crediticio y el poder claramente creciente de la circulación del capital que devenga intereses para dictar el futuro constituyan un trampolín transitorio hacia el surgimiento de algún nuevo modo de producción. De hecho, el imaginario que nos queda es el de una horda de inversores insaciablemente codiciosos dotados de suficientes fondos para comprar casi cualquier

---

[25] *El capital,* vol. 3, cap XXVII, pp. 511-512 [*MEW* 25, pp. 457: «... daß die auf den gegensätzlichen Charakter der kapitalistischen Produktion gegründete Verwertung des Kapitals die wirkliche, freie Entwicklung nur bis zu einem gewissen Punkt erlaubt, also in der Tat eine immanente Fessel und Schranke der Produktion bildet, die beständig durch das Kreditwesen durchbrochen wird. Das Kreditwesen beschleunigt daher die materielle Entwicklung der Produktivkräfte und die Herstellung des Weltmarkts [...] Gleichzeitig beschleunigt der Kredit die gewaltsamen Ausbrüche dieses Widerspruchs, die Krisen, und damit die Elemente der Auflösung der alten Produktionsweise. Die dem Kreditsystem immanenten doppelseitigen Charaktere: einerseits die Triebfeder der kapitalistischen Produktion, Bereicherung durch Ausbeutung fremder Arbeit, zum reinsten und kolossalsten Spiel- und Schwindelsystem zu entwickeln und die Zahl der den gesellschaftlichen Reichtum ausbeutenden wenigen immer mehr zu beschränken; andrerseits aber die Über gangsform zu einer neuen Produktionsweise zu bilden, - diese Doppelseitigkeit ist es, die den Hauptverkündern des Kredits [...] ihren angenehmen Mischcharakter von Schwindler und Prophet gibt»].

oposición seria, alimentando al resto del mundo con una dieta de dinero crediticio indigerible.

¿Qué razones pueden tener los financieros para celebrar los violentos estallidos de crisis? A primera vista, parece algo contrario a la intuición; pero, cuando se trata de la circulación de antivalor, una crisis es, de hecho, un momento de triunfo para sus fuerzas, aun cuando suscite desesperación en todos los dedicados a la producción y la realización de valor. «En una crisis –dijo el banquero Andrew Mellon en la década de 1920–, los activos regresan a sus legítimos propietarios», es decir, a él y a los suyos[26]. Las crisis suelen dejar a su paso una masa de activos devaluados que pueden ser recogidos a precios de saldo por quienes tienen el efectivo (o conexiones privilegiadas) para pagar por ellos. Esto es lo que sucedió en 1997-1998 en el Este y Sureste de Asia. Empresas perfectamente viables, que fueron a la quiebra por falta de liquidez, fueron compradas por bancos extranjeros y luego revendidas, unos años después, con una gran ganancia.

En las crisis, Marx evoca típicamente la posibilidad de: (1) la destrucción y/o degradación física de valores de uso; (2) la depreciación monetaria forzada de valores de cambio; y (3) una devaluación concomitante de valores, como la única forma «racional» de superar la irracionalidad de la sobreacumulación[27]. Obsérvese el léxico empleado: cada una de las formas involucradas –valor de uso, valor de cambio y valor– está sujeta a una forma específica de negación, y una forma no implica automáticamente otra. La devaluación y la depreciación de los valores de cambio no significan necesariamente la destrucción física de los valores de uso, que pueden convertirse en bienes gratuitos para la reactivación de la acumulación capitalista. Esta es una de las for-

---

[26] R. Wade y F. Veneroso, «The Asian Crisis: The High Debt Model *versus* the Wall Street-Treasury-IMF Complex», *New Left Review* 228 (1998), pp. 3-232.

[27] *Theorien über den Mehrwert, Band 2,* cap. XVII.6 [*MEW* 26.2, p. 496: «Wenn von *Zerstörung von Kapital* durch Krisen die Rede ist, so ist zweierlei zu unterscheiden. Insofern der Reproduktionsprozeß stockt, der Arbeitsprozeß beschränkt wird oder stellenweise ganz stillgesetzt, wird *wirkliches* Kapital vernichtet. [...] Zweitens aber meint *Zerstörung des Kapitals* durch Krisen Depreziation von *Wertmassen,* die sie hindert, später wieder ihren Reproduktionsprozeß als Kapital auf derselben Stufenleiter zu erneuern [...] Was nun den Fäll von bloß fiktivem Kapital, Staatspapieren, Aktien etc. betrifft [...], ist es bloß Übertragung des Reichtums von einer Hand in die andre und wird im ganzen günstig auf die Reproduktion wirken, sofern die Parvenüs, in deren Hand diese Aktien oder Papiere wohlfeil fallen, meist unternehmender sind als die alten Besitzer»].

mas de funcionamiento del antivalor para restaurar las condiciones de la producción de valor. Un sistema subterráneo que entró en bancarrota (devaluando el subsuelo y depreciando el capital de los inversores) dejó tras de sí el valor de uso de los túneles que seguimos utilizando cuando viajamos en el metro de Londres. La depreciación de los valores de la vivienda en la crisis de 2007-2008 en Estados Unidos dejó tras de sí un enorme depósito de valores de uso residenciales que podían ser comprados por compañías inmobiliarias privadas y fondos de cobertura para someterlos a una ligera restauración y volver a lanzarlos rentablemente al mercado. Marx era plenamente consciente de tales posibilidades. Señala cómo el capital «también se embarca en *inversiones* que no son lucrativas o que no llegan a serlo hasta que no están desvalorizadas en cierta medida. De ahí las muchas empresas donde la primera *mise de capital à fonds perdu,* los primeros empresarios quiebran, y solo se valorizan en el segundo o tercer cambio de dueños, cuando el capital invertido ha mermado debido a la *devaluación*»[28]. Por la misma razón, una rápida apreciación de los valores de cambio (por ejemplo, en los mercados del suelo e inmobiliario) no implica necesariamente ningún aumento en los valores y puede no significar una mejora sustancial en los valores de uso.

El peso muerto del trabajo improductivo

La teoría del antivalor debe abarcar toda una gama de actividades que no son productivas de valor, aunque sean esenciales y necesarias para el funcionamiento del capital. Esto nos lleva a la espinosa cuestión del trabajo improductivo, discutida con gran detalle por Adam Smith.

---

[28] *EFCEP,* vol. 2, p. 21 [*MEW* 42, pp. 438: «Allerdings spekuliert es auch falsch und muß, wie wir so sehen werden, so spekulieren. Es unternimmt dann Anlagen, die sich nicht rentieren und erst rentieren, sobald sie entwertet sind zu einem gewissen Grade. Daher die vielen Unternehmungen, wo der erste *mise de capital à fonds perdu* ist, die ersten Unternehmer kaputtgehn – und erst in zweiter oder dritter Hand, wo das Anlagekapital durch die Entwertung geringer geworden, sich verwerten»]. «*Grundrisse,* p. 531; *El Capital,* vol. 3, cap V, pp. 121-22 [*MEW* 25, pp. 114: «Die viel größern Kosten, womit überhaupt ein auf neuen Erfindungen beruhendes Etablissement betrieben wird, verglichen mit den spätem, auf seinen Ruinen, *ex suis ossibus* aufsteigenden Etablissements. Dies geht so weit, daß die ersten Unternehmer meist Bankrott machen und erst die spätern, in deren Hand Gebäude, Maschinerie etc. wohlfeiler kommen, florieren»].

Marx estaba de acuerdo en que los trabajadores empleados en la circulación (por ejemplo, en mercadotecnia) no producen valor (de lo contrario, tendría que admitir que el intercambio en el mercado puede producir valor). Sin embargo, pueden ser una fuente de plusvalor. Son como máquinas que no pueden producir valor, pero cuyo uso puede aumentar el plusvalor relativo, al reducir los costos de los bienes salariales y disminuir así el valor de la fuerza de trabajo, produciendo más plusvalor para el capitalista. Los costes implicados en la circulación y la administración estatal, argumentaba Marx, deberían considerarse deducciones de la producción de valor y plusvalor[29]. Los costes de circulación en el mercado (distintos de los de transporte) se consideran como deducciones necesarias del valor potencial ya producido, independientemente de si son sufragados por el capitalista industrial o el mercantil. Las economías en esos costes de circulación y las reducciones en el tiempo de circulación equivalen, dice Marx, a «reducir la negación de los valores creados». Pero, si hay que deducir menos por el aumento de la tasa de explotación del trabajo improductivo, entonces quedará más plusvalor para el capitalista. Las actividades improductivas pero socialmente necesarias, como la contabilidad, el comercio minorista, la regulación estatal adecuada y el cumplimiento de la ley, no son intrínsecamente anticapitalistas.

Pero si todos trataran de ganarse la vida por esos medios, sin que nadie se dedicara a la producción, el capital se extinguiría; prevalecería el antivalor. La conclusión es obvia: la absorción excesiva (a diferencia de la socialmente necesaria) de la fuerza de trabajo en circulación (que no produce valor), junto con la hiperburocratización que no produce valor (tanto en las empresas como en el sector estatal), es una amenaza para la reproducción del capital, aun sin ser explícitamente anticapitalista en forma o intención. Es una de las formas accidentales en que el valor en movimiento puede atascarse. Los costes inflados y las ineficiencias cada vez mayores en la circulación, la regulación y los apoyos burocráticos (incluida la vigilancia policial) pueden absorber improductivamente grandes cantidades de valor. Si, como sostienen algunos economistas convencionales, gran parte de la economía estadounidense está actualmente dirigida a actividades «laborales pero inútiles», eso actúa como un lastre sobre la producción y circulación del valor y el plusvalor. Por eso algunos se plantean la hipótesis de un «gran estancamiento» del capitalismo contemporáneo. Es un rasgo habitual de casi todas las críticas derechistas del Es-

---

[29] *El capital,* vol. 2, cap VI.

tado que la excesiva regulación y burocratización es el peor enemigo de la libertad de mercado y por tanto del pleno desarrollo capitalista que, supuestamente, beneficiaría a todos. Fue, por supuesto, el logro más significativo de Marx mostrar de manera definitiva en el Primer Volumen de *El capital* que el capitalismo de libre mercado totalmente desregulado no beneficiaría a todos, sino que simplemente concentraría aún más riqueza y poder en la capa superior, la más acomodada. Pero las críticas derechistas tienen más de un elemento de verdad, al enfatizar los efectos deletéreos sobre la producción y la circulación de valor del recurso excesivo al trabajo improductivo.

Las economías y las eficiencias crecientes en los costes necesarios de la circulación son, por lo tanto, cruciales, argumentaba Marx, para que el trabajo improductivo no se convierta en un importante, aunque involuntario, foco de antivalor. Un resultado nada sorprendente es que las condiciones de explotación del trabajo vivo en estas actividades improductivas pueden ser tan despiadadas (y, en algunos casos, incluso más) como en la producción.

El equilibrio entre trabajo improductivo socialmente necesario y excesivo es difícil de precisar. Gran parte del debate político sobre la regulación del medio ambiente está precisamente atrapado en el intento de establecer normas adecuadas. En este punto, la discusión de Marx sobre la regulación de la duración de la jornada laboral proporciona una pauta interesante. La feroz competencia intercapitalista por el plusvalor absoluto llevaba a tales extensiones de la jornada laboral y tal intensidad del trabajo que ponía en peligro la vida, la salud y la capacidad laboral de los trabajadores. Era, por lo tanto, necesario, incluso desde el punto de vista del capital, instituir algunas formas colectivas de regulación, poner un límite a la competencia, por decirlo así, para proteger al capital de los efectos destructivos de la competencia ruinosa sobre su fuerza de trabajo. Pero si el poder organizado de los trabajadores, en alianza con otros intereses, se hiciera tan fuerte como para restringir la duración de la jornada laboral aún más espectacularmente, esto constituiría una amenaza anticapitalista en la dirección opuesta. La contienda entre los derechos laborales y los derechos del capital sobre las horas de trabajo depende del equilibrio de las fuerzas de clase: «entre iguales derechos, prevalece la *fuerza*»[30]. El equilibrio entre el trabajo productivo y el improductivo en cualquier formación social capitalista también se alcanza mediante el despliegue de procesos y luchas políticas y sociales.

---

[30] *El capital,* vol. 1, cap VIII.1, p. 299 [*MEW* 23, p. 249: «Zwischen gleichen Rechten entscheidet die Gewalt»].

La política directa del antivalor

Las actividades y políticas anticapitalistas, basadas en la concepción de formas alternativas de vida fuera de la producción y el intercambio de mercancías, están muy extendidas, aunque a menudo a pequeña escala. Si, como insiste Ollman, el valor es trabajo alienado, entonces la búsqueda política de una existencia no alienada implica la negación activa y consciente de la ley capitalista del valor en la vida individual y colectiva. Hay varias formas de política de antivalor. Las economías solidarias y las comunidades intencionales, por ejemplo, pueden tratar de asegurar su propia reproducción más allá del alcance de la producción de valor[31]. Sus relaciones de intercambio mutuas y con otros no están necesariamente basadas en mecanismos de mercado. Las comunas anarquistas, las comunidades basadas en la religión y los órdenes sociales indígenas constituyen espacios heterotópicos dentro de los intersticios del sistema capitalista, pero fuera del dominio de la ley del valor. Siempre existe el peligro de que tales actividades no productoras de valor sean apropiadas por el capital como base para la producción de valor (por ejemplo, apropiadas o tomadas como una donación gratuita de la naturaleza humana), o de que funcionen como una especie de depósito para la reproducción del ejército de reserva industrial de trabajadores cada vez más dependientes y desechables.

El capital crea espacios para la política de oposición a medida que circula y se expande. Mediante su movilización de los poderes del arte, la ciencia y la tecnología, el capital, a pesar de sí mismo, crea una oposición entre la regla del valor como tiempo de trabajo socialmente necesario, por un lado, y el tiempo de trabajo disponible, o «tiempo no de trabajo», por otro. «Su tendencia, empero, es siempre por un lado la de *crear tiempo disponible, por otro la de convertirlo en tiempo de trabajo excedente.* Si logra lo primero demasiado bien, experimenta una sobreproducción y entonces se interrumpirá el trabajo necesario, porque *el capital* no puede realizar más *surplus labour.*» La incapacidad para realizar el valor se convierte entonces en una barrera infranqueable. «Cuanto más se desarrolle esta contradicción, tanto más evidente se hace que el crecimiento de las fuerzas productivas ya no puede estar vinculado a la apropiación de *surplus labour* ajeno, y que la masa de los tra-

---

[31] P. Hudis, *Marx's Concept of the Alternative to Capitalism,* Chicago, Haymarket, 2012.

bajadores debe apropiarse de su propio trabajo excedente»[32]. Esto debería permitir que «el desarrollo de la fuerza productiva social sea tan rápido que [...] crecerá el *disposable time* de todos. Ya que la riqueza real es la fuerza productiva desarrollada de todos los individuos. La medida de la riqueza ya no es entonces, en modo alguno, el tiempo de trabajo, sino el *disposable time*»[33]. Los trabajadores pueden recuperar esa inmensurable sensación de valor que perdieron en el contrato salarial original (ficticio) con el capital, que los condenó a una existencia enajenada, en la que la valorización del capital se convirtió en su destino singular.

Ahí encontramos algunas paradojas políticas interesantes. Gran parte de la preocupación en los comentarios críticos recientes tenía que ver con la incorporación al cálculo del valor del conocimiento y la ciencia, el trabajo doméstico no remunerado y los «dones gratuitos» de la naturaleza. ¿No son, después de todo, una fuente de valor? La respuesta de Marx es que se trata de casos análogos al de las máquinas: no pueden ser una fuente de valor tal como lo define el capital, aunque sean una fuente de plusvalor relativo para la clase capitalista, en la medida en que contribuyen a la productividad de la fuerza de trabajo. En la actualidad existe un deseo generalizado de incorporar cosas hasta ahora «no valoradas» al régimen de producción y circulación capitalista del valor. Esta estrategia es comprensible (en parte por las connotaciones positivas que tiene un término como el valor y la comprensible exigencia de reconocimiento de lo que con demasiada frecuencia se ignora). Pero es un error político tremendo; no capta el papel dialéctico del no-valor o antivalor (y del trabajo no enajenado y el tiempo disponible) en la política de oposición. Es desde los espacios del no-valor y del trabajo no alienado desde donde se puede y se

---

[32] *EFCEP*, vol. 2, p. 232 [*MEW* 42, pp. 604: «Seine Tendenz aber immer, einerseits *disposable time zu schaffen, andrerseits to convert it into surplus* labour. Gelingt ihm das erstre zu gut, so leidet es an Surplusproduktion, und dann wird die notwendige Arbeit unterbrochen, weil *keine surplus labour vom Kapital* verwertet werden kann»]. Sobre el concepto de tiempo en Marx, véanse D. Bensaïd, *Marx l'intempestif*, París, Fayard, 1995; trad. al inglés como *Marx for Our Times*, Londres, Verso, 2002 [ed. cast.: *Marx intempestivo*, Buenos Aires, Herramienta, 2003]; S. Tombazos, *Time in Marx: The Categories of Time in Marx's Capital*, Chicago, Haymarket, 2014.

[33] *EFCEP*, vol. 2, p. 232 [*MEW* 42, pp. 604: «die Entwicklung der gesellschaftlichen Produktivkraft [...] so rasch wachsen, daß [...] die disposable time aller wächst. Denn der wirkliche Reichtum ist die entwickelte Produktivkraft aller Individuen. Es ist dann keineswegs mehr die Arbeitszeit, sondern die disposable time das Maß des Reichtums»].

debe organizar una crítica popular profunda y amplia del modo de producción capitalista, su forma peculiar de valor y sus alienaciones. Y es también desde esos sitios desde los que podrían identificarse mejor los perfiles de una economía postcapitalista. Según Marx, ser un productor de valor y plusvalor dentro de un modo de producción capitalista «no es una dicha, sino una maldición»[34].

El conocimiento, la información, las actividades culturales y demás pueden todas ellas ser comercializadas e integradas en el capitalismo. Al mismo tiempo, su potencial para la actividad libre y no alienada ofrece una plataforma ventajosa para la política anticapitalista. Desde esa posición contradictoria, los productores culturales de todo tipo constituyen un importante bloque potencial para la acción política radical. La búsqueda de una vida no alienada entre los productores culturales, frente a la apropiación de sus productos por parte de una clase rentista parásita, es un punto de tensión creciente. Pero, en su mayor parte, su política gira en torno a las condiciones de realización, aun cuando sus condiciones de producción sean un terreno en disputa del control capitalista.

Del mismo modo, el hecho de que el trabajo doméstico no entre en el cálculo del valor sugiere que podría ser otro lugar potencial para la articulación de una política anticapitalista (presumiendo que sus propias contradicciones y alienaciones internas con respecto a las prácticas de género, patriarcado, sexualidad, crianza de los hijos y similares puedan ser resueltas). Aun cuando cada vez más actividades de trabajo doméstico se comercializan y se llevan al mercado (desde la comida para llevar, hasta el corte de uñas y de pelo), el tiempo de trabajo en el hogar aumenta, a pesar de (algunos dirían que debido a) la introducción de tecnologías hogareñas que ahorran trabajo (lavadoras y aspiradoras). Pero el trabajo realizado para otros dentro del hogar y en las comunidades sociales más amplias configuradas en torno a la producción y protección de los bienes comunes puede convertirse en un poderoso antídoto al predominio de la producción mercantil capitalista y sus relaciones sociales asociadas. Acordar salarios para las tareas domésticas (si fuera algo realista, aunque afortunadamente no lo es) simplemente nos aseguraría que los trabajos domésticos pueden en principio integrarse en el modo capitalista de producción (y otorgarles el estatus de trabajo alienado). La campaña de «salarios para el trabajo doméstico», lanzada por grupos feministas en la década de 1970, fue una intervención brillante que centró la aten-

---

[34] *El capital,* vol. 1, cap XIV, p. 590 [*MEW* 23, p. 532: «Produktiver Arbeiter zu sein ist daher kein Glück, sondern ein Pech»].

ción en el gran abandono de las cuestiones de género en la tradición marxista, pero era totalmente errónea (como algunas de sus defensoras admitieron posteriormente) en cuanto a los remedios políticos que proponía[35]. Nada de eso habría ocurrido, añado, si se hubiera apreciado más plenamente la relación entre el valor y el antivalor dentro de un modo de producción capitalista.

Ha habido iniciativas parecidas para integrar los dones de la naturaleza en la corriente de producción de valor mediante algunos dispositivos de valoración arbitrarios (por ejemplo, los propuestos por economistas medioambientalistas), lo que equivale ni más ni menos que a un sofisticado ecoblanqueamiento y mercantilización de un espacio desde el que se podría y debería organizar un intenso ataque contra la hegemonía del modo de producción capitalista y su (y nuestra) relación alienada con la naturaleza a través de la mercantilización. Son todos ellos espacios típicos, desde los que se podría configurar una crítica anticapitalista, pero la corriente política predominante en los últimos tiempos tiende a su integración en el marco de la teoría del valor. Si el valor en el capitalismo trata de la producción de trabajo enajenado y trabajadores enajenados, ¿para qué diablos querría nadie que lo que es una campaña progresista quede subsumido dentro de tal régimen?

La devaluación, finalmente, también puede golpear al trabajador como portador de la mercancía fuerza de trabajo. Los salarios se reducen y la salud y el bienestar del trabajador se ven amenazados, aun cuando los trabajadores mantengan sus habilidades y capacidades laborales. Durante la nacionalización de hecho de la General Motors en 2008, por ejemplo, surgió una estructura dual de empleo en la que los trabajadores de más edad mantenían sus salarios y prestaciones, mientras que los nuevos trabajadores eran contratados con salarios mucho más bajos y con menores prestaciones. La devaluación de la fuerza de trabajo y la depreciación de sus valores cuando se prolonga o profundiza pueden conducir a la destrucción física de la población trabajadora, aun cuando el capital se salve por razones obvias. Pero nada de esto sucede sin suscitar algún tipo de respuesta política por parte de los trabajadores (tanto individuales como colectivos).

El poder del antivalor debe contrastarse con la teoría del valor. Si, como sospecho, se trata del «antagonismo más profundo» enterrado en las entrañas del capital que circula como valor en movimiento, hacer más comprensible

---

[35] S. Himmelweit y S. Mohun, «Domestic Labour and Capital», *Cambridge Journal of Economics* 1 (1977), pp. 15-31.

esa contradicción sería un paso importante para afrontar la servidumbre por deudas, que cada vez parece más capaz de dictar no solo nuestras relaciones sociales contemporáneas y nuestro bienestar, sino también nuestras perspectivas para una vida futura. El hecho de que a tantos les resulte más difícil concebir el fin del capitalismo que el fin del mundo tiene mucho que ver con el hecho de que el futuro de la acumulación de capital esté condicionado por un enorme volumen de deuda como antivalor. Para muchos, la única posibilidad concebible es que nos salve alguna intervención externa, un acontecimiento apocalíptico de algún tipo. Mas no será así. Lo único que puede salvarnos es una liquidación explícita, o si se quiere una demolición, de la gigantesca torre de deuda que dicta nuestro futuro.

El antivalor señala el potencial de ruptura en la continuidad de la circulación del capital. Prefigura cómo las tendencias del capital a la crisis pueden adoptar diferentes formas y desplazarse de un aspecto (por ejemplo, la producción) a otro (por ejemplo, la realización)[36]. Esta idea también es crucial, pero por desgracia se suele ignorar. Las crisis no anuncian necesariamente, nos dice Marx (contrariamente a una opinión muy popular), el fin del capitalismo, sino que establecen el escenario para su renovación. Es ahí donde vemos más claramente el papel dialéctico del antivalor en la reproducción del capital. «Las crisis nunca son más que soluciones violentas momentáneas de las contradicciones existentes, erupciones violentas que restablecen por un tiempo el equilibrio perturbado»[37]. Pero la reconstitución del capital es insegura y tiene límites. Una acumulación de deudas (reclamaciones sobre la producción futura de valor) puede superar la capacidad de producir y realizar valores y plusvalores en el futuro. Incluso si las deudas se cancelan con éxito, la obligación de pagarlas restringe las posibilidades de futuro. La servidumbre por deudas aherroja el futuro, tanto para las personas como para las economías[38]. Este es un tema sobre el que volveremos a modo de conclusión.

---

[36] D. Harvey, *The Enigma of Capital,* Londres, Profile Books, 2010, cap. 5 [ed. cast: *El Enigma del Capital y las Crisis del Capitalismo,* Madrid, Akal, 2012].

[37] *El capital,* vol. 3, cap. XV.II, p. 287 [MEW 25, p. 259: «Die Krisen sind immer nur momentane gewaltsame Lösungen der vorhandnen Widersprüche, gewaltsame Eruptionen, die das gestörte Gleichgewicht für den Augenblick wiederherstellen»].

[38] M. Hudson, «The Road to Debt Deflation, Debt Peonage, and Neofeudalism», Working Paper 709, Annandale-on-Hudson, NY, Levy Economics Institute of Bard College, febr. 2012; M. Hudson, *Killing the Host: How Financial Parasites and Debt Destroy the Global Economy,* ISLET-verlag, 2015.

V. Precios sin valores

La incongruencia cualitativa entre el valor y el precio es preocupante y puede ser más significativa de lo que suponía Marx. La contradicción entre uno y otro puede haberse agudizado con el tiempo. Si los inversores buscan ganancias especulativas en los mercados de fijación de precios para activos que no tienen valor (como los objetos de arte o los futuros sobre monedas o carbón), en lugar de invertir en la creación de valor y plusvalor, eso indica un camino por el que el valor se puede extraer de la circulación general del capital, para circular como dinero en mercados ficticios donde no se realiza producción directa de valor (a diferencia de la apropiación).

Cuando las indicaciones de precios traicionan los valores que se supone que deberían representar, los inversores se ven inducidos a tomar decisiones erróneas. Si la tasa de ganancia dineraria es más alta en los mercados inmobiliarios u otras formas de especulación de activos, un capitalista racional colocará su dinero allí, y no en la esfera de la actividad productiva. El capitalista racional se comporta irracionalmente desde el punto de vista del proceso de reproducción del capital como totalidad en evolución. El resultado podría ser una tendencia a la profundización del estancamiento secular en el conjunto de la economía.

Esto se puede contrarrestar por el hecho de que algunos valores de uso entran en la producción capitalista como «dones gratuitos». Esto ocurre cuando «el objeto del trabajo […] es algo proporcionado por la naturaleza de forma gratuita, como en el caso de ciertos metales, minerales, carbón, piedras, etc.»[1]. Aunque el capital permanece materialmente en su relación metabólica con la naturaleza, esto no significa que la propia naturaleza tenga un valor. Es un almacén de dones gratuitos que el capital puede usar sin pagar nada. Tales valores de uso pueden, sin embargo, adquirir un precio si se someten a encierro y se convierten en propiedad privada de otro. Su dueño está en condiciones de extraer una renta de esos recursos aunque no tengan valor. Lo mismo se puede decir de los entornos construidos, paisajes despejados y cultivados y artefactos culturales heredados de hace mucho tiempo. Lo que a veces se conoce como «segunda naturaleza» es también un tesoro de dones gratuitos para emplear como valores de uso en la producción[2]. «Donaciones» similares de «bienes gratuitos» al capital se pueden extraer del trabajo en los hogares, de los productos de campesinos autosuficientes y de otras poblaciones no productoras de mercancías. «Aunque la conservación y reproducción constante de la clase trabajadora, dice Marx, sigue siendo una condición necesaria para la reproducción del capital [...] el capitalista puede abandonar confiadamente el desempeño de esa tarea a los instintos de conservación y reproducción de los trabajadores»[3]. Incluso las habilidades autodidactas de los trabajadores pueden ser apropiadas por el capital gratuitamente. Esto es lo que sucede particularmente con las habilidades aprendidas en el trabajo y el almacenamiento de ese conocimiento en el cerebro del trabajador. «La *fuerza productiva social* del trabajo se desarrolla gratuitamente no bien se pone a los trabajadores en determinadas condiciones, que es precisamente lo que hace el capital. Como la *fuerza productiva social del trabajo* no le cuesta nada al capital, mientras que, por otra parte, el trabajador no la desarrolla antes de que su trabajo mismo pertenezca al capitalista, esa fuerza productiva aparece como si el capital la poseyera *por naturaleza,* como su fuerza productiva *inmanente*»[4].

---

[1] *El capital,* vol. 1, cap. XXII.4, pp. 692-693 [*MEW* 23, p. 630: «Der Arbeitsgegenstand ist hier nicht Produkt vorhergegangner Arbeit, sondern von der Natur gratis geschenkt. So Metallerz, Minerale, Steinkohlen, Steine etc.»].

[2] N. Smith, *Uneven Development: Nature, Capital and the Production of Space,* Oxford, Wiley, 1990.

[3] *El capital,* vol. 1, cap. XXI, p. 661 [*MEW* 23, pp. 597-598: «Die beständige Erhaltung und Reproduktion der Arbeiterklasse bleibt beständige Bedingung für die Reproduktion des Kapitals. Der Kapitalist kann ihre Erfüllung getrost dem Selbsterhaltungs- und Fortpflanzungstrieb der Arbeiter überlassen»].

[4] *El capital,* vol. 1, cap. XI, p. 407 [*MEW* 23, p. 353: «Die *gesellschaftliche Produktivkraft der Arbeit* entwickelt sich unentgeltlich, sobald die Arbeiter unter bestimmte Bedingungen

Trabajadores experimentados pueden obtener, sin embargo, una renta monopólica por sus habilidades si estas son difíciles de reproducir. El capital, como resultado, libra una guerra contra la reproducción de habilidades monopolizables en la fuerza de trabajo. El estatus rápidamente cambiante de los programadores informáticos en los últimos años –de expertos cualificados a trabajadores rutinarios– es un buen ejemplo.

No se trata de prácticas residuales heredadas de un pasado lejano. Lo que los trabajadores aprenden haciendo su trabajo es una característica cada vez más poderosa de la economía política del capital. Pero esa fuerza de trabajo parece ser y es apropiada gratuitamente como una fuerza del capital. Considérese el caso aleccionador del trabajo digital contemporáneo. Michel Bauwens, miembro fundador de la Fundación P2P [*peer-to-peer,* «red entre pares o iguales»], escribe: «Bajo el régimen del capitalismo cognitivo, la creación de valor de uso se expande exponencialmente, pero el valor de cambio solo aumenta linealmente, y es realizado casi exclusivamente por el capital, dando lugar a formas de hiperexplotación [...] Mientras que en el neoliberalismo clásico el ingreso laboral se estanca, en el hiperneoliberalismo la sociedad se desproletariza, es decir, que el trabajo asalariado es reemplazado cada vez más por autónomos aislados y en su mayoría precarios; más valor de uso escapa completamente a la forma de trabajo [y] los creadores de valor de uso no obtienen recompensa alguna en términos de valor de cambio, que es realizado únicamente por las plataformas propietarias»[5]. El ingreso medio por hora de quienes hacen realmente el trabajo «no pasa de 2 dólares, muy por debajo del salario mínimo en Estados Unidos». La forma precio oculta aquí la «hiperexplotación» de lo que Bauwens considera un nuevo régimen de valores «neofeudal», que es incluso peor que el capitalismo tradicional. Ese régimen «depende cada vez más de "corveas" no pagadas y crea en todas partes servidumbre por deudas», lo que significa una economía política basada en el trabajo voluntario aplicado en cooperativas guiadas por el principio del bien común. Lo que inicialmente se concibió como un régimen liberador de producción cooperativa con acceso abierto a los bienes comunes, se ha

---

gestellt sind, und das Kapital stellt sie unter diese Bedingungen. Weil *die gesellschaftliche Produktivkraft der Arbeit* dem Kapital nichts kostet, weil sie andrerseits nicht von dem Arbeiter entwickelt wird, bevor seine Arbeit selbst dem Kapital gehört, erscheint sie als Produktivkraft, die das Kapital *von Natur* besitzt, als seine *immanente* Produktivkraft»].

[5] M. Bauwens, «Towards the Democratisation of the Means of Monetisation», mimeogr., Bruselas, 21 de octubre de 2013.

transformado en un régimen de hiperexplotación del que se alimenta gratuitamente el capital. El pillaje desenfrenado del gran capital (empresas como Amazon y Google) de los bienes gratuitos producidos por una fuerza de trabajo autodidacta se ha convertido en una característica importante de nuestra época. Esto se extiende a las llamadas «industrias culturales». El trabajo inventivo y creador es comercializado sin piedad y saqueado por agentes y empresarios culturales que lo convierten en un negocio rentable. Debemos observar con mayor atención la posición de este tipo de trabajo en relación con la creación y apropiación de valor y plusvalor. Esto nos lleva a la cuestión del papel del «capitalismo cognitivo» en los debates contemporáneos, que descansa, a su vez, sobre la productividad de la actividad creativa y la producción de conocimiento[6].

Considérese cómo afectan y se relacionan las concepciones mentales, el conocimiento y la imaginación con la circulación del capital. ¿Cómo se relacionan con la producción de valor y plusvalor? Los teóricos del capitalismo cognitivo insisten en la idea de que el conocimiento se ha convertido en una forma de valor que circula como capital. La economía solía basarse en las mercancías, pero ahora se basa en el conocimiento, dicen. Gran parte del conocimiento producido actualmente tiene ciertamente un precio, dado el aumento de los derechos de propiedad intelectual como característica crucial del capitalismo contemporáneo. Pero su presentación como valor que circula es exagerada y no ha sido demostrada. El conocimiento científico y técnico, en particular, es uno de esos artículos que puede tener un precio, pero no un valor. Se construye poco a poco a lo largo de muchas generaciones y, según Marx, debería ser un bien gratuito, un don de la historia cultural de la naturaleza humana, disponible gratuitamente para cualquiera que quisiera usarlo. El hecho de que el conocimiento común se halle cada vez más cerrado, privatizado y convertido en mercancía nos dice mucho sobre la trayectoria contemporánea del capitalismo.

Pero los capitalistas cognitivos insisten en que esa es la dirección a la que apuntaba Marx en los *Grundrisse*. En un pasaje muy citado, analiza cómo los productos del «intelecto general» afectan la dinámica de la acumulación. Marx

---

[6] Y. Moulier Boutang, *Le capitalisme cognitif : la nouvelle grande transformation;* París, Éd. Amsterdam, 2007; trad. al inglés como *Cognitive Capitalism,* Cambridge, Polity, 2011; C. Vercellone, «From Formal Subsumption to General Intellect: Elements for a Marxist Reading of the Thesis of Cognitive Capitalism», *Historical Materialism* 15 (2007), pp. 13-36.

no se concentra en el conocimiento como una forma de valor, sino en cómo el conocimiento y las capacidades mentales –los dones gratuitos de la naturaleza humana– se incorporan al capital fijo de la producción de valor para elevar la productividad del trabajo hasta el punto en que el trabajo, el agente de producción de valor, se vuelve redundante (el giro hacia la inteligencia artificial en nuestra época es un ejemplo). Esto, sugiere Marx, hará superflua la teoría del valor-trabajo. El objeto de la investigación de Marx es el capital fijo y no el conocimiento *per se*[7]. Todos los conocimientos que no se pueden integrar en el capital fijo son irrelevantes a este respecto. Marx solo está interesado en aquellas formas de conocimiento que pueden aumentar la productividad del trabajo. En ese sentido, la ciencia administrativa es tan importante como la ingeniería genética y saber cómo construir motores a reacción.

Sin embargo, hay una pregunta vital, relativa al modo en que la imaginación y la creatividad humanas –dones gratuitos de la naturaleza humana– pueden movilizarse y destinarse a producir una tecnología o una forma organizativa, como una mercancía a la venta en el mercado. «Lo que distingue ventajosamente al peor maestro albañil de la mejor abeja es que el primero ha modelado la celdilla en su cabeza antes de construirla en cera»[8]. Las ideas, los conocimientos y la imaginación, siendo dones gratuitos de la naturaleza humana, pueden funcionar como valores de uso clave en las tecnologías de la producción. El posicionamiento de la imaginación humana en el proceso laboral es significativo. La imaginación humana, por fértil o febril que sea, no surge en el vacío. El contexto de cualquier construcción nueva de conocimiento es siempre el de las experiencias existentes y las diversas formas de entender e interpretar esa experiencia mediante el lenguaje, los

---

[7] *EFCEP*, vol. 2, pp. 228, 216-30 [*MEW* 42, pp. 595-602: «Die Entwicklung des capital fixe zeigt an, bis zu welchem Grade das allgemeine gesellschaftliche Wissen, *knowledge,* zur unmittelbaren *Produktivkraft* geworden ist und daher die Bedingungen des gesellschaftlichen Lebensprozesses selbst unter die Kontrolle des *general intellect* gekommen und ihm gemäß umgeschaffen sind. Bis zu welchem Grade die gesellschaftlichen Produktivkräfte produziert sind, nicht nur in der Form des Wissens, sondern als unmittelbare Organe der gesellschaftlichen Praxis; des realen Lebensprozesses»; «Sobald die Arbeit in unmittelbarer Form aufgehört hat, die große Quelle des Reichtums zu sein, hört und muß aufhören, die Arbeitszeit sein Maß zu sein und daher der Tauschwert [das Maß] des Gebrauchswerts»].

[8] *El capital,* vol. 1, cap. V.1, p. 240 [*MEW* 23, p. 193: «Was aber von vornherein den schlechtesten Baumeister vor der besten Biene auszeichnet, ist, daß er die Zelle in seinem Kopf gebaut hat, bevor er sie in Wachs baut»].

conceptos, las narraciones y las historias preexistentes. Los dones gratuitos de la naturaleza humana tienen un papel vital en la definición de lo que se puede hacer y cómo se puede producir de manera rentable. La inveterada crítica del capital como sistema se centra en parte en la frustración de las potencialidades creativas de la masa de la población, ya que el capital no solo se hace con el control de lo que se produce y cómo se produce, sino que se apropia de las obras intelectuales y culturales de otros, como si fueran propias. Cuando se emplea al peor de los maestros de obra en una firma de arquitectos que vende planes y diseños a promotores capitalistas, o cuando un biólogo investiga para Monsanto aislando secuencias de ADN en plantas que se han desarrollado durante milenios, con el fin de patentar derechos para cultivar esas plantas, la imaginación humana se ve acorralada y adjudicada a la causa de la producción y apropiación de plusvalor. Marx extiende esa idea al campo de la producción cultural:

> Milton, pongamos por caso, que escribió *El Paraíso perdido,* era un trabajador *improductivo,* mientras que el escritor que proporciona trabajo como una máquina a su librero es un trabajador *productivo*. Milton produjo el *Paraíso perdido* tal como un gusano produce seda, como manifestación de *su propia* naturaleza. Más adelante vendió su producto por 5, y de esa suerte se convirtió en comerciante. Pero el literato proletario de Leipzig, que produce libros –por ejemplo, compendios de economía política– por encargo de su librero, está bastante más cerca de ser un *trabajador productivo,* por cuanto su producción está subsumida desde un principio en el capital y no se lleva a cabo sino para valorizarlo. Una cantante que canta como un pájaro es una *trabajadora improductiva.* En la medida en que vende su canto, es una asalariada o una comerciante. Pero la misma cantante, si es contratada por un empresario *(entrepreneur)* que la hace cantar para ganar dinero, es una trabajadora productiva, pues produce directamente capital. Un maestro de escuela que enseña a otros no es un trabajador productivo, pero un maestro de escuela que trabaja con otros por un salario en una institución, haciendo que su trabajo aumente la riqueza del empresario *(entrepreneur)* propietario de la institución que difunde el conocimiento *(knowledge mongering institution),* es un trabajador productivo[9].

---

[9] Karl Marx, *El capital*, Libro I, Capítulo VI (inédito) «Resultados del proceso inmediato de producción», Siglo XXI, 1971, 2001, p. 84 [*MEW* 26.1, p. 377: «Z.B. Milton, who did the

La calificación de «productivo» se refiere aquí a la producción de plusvalor. Milton no creó ningún valor cuando escribió *El Paraíso perdido*. Cuando vendió los derechos sobre la obra a otra persona por 5, amplió la esfera de la circulación monetaria sin contribuir a la producción de valor. El derecho a usar el contenido tiene un precio, pero no valor. Tal venta de mercancías presupone la existencia de un sistema legal que consagra derechos exclusivos de propiedad intelectual sobre el contenido. Solo cuando un editor organizado como empresa capitalista imprime *El Paraíso perdido* como libro, se abre la posibilidad de la producción y realización de valor y plusvalor de unas mercancías. Sin embargo, la realización del valor y el plusvalor coagulados en el libro como mercancía depende de que alguien tenga la necesidad o el deseo de ese libro, respaldado por la capacidad de pago. Pero aquí no se trata de ningún libro antiguo, sino de un libro con el contenido único y exclusivo de *El Paraíso perdido*. La singularidad de ese contenido puede permitir, y a menudo lo hace, la posibilidad de cobrar un precio de monopolio y extraer una renta de monopolio, muy por encima de los garantizados por el contenido en trabajo del libro como un objeto físico. Además, si el libro es una primera edición, puede venderse a un precio astronómico, como artículo de colección.

Esto es lo que a menudo confunde a los capitalistas cognitivos, porque parece como si hubiera algo en el trabajo intelectual y cultural creativo que hiciera su producto excepcional y exclusivo, mientras que el precio parece aumentar a través de la adición de algo llamado «valor de reputación», que no tendría nada que ver con el contenido laboral[10]. Por otro lado, no existe valor o plusvalor si el libro se halla acumulando polvo en un estante. Milton,

---

"Paradise Lost" for 5 , war ein *unproduktiver Arbeiter*. Der Schriftsteller dagegen, der Fabrikarbeit für seinen Buchhändler liefert, ist ein *produktiver Arbeiter*. Milton produzierte das "Paradise Lost" aus demselben Grund, aus dem ein Seidenwurm Seide produziert. Es war eine Betätigung *seiner* Natur. Er verkaufte später das Produkt für 5 l. Aber der Leipziger Literaturproletarier, der unter Direktion seines Buchhändlers Bücher (z.B. Kompendien der Ökonomie) fabriziert, ist ein *produktiver Arbeiter;* denn sein Produkt ist von vornherein unter das Kapital subsumiert und findet nur zu dessen Verwertung statt. Eine Sängerin, die auf ihre eigene Faust ihren Gesang verkauft, ist ein *unproduktiver Arbeiter*. Aber dieselbe Sängerin, von einem entrepreneur engagiert, der sie singen läßt, um Geld zu machen, ist ein *produktiver Arbeiter;* denn sie produziert Kapital»].

[10] A. Arvidsson y N. Peitersen, *The Ethical Economy: Rebuilding Value After the Crisis*, Nueva York, Columbia University Press, 2013.

por lo tanto, creó la posibilidad para la producción de valor y la extracción de una renta de monopolio cuando escribió *El Paraíso perdido,* pero hubo que pasar por varias fases adicionales antes de que esa posibilidad pudiera realizarse a través de la circulación de capital.

El mundo está repleto de textos a la espera de un editor. Ponerles precio y hacerlos circular en los mercados de la propiedad intelectual sería un proceso prácticamente sin fin; pero no contribuiría en modo alguno a la producción de valor y plusvalor. Simplemente, intensifica la contradicción entre el valor y su expresión monetaria. En ese proceso, extrae aún más valor del proceso de circulación del capital. El mercado de los derechos de propiedad intelectual y de los caprichos para coleccionistas puede expandirse rápidamente, con efectos negativos sobre la producción y la acumulación de valor. La reducción de impuestos a los ultrarricos puede concentrar el poder dinerario para la inversión. Pero si los ricos prefieren invertir en el mercado del arte (como suele suceder), eso no significa nada para la creación de valor. Las desigualdades crecientes en los ingresos y la riqueza van asociadas, de hecho, con el estancamiento secular de la producción de valor y los precios cada vez mayores para los Picassos.

Los no-valores (como los generados en la informática en red entre pares-P2P) se convierten gratuitamente en valores de uso para el capital mediante un simple acto de encierro, mercantilización y apropiación. El grado en que la producción de valor permanece sobre una base de tales dones gratuitos varía, pero es omnipresente en el capitalismo avanzado[11], y no están involucrados en ella únicamente dones gratuitos de la naturaleza. La historia, la cultura, el conocimiento, las construcciones artísticas, las habilidades y las prácticas se pueden encerrar; su contenido (como *El Paraíso perdido* de Milton) se apropia, comercializa y vende por un precio, independientemente de cualquier valor que puedan engendrar en última instancia. En la sociedad hay una gran cantidad de trabajo de «gusanos de seda», en su mayor parte gratuito y no alienado, pero tan pronto como se forma el contenido comienza el encierro, la apropiación, la monetización y el comercio.

En el caso de los conocimientos científicos y técnicos, los dones gratuitos de la creatividad humana y del «trabajo del gusano de seda» entran en la circulación del capital de una manera diferente. Pero a Marx solo le intere-

---

[11] U. Huws, *Labor in the Digital Economy,* Nueva York, Monthly Review Press, 2014.

san las creaciones de lo que llama «el intelecto general» en la medida en que afectan la productividad del trabajo a través de la formación de capital fijo[12]. Su preocupación específica se ciñe a explicar cómo se integran los conocimientos tecnológicos y científicos en el capital fijo de producción, de modo que desplazan y desempoderan al trabajo mediante la automatización (y en nuestros días mediante los robots y la inteligencia artificial). Marx considera que el conocimiento científico en sí mismo es un bien gratuito[13]. *Caeteris paribus,* el desplazamiento y la pérdida de poder de la mano de obra en la producción, a causa de los cambios tecnológicos, tiende a reducir la contribución del trabajo, el agente activo de la producción de valor. Esto nos induce a considerar lo que podría suceder cuando el valor y el plusvalor disminuyan, o incluso desaparezcan, de la circulación, a pesar de que el volumen de productos físicos arrojados a la circulación aumente rápidamente debido al aumento de productividad. La brecha entre la creciente producción física de mercancías y sus precios y la producción social decreciente de valor y plusvalor se ensancha catastróficamente, anunciando, en opinión de muchos marxistas, el camino ineluctable hacia el colapso final del capitalismo.

La escuela teórica alemana de la crítica del valor, inspirada en la obra de Robert Kurz, ha enunciado con gran estruendo esa opinión, aunque no afirma que tal colapso sea inminente[14]. Los defensores de esa teoría (incluido el propio Marx en algunos aspectos) ven esa contradicción como una tendencia a largo plazo hacia el estancamiento, la caída de beneficios y la creciente constricción de la producción y realización del valor y del plusvalor como correlato de la preferencia persistente del capitalismo por innovaciones que ahorran trabajo.

Un antídoto obvio es abrir nuevas líneas de actividad productiva que requieran mucha mano de obra, para compensar la pérdida de empleos en la industria y en los sectores más tradicionales de producción de valor. En los últimos tiempos, por ejemplo, sectores intensivos en mano de obra, como la logística, el transporte y la preparación de alimentos (asociados con un bu-

---

[12] *EFCEP,* vol. 2, pp. 225-35 [*MEW* 42, pp. 595-606].

[13] *EFCEP,* vol. 2, pp. 302 [*MEW* 42, p. 657: «Eine andre Produktivkraft, die ihm nichts kostet, ist die *scientific power*»].

[14] N. Larsen, M. Nilges, J. Robinson y N. Brown (eds.), *Marxism and the Critique of Value,* Chicago, M-C-M, 2014.

llente comercio turístico), se han expandido significativamente. El trabajo ha sido absorbido cada vez más por todo tipo de negocios, desde el abastecimiento infraestructural a largo plazo, hasta la puesta en escena de espectáculos (que se consumen casi instantáneamente para ajustarse al ideal capitalista del tiempo de circulación nulo). Parte de la mano de obra liberada por la robotización y automatización de trabajos industriales ha sido absorbida de esa manera. El equilibrio entre las pérdidas de empleo y el aumento de la oferta de trabajo parece estar sobre el filo de la navaja, aunque existe un consenso general relativo a que la degradación cualitativa de los empleos es la base de una enajenación cada vez más generalizada de la fuerza de trabajo.

La otra opción es aumentar el flujo de bienes gratuitos como insumos en la producción capitalista y prevenir la apropiación y extracción de rentas de monopolio en esos flujos. Resulta interesante que Marx pensara que una reducción de las rentas e impuestos era una forma de contrarrestar la caída de las ganancias[15]. También es interesante que algunos de los sectores con un desarrollo más vigoroso en nuestros días –como Google, Facebook y el resto del sector laboral digital– hayan crecido muy rápidamente gracias al trabajo gratuito. Y es significativo que en los últimos años se hayan expandido rápidamente, como campos de organización y esfuerzo capitalista, las llamadas «industrias culturales», que se basan en gran medida en el trabajo no alienado y creativo del género «gusano de seda».

Mucho de lo que sucede dentro del capitalismo es impulsado por actividades en los mercados de fijación de precios que no tienen nada que ver directamente con la producción de valor, excepto cuando se crean valores de uso que facilitan la producción de plusvalor. Esto deja muchas actividades e intercambios fuera de la esfera de la producción y circulación de valor, aun cuando sean relevantes para ella como insumos de valor de uso. El turismo, que comercia con los dones gratuitos de la naturaleza, la historia, la cultura y los espectáculos naturales como insumos sin coste que no tienen ningún valor, está organizado de acuerdo con las reglas capitalistas y por lo tanto produce valor y plusvalor. Surge cierta ambigüedad debida a que la

---

[15] D. Harvey, «Crisis Theory and the Falling Rate of Profit», en T. Subasat (ed.), *The Great Meltdown of 2008: Systemic, Conjunctural or Policy Created?*, Cheltenham, Edgar Elgar, 2016; trad. al cast. en: encuentrocomunista.org/static/media/medialibrary/2017/09/Harvey-Kliman.pdf.

preservación y el acceso a la historia, la cultura e incluso a paisajes naturales mercantilizados requieren un trabajo de mantenimiento de las cualidades y del acceso. La mezcla de dones gratuitos y de valores dentro de un paquete turístico es intrigante. Tal trabajo también puede organizarse al modo capitalista y contribuir, así, a la producción de valor y plusvalor. Esto no obvia el hecho de que muchas de las entradas de valores de uso básicos en el proceso de producción de la industria turística son bienes gratuitos (por ejemplo, playas soleadas o patrimonio cultural) que pueden adquirir un precio monetario aunque no tengan valor (a menos que hayan sido producidos recientemente en el curso de la invención de la historia, la tradición y la cultura, al estilo Disney). Si los artefactos históricos y culturales adquieren un precio a priori, suele ser en forma de renta monopolista[16]. Solo pueden seguir siendo bienes gratuitos si permanecen como bienes comunes, sin ser encerrados ni sometidos a las restricciones de la propiedad privada. El cercamiento permite la apropiación previa de la renta por los propietarios antes de permitir el acceso a los bienes de la historia, la cultura y la naturaleza, de otro modo gratuitos. Experimentamos lo mismo cuando se requiere el pago de una tarifa para entrar a una catedral o ver un monumento antiguo. Si bien la tarifa puede justificarse como costes de mantenimiento y acceso, puede ser mucho más elevada y proporcionar una base para la extracción de una renta monopolista para el propietario. En todos esos sectores hay luchas activas e interesantes sobre lo que puede permanecer en el acervo de los bienes comunes y lo que podría encerrarse para asegurar la extracción de rentas monopolistas.

El tratamiento del conocimiento incorporado en la producción no es en absoluto diferente al de la apropiación de la historia, la cultura y la fantasía por la industria turística. La ciencia y la innovación tecnológica pueden convertirse, como reconocía Marx, en un negocio en sí mismo organizado según líneas capitalistas, aunque el conocimiento científico y tecnológico sean de por sí parte de los bienes comunes globales, como la historia, la cultura y la tierra, que en principio deberían ser bienes gratuitos. Pero en la práctica se exige un precio por acceder a ellos a través de patentes, licencias, derechos de propiedad intelectual y similares.

---

[16] D. Harvey, «The Art of Rent», en *Rebel Cities: From the Right to the City to the Urban Revolution,* Londres: Verso, 2012 [ed. cast.: «El arte de la renta», en *Ciudades Rebeldes: Del derecho de la ciudad a la revolución urbana,* Madrid, Akal, 2012, cap. IV].

La diferencia entre la subsunción formal y la real del trabajo en el capital es significativa[17]. El propósito de Marx al introducir esa distinción era marcar la transición entre los procesos laborales que permanecían bajo el control del trabajador y los procesos laborales diseñados y controlados por el capital. El capitalismo en el llamado «periodo manufacturero» normalmente hacía uso de las habilidades artesanales tradicionales y las ensamblaba mediante la cooperación y las divisiones de trabajo en un proceso de producción como la construcción de un autocar. La fuente principal de plusvalor en dicho sistema es el plusvalor absoluto: la extensión del tiempo de trabajo mucho más allá del tiempo de trabajo socialmente necesario para reproducir la fuerza de trabajo. El capital controla el producto y su valor, pero no el proceso de trabajo. Esto contrasta con el sistema fabril, en el que el capital controla el proceso de trabajo hasta el punto de someter las actividades del trabajador a una fuente externa de energía bajo el control del capital. El plusvalor relativo, derivado del aumento de la productividad en la producción de bienes de uso doméstico (las mercancías requeridas para reproducir la fuerza de trabajo), se hace ahí dominante. Si bien el plusvalor absoluto sigue siendo la base, la producción de plusvalor relativo, que a menudo se asienta en los conocimientos privilegiados derivados de la ciencia y la tecnología, se convierte en la fuerza impulsora de la evolución del capital. Pero no siempre es así. En el caso del trabajo digital, por ejemplo, han surgido prácticas laborales que son sorprendentemente similares al sistema de fabricación textil en talleres o a domicilio en Gran Bretaña a finales del siglo XVIII. Esos sistemas también caracterizaron las estructuras industriales en París durante gran parte del siglo XIX. *L'Assommoir* [*La taberna*] de Zola ofrece un impresionante ejemplo de cómo funcionaba ese sistema de trabajo en el París del siglo XIX. Durante muchos años, el éxito de la industria automovilística japonesa se basó en la subcontratación a pequeños talleres de la producción de muchas de sus piezas. La distinción formal-real, como la distinción absoluto-relativo, es más dialéctica que teleológica en su aplicación.

Con tal brecha cada vez más amplia y profunda entre el valor y su forma de representación monetaria, es tentador considerar esta última como la esencia del capital y redefinir este último como dinero en movimiento, y no como valor en movimiento. Tal redefinición facilita la concentración en el agitado

---

[17] *El capital*, Libro I, Capítulo VI (inédito) «Resultados del proceso inmediato de producción», Siglo XXI, 1971, 2001, pp. 54-90.

mercado especulativo de los derechos de propiedad en los campos de la cultura, el conocimiento y los esfuerzos empresariales, así como las prácticas generalizadas de especulación en los mercados de activos como forma característica del capitalismo contemporáneo. De ahí la afirmación de que estamos entrando en una nueva fase del capitalismo en la que el conocimiento es preeminente y de que está a punto de nacer una brillante tecnoutopía basada en ese conocimiento y todas sus innovaciones que ahorran trabajo (como la automatización o la inteligencia artificial); o, como sostiene Paul Mason, ya la tenemos aquí[18]. Tal redefinición puede parecer acertada desde la perspectiva de Silicon Valley[19], pero cae de bruces ante las fábricas que se derrumban en Bangladesh y las zonas de copiosos suicidios en el industrial Shenzhen o en la India rural, donde las microfinanzas han extendido su red para fomentar la madre de todas las crisis de créditos *subprime*. La agitación y el beneficio especulativo que han caracterizado muchos mercados de activos en los últimos tiempos (particularmente con respecto a la vivienda, la tierra y la propiedad inmobiliaria) han redistribuido, sin duda, los valores; pero de por sí no respaldan ningún aumento en la creación de valor, menos aún por la conversión de algunas de las ganancias dinerarias en capital para buscar su valorización, o mediante la generación de una demanda efectiva suficiente para facilitar la realización.

Aquí encontramos la segunda «Gran Contradicción» con la que se enfrenta el capital. La primera surgió de la búsqueda de plusvalor relativo concentrándose en los cambios tecnológicos ahorradores de trabajo que, en caso de tener éxito, disminuirían la fuerza de trabajo de la que deben extraerse el valor y el plusvalor. La segunda es una tendencia potencial del capital, que trata de maximizar su rentabilidad dineraria al invertir en áreas que no producen ningún valor ni plusvalor. Llevadas al extremo, cualquiera de esas tendencias podría ser fatal para la reproducción del capital. Combinadas, y la evidencia contemporánea es que ambas tendencias son constatables, podrían ser catastróficas.

La respuesta neoclásica típica a todo esto (así como la de algunos herederos de la tradición marxista) es decir que si son los aspectos dinerarios y las

---

[18] P. Mason, *PostCapitalism: A Guide to Our Future,* Londres, Penguin, 2016 [ed. cast.: *Postcapitalismo. Hacia un nuevo futuro,* Barcelona, Paidós, 2016].

[19] M. Ford, *The Lights in the Tunnel: Automation, Accelerating Technology and the Economy of the Future,* United States of America: Acculent™ Pubishing, 2009.

políticas de precios los que se hacen hegemónicos, ¿para qué preocuparse por los valores (que es la posición neoclásica), o por qué no desarrollar una teoría dineraria del valor (como proponen actualmente algunos marxistas) como única respuesta factible a los dilemas teóricos con que nos vamos encontrando?[20]. Al hacerlo, eliminan cualquier posibilidad de explicar el estancamiento secular que parece ser la condición imperante del capitalismo global contemporáneo y desatienden la importancia del antivalor para la circulación de valores. Tal iniciativa puede permitir, tanto a los marxistas revisionistas como a los economistas neoclásicos, adoptar la posición reconfortante y tranquilizadora de que todo irá bien con el capitalismo global una vez que se haya asentado en las condiciones de equilibrio dictadas por mercados de fijación de precios debidamente regulados y de funcionamiento perfecto. Lo mismo se puede decir de los marxistas que abrazan explícitamente una teoría dineraria del capital (en la que el capital no se define como «valor en movimiento», sino como «dinero en movimiento»; o, aún más vulgarmente, que el capital no es más que dinero usado para hacer más dinero por cualquier medio posible). Ignorar por completo la contradicción entre dinero y valor es apartarse de una vía importante, aunque ciertamente complicada, para comprender los dilemas actuales de la acumulación de capital. Solo desde esta última perspectiva se puede ofrecer una crítica a los análisis que se basan cada vez más en la disección sofisticada de grandes conjuntos de datos, sin reconocer que la mayoría de los datos empíricos son medidas dinerarias que pueden divergir, y de hecho lo hacen, cuando no traicionan la relación social inmaterial que supuestamente representan. Y esto es así incluso sin introducir los problemas de cómo se crea y se apropia el dinero en el curso del movimiento del valor a través de los campos de la distribución. Cuando la Reserva Federal y el Banco Central Europeo se dedican a la flexibilización cuantitativa, crean dinero en ausencia de valor. Cuando ese dinero circula como capital que devenga intereses funciona como el antivalor que debe ser y supuestamente será amortizado por la producción futura de valor y plusvalor. Pero cuando el dinero liberado circula en los mercados de activos como la propiedad inmobiliaria, los títulos-valores y el arte, entonces el antivalor no se amortiza, aunque los ultrarricos se hagan aún más ricos con sus especulaciones. Existe entonces un fuerte incentivo para crear aún más

---

[20] F. Moseley, *Money and Totality: A Macro-Monetary Interpretation of Marx's Logic in Capital and the End of the "Transformation Problem"*, Leiden, Brill, 2015.

antivalor, para amortizar el que se emitió antes. El resultado no es solo el estancamiento secular en la producción de valores, sino la creación de un capitalismo de Ponzi que es el camino peligroso de expansión monetaria sin fin que venimos recorriendo últimamente. Si aceptamos una teoría puramente dineraria del capital, entonces resulta mucho más difícil formular las agudas críticas del capitalismo contemporáneo que Kurz y sus colegas han articulado. Perdemos el poder de desentrañar la contradicción referente a cómo la creciente concentración de riqueza dineraria necesariamente tiene lugar a expensas del resto de la humanidad, cuyos antojos, necesidades y deseos no están respaldados por la capacidad de pago. Esos antojos, necesidades y deseos de la gran mayoría de la población quedan insatisfechos, mientras los ricos acrecientan su gusto por los Picassos.

VI La cuestión de la tecnología

La cuestión de la tecnología es fundamental para entender la dinámica del capital en movimiento. Marx es uno de los comentaristas más incisivos y proféticos sobre este asunto, lo que no quiere decir que sus análisis sean completos o intachables. La tecnología, en combinación con la ciencia, es un tema importante a lo largo del Primer Volumen de *El capital,* pero lo es más aún, si cabe, en el Segundo Volumen. En el Tercer Volumen Marx se ocupa de algunas de las consecuencias del cambio tecnológico para las ganancias y las rentas, junto con comentarios ocasionales sobre ciertos aspectos tecnológicos y organizativos de la intermediación financiera y la circulación monetaria. La preocupación principal de Marx en *El capital* a este respecto es el papel de la tecnología y la ciencia en relación con la valorización del capital y la producción de mercancías. En los *Grundrisse* adopta una actitud más relajada y proporciona comentarios intensos, a veces especulativos y proféticos, sobre cuestiones tecnológicas; pero en sus obras no hay nada sustancial sobre las tecnologías de realización y circulación (aparte del transporte), o sobre la reproducción social (incluida la reproducción de la fuerza de trabajo), y tampoco examina sistemáticamente las tecnologías de la distribución. El resultado es una visión bastante unilateral del cambio tecnológico y organizativo.

Pero Marx tenía buenas razones para mantener esa posición. Los cambios técnicos y organizativos que tienen lugar en las sociedades humanas ocurren en cualquier lugar y por todo tipo de razones que afectan a todo tipo de actividades. A veces parece que el ingenio técnico y organizativo de los seres humanos no conoce límites. Algunas de las nuevas técnicas y formas de organización perduran, y otras no. La antigua China tuvo una larga historia de notables innovaciones técnicas y organizativas que no se generalizaron, o duraron poco. Solo bajo el capitalismo encontramos una fuerza sistemática y poderosa, capaz de impulsar un dinamismo tecnológico y organizativo sostenido y acumulativo en sus efectos. Esa fuerza, creía Marx, se concentra en el momento de la valorización por razones muy particulares; está configurada por la búsqueda perpetua de plusvalor relativo en el capitalismo[1].

Los capitalistas en competencia mutua venden sus productos a un precio social medio. Los que disponen de una tecnología o forma organizativa superior en la producción obtienen mayores ganancias (plusvalor relativo), porque producen con un menor coste de producción individual y venden con el promedio social. Por el contrario, los que solo disponen de una tecnología o forma organizativa inferior obtienen menores ganancias, o sufren pérdidas y son expulsados del negocio, o se ven obligados a adoptar los nuevos métodos. Los productores favorecidos tienen un incentivo en adoptar métodos aún mejores para preservar su cuota de mercado y sus mayores ganancias. Cuanto más feroz es la competencia, más probable es que se adopten innovaciones a medida que una empresa da un salto y otras se ponen al día o van incluso más allá de la combinación tecnológica y organizativa que refleja el promedio social. Las fuerzas que configuran el proceso laboral en el punto de valorización presionan incesantemente para aumentar la productividad de la fuerza de trabajo. Al aumentar la productividad del trabajo, disminuye el valor de los productos individuales. Si los bienes salariales se abaratan, entonces el valor de la fuerza de trabajo (suponiendo un nivel de vida físico fijo) disminuye, dejando más plusvalor para el capital. Todos los capitalistas pueden obtener más beneficios (más plusvalor relativo) del aumento de la productividad del trabajo en la producción de bienes salariales. El aumento del plusvalor relativo a veces va de la mano con un aumento del nivel de vida físico de los trabajadores. Todo depende del nivel de aumento de la productividad y de cómo se distribuyen entre capital y trabajo sus beneficios. Una pequeña parte del plusvalor relativo se devuelve a los trabajadores para que puedan adquirir más valores de uso, mientras que la mayor parte retorna al capital. Esto depende del estado de la lucha de clases (los sindicatos a menudo negocian en los contratos cláusulas para compartir las mejoras en la productividad). El

---

[1] *El capital*, vol. 1, cap. X, pp. 385-394.

impulso para producir plusvalor relativo refuerza la incesante presión en pro de los cambios tecnológicos y organizativos en la producción.

Para los capitalistas, las máquinas parecen ser lo que realmente son: una fuente de plusvalor adicional. Los capitalistas infieren de esto que las máquinas son una fuente de valor. Marx argumenta que no puede ser así: las máquinas son capital muerto o constante, y como tales no pueden producir nada por sí mismas. Parte del valor de la la máquina pasa al valor de la mercancía, pero lo hace como capital constante (es decir, capital que no cambia de valor a través de su uso). El trabajo vivo (y no el trabajo pasado) es la única fuente de plusvalor. Las máquinas simplemente ayudan a elevar la productividad de la fuerza de trabajo, de modo que el valor total permanezca igual, mientras el valor de las mercancías individuales cae. El resultado es una paradoja. Las máquinas, combinadas con la mano de obra, producen más plusvalor para el capitalista, aun cuando el valor producido permanece constante. La mayoría de los capitalistas (de acuerdo con la opinión popular) creen que las máquinas producen valor y tienden a actuar de acuerdo con esa creencia. Marx considera eso una visión fetichista. El fetichismo de la tecnología está muy generalizado, lo que tiene importantes consecuencias. Conduce, por ejemplo, a la creencia generalizada de que debe haber una solución tecnológica para cualquier problema social o económico.

La presunción en ese argumento es que la competencia está bien establecida y es feroz. ¿Pero qué sucede si no es así? Los capitalistas, después de todo, prefieren el monopolio u oligopolio a lo que a menudo denominan «competencia ruinosa». La fuerza impulsora detrás del dinamismo tecnológico se ve atenuada por el poder del monopolio; pero es desplazada, más que destruida. La forma social del plusvalor relativo, que se deriva de la reducción del valor de la fuerza de trabajo a través de la reducción del valor de los bienes salariales, permanece. Esto se logra a veces por medios políticos.

Marx ofrece un ejemplo de cómo funciona todo ello. En el siglo XIX los industriales británicos entendían que los niveles salariales estaban vinculados al precio del pan. Hicieron campaña (en alianza con los trabajadores) contra los intereses agrícolas de la aristocracia terrateniente para abolir los aranceles sobre el trigo importado, a fin de reducir el precio del pan. El objetivo de los industriales no era elevar el nivel de vida de los trabajadores (aunque a menudo lo proclamaban para conseguir el apoyo de los trabajadores), sino reducir los salarios y aumentar su plusvalor relativo (ganancias dinerarias). Predicaron el evangelio del libre comercio mientras les resultó ventajoso hacerlo². La situación actual en Estados Unidos es similar. Si el valor de la fuerza de trabajo viene fijado por el precio de, digamos, los zapatos Nike y las camisetas Gap, entonces el libre comercio en esos artículos es un evangelio que el capital encuentra conveniente predicar. Los precios bajos de Walmart en los productos importados del extranjero permiten la reducción del valor de la fuerza de trabajo y una tasa de ganancia creciente para todos los capitalistas estadounidenses. El problema es que los intereses de los fabricantes y trabajadores estadounidenses de esos sectores salen perdiendo frente a todos los demás sectores del capital que disfrutan de mano de obra barata vestida, alimentada y entretenida por importaciones baratas.

Pero hay otros incentivos para adoptar nuevas tecnologías, aparte de los derivados de la competencia ruinosa. Muchas innovaciones están diseñadas para quitarle poder al trabajador, tanto en el mercado como en el proceso laboral. Las tecnologías que desplazan el trabajo cualificado y el poder monopolista que algunas habilidades confieren a las estructuras de empleo menos cualificadas (del tipo de los trabajos que pueden realizar mujeres y niños, o, como lo expresó el experto en estudios de tiempo y movimiento Frederick Taylor, cualquier «gorila bien entrenado») son armas cruciales en la lucha de clases. «Pero la maquinaria no solo opera como competidor poderoso, irresistible, siempre dispuesto a convertir al asalariado en obrero "superfluo". El capital proclama y maneja a la maquinaria, abierta y tendencialmente, como *potencia hostil* al obrero. La misma se convierte en el *arma más poderosa* para reprimir las huelgas, esas revueltas periódicas del trabajo contra la *autocracia del capital*»³. La creación de un ejército de reserva industrial de trabajadores desempleados por medio del desempleo inducido tecnológicamente pone de relieve las adaptaciones tecnológicas que ahorran trabajo. Las innovaciones que mejoran la eficiencia y la coordinación, o aceleran los tiempos de rotación tanto en la producción como en la circulación, proporcionan más plusvalor al capital. La necesidad de la expansión de la producción para mantener la acumulación sin fin del capital crea un fuerte incentivo para ampliar el mercado de bienes existentes mediante la reducción de su precio de produc-

---

² *El capital,* vol. 1, cap. VIII.6, pp. 348-352.

³ *El capital,* vol. 1, cap. XIII.5, p. 515 [*MEW* 23, p. 459: «Die Maschinerie wirkt jedoch nicht nur als übermächtiger Konkurrent, stets auf dem Sprung, den Lohnarbeiter „überflüssig" zu machen. Als ihm feindliche Potenz wird sie laut und tendenziell vom Kapital proklamiert und gehandhabt. Sie wird das machtvollste Kriegsmittel zur Niederschlagung der periodischen Arbeiteraufstände, *strikes* usw. wider die Autokratie des Kapitals»].

ción o la creación de líneas de producción y sectores industriales totalmente nuevos (como la electrónica en las últimas décadas). La innovación en los productos y las nuevas tecnologías van de la mano. Esos incentivos existen incluso en condiciones de monopolio u oligopolio. Pero todos se concentran, en su mayor parte, en el punto de valorización. El resultado conjunto deviene en asegurar la dinámica continua y perpetuamente revolucionaria del cambio tecnológico y organizativo bajo el capitalismo, sin importar cuál sea el equilibrio entre competencia y poder de monopolio. Cuando la atenuación de la competencia produce estancamiento, la revitalización de la competencia se convierte en una prioridad incluso como objetivo de la política gubernamental. Los problemas de «estanflación» en las regiones centrales del capitalismo en la década de 1970 fueron abordados parcialmente mediante la apertura del comercio mundial a una estructura de competencia globalizada.

El análisis de Marx del cambio tecnológico puede concentrarse estrechamente en las fuerzas que afectan a la productividad de la fuerza de trabajo en el proceso de valorización, pero adopta un enfoque amplio para la cuestión de los medios desplegados. Reconoce, por ejemplo, la importancia del *software* y la forma de organización, además del *hardware* de las máquinas. Las computadoras y los teléfonos móviles necesitan que los programas y las aplicaciones sean efectivos, así como las redes de comunicación. Si usted se encuentra en algún lugar sin cobertura, toda la sofisticación disponible en su teléfono móvil es inútil. La evolución de las formas organizativas (como la moderna organización capitalista, las redes de comunicación y los institutos de investigación y universidades) ha sido tan importante como el desarrollo del *hardware* (la computadora y la línea de montaje delineada) y el *software* (diseño programado, aplicaciones de facilitación, programación óptima y sistemas de administración «justo a tiempo»). Si bien las distinciones de forma de *hardware* / *software* / organización son útiles e importantes, debemos aprender a reconocer cada una como una relación interna de la otra. Es posible escribir sobre la evolución del diseño del automóvil en sí misma, por supuesto, pero hacerlo como si las innovaciones de Henry Ford en la línea de montaje no hubieran desmepeñado ningún papel en la evolución posterior de la industria significa perder algo sustancial en esa historia. Sería como la historia de la computadora sin mencionar a Microsoft y las consecuencias políticas y sociales de internet.

Por circunscrito que sea su enfoque, el análisis de la tecnología de Marx se entrelaza con un enfoque más amplio de su papel en la trayectoria evolutiva del capital. «La tecnología», escribe Marx en una nota clave en *El capital,* «pone al descubierto el comportamiento activo del hombre con respecto a la Naturaleza y el proceso de producción inmediato de su existencia, y con él, asimismo, sus relaciones sociales de vida y las representaciones intelectuales que surgen de ellas»[4]. «Poner al descubierto» *[enthüllen]* no es lo mismo que «determinar».

Marx no era un «determinista tecnológico». La visión generalizada, común a muchos detractores y partidarios de Marx por igual, de que consideraba las transformaciones en las fuerzas productivas como el motor principal del cambio histórico es incorrecta. Cierto es que las relaciones contradictorias entre el dinamismo tecnológico y las relaciones sociales del capitalismo han desempeñado un papel importante y a menudo desestabilizador en la historia del capital, pero no era la única contradicción que operaba dentro de esa historia[5]. Del mismo modo, toda la historia puede tener que ver con la lucha de clases, pero está lejos de ser solo eso. Muchas de las frases cortas de Marx sobre temas de ese tipo son engañosas. Deberían contrastarse siempre con su trabajo sustantivo para averiguar si tienen algún sentido, y cuál. ¿Por qué, por ejemplo, escribió el Segundo Volumen del *El capital* bajo el supuesto de que no habría ningún cambio tecnológico, y no mencionó en absoluto la lucha de clases? ¿Es o no relevante el contenido del Segundo Volumen para la evolución del capital? La gran brega en cuanto a si deben entenderse como motor principal del desarrollo capitalista las fuerzas productivas o las relaciones sociales está fuera de lugar y confunde el problema, al no situar el estudio de la tecnología por Marx en el contexto de la totalidad de las relaciones que constituyen una formación social capitalista. También presupone, sin razón que lo justifique, que debe haber un único motor principal.

En el Primer Volumen de *El capital* Marx nos invita a considerar cómo interactúan y se relacionan los diferentes «momentos» o «facetas» enumerados anteriormente (a los que, en aras de la integridad, he agregado dispositivos institucionales del tipo descrito en el segundo capítulo del Primer Volumen).

---

[4] *El capital,* vol. 1, cap. XIII.1, p. 448 [*MEW* 23, p. 392: «Die Technologie enthüllt das aktive Verhalten des Menschen zur Natur, den unmittelbaren Produktionsprozeß seines Lebens, damit auch seiner gesellschaftlichen Lebensverhältnisse und der ihnen entquellenden geistigen Vorstellungen»].

[5] T. Subasat (ed.), *The Great Meltdown of 2008: Systemic, Conjunctural or Policy Created?,* Cheltenham, Edgar Elgar, 2016; N. Larsen, M. Nilges, J. Robinson y N. Brown (eds.), *Marxism and the Critique of Value,* Chicago, MCM Press, 2014.

Nuestras concepciones mentales dependen, por ejemplo, de nuestra capacidad para ver, medir y calibrar, y actualmente tenemos telescopios y microscopios, rayos X, escáneres CAT y muchos otros instrumentos para ayudarnos a entender cómo funcionan el cosmos y el cuerpo humano. Pero consideremos por qué alguien imaginó algo como un telescopio o un microscopio y luego encontró fabricantes de lentes y trabajadores del metal para fabricarlo, así como pautas para usarlo (a menudo enfrentándose a feroces críticas y ataques incluso físicos). El resultado ha sido el desarrollo mediante esos nuevos instrumentos de nuevas formas de ver, de nuevas concepciones del mundo de la naturaleza y de nuestro lugar en él. Como dijo una vez el poeta William Blake: «Lo que ahora se ha probado es algo que en otro tiempo solo se podía imaginar».

Las siete facetas –las tecnologías, la relación con la naturaleza, las relaciones sociales, el modo de producción material, la vida cotidiana, las concepciones mentales y los marcos institucionales– se relacionan dentro de la totalidad del capitalismo en un proceso de evolución ininterrumpida impulsado por la circulación continua del capital que funciona, por así decirlo, como motor de la totalidad. Los desarrollos en las siete facetas, cada una de las cuales es autónoma e independiente, pero se solapa y se relaciona con las demás, pueden mover la totalidad en una u otra dirección. Por la misma razón, la obstinación o la inmovilidad en torno a una faceta pueden obstaculizar las transformaciones en los procesos que ocurren en otras. Las innovaciones tecnológicas en la forma dinero no llevan a ningún sitio, como vimos antes, sin las mínimas transformaciones paralelas en las relaciones sociales, las concepciones mentales y los dispositivos institucionales. Las nuevas tecnologías (como internet y las redes sociales) prometen un futuro socialista utópico, pero, en ausencia de otras formas de acción, el capital se apodera de ellas y las incorpora a nuevas formas y modos de explotación y acumulación. Pero, por la misma razón, los cambios autónomos en una faceta pueden impulsar cambios dramáticos en cualquier otra. La aparición repentina de nuevos virus patógenos, como el VIH / sida, el virus del ébola o el zika, requiere una rápida adaptación en las siete facetas para poder controlarlos. La dificultad de organizarse para afrontar el cambio climático reside en que requerirá cambios drásticos en las siete facetas. El hecho de que algunas personas nieguen el problema (concepciones mentales) o crean ingenuamente que existe una solución tecnológica única (capitalismo verde), que se puede poner en práctica sin cambiar nada más (como las relaciones sociales dominantes y la vida cotidiana), condena esas iniciativas al fracaso.

La mayor parte de las investigaciones en las ciencias sociales tienden a favorecer alguna teoría de «palanca única» del cambio social. Los institucionalistas patrocinan las innovaciones institucionales, los deterministas económicos favorecen las nuevas tecnologías de producción, los socialistas y los anarquistas promueven la lucha de clases, los idealistas ponen el acento en los cambios en las concepciones mentales, los teóricos culturales se centran en las transformaciones en la vida cotidiana, y así sucesivamente. Marx no se puede ni se debe leer como un teórico de «palanca única», a pesar de que hay muchas interpretaciones de su obra que lo presentan así. El Primer Volumen de *El capital,* en particular, no se puede analizar de esa manera, a pesar del énfasis tremendo en el texto con respecto a los impactos de las adaptaciones y el dinamismo tecnológico. En la obra sustantiva de Marx no hay un primer motor, una causa primera, sino un cúmulo de movimientos a menudo contradictorios entre las diferentes facetas que deben descubrirse y resolverse.

Esto no significa que en ciertos lugares y momentos una u otra de esas siete facetas no cobre un papel principal en configuraciones alteradas o que se resisten tozudamente al cambio. Cuando hablamos de revoluciones tecnológicas, revoluciones culturales, revoluciones políticas, la revolución de la información o revoluciones en las concepciones mentales, así como contrarrevoluciones en cualquiera de, o en todos esos campos, estamos reconociendo la forma contingente en que la historia del capital como un todo se despliega y atraviesa las diferentes facetas. Marx esperaba, por supuesto, algún tipo de revolución socialista o comunista (y en varios momentos asumió una cierta visión teleológica del inevitable avance hacia el comunismo). Pero nunca pudo especificar qué configuración de esas siete facetas podría generar tales cambios. El fracaso del comunismo soviético puede atribuirse en gran medida al olvido de la necesaria interacción entre las siete facetas, en favor de una teoría de «palanca única» del camino correcto al comunismo por medio de revoluciones en las fuerzas productivas.

En sus estudios históricos más detallados, y también en *El capital,* Marx ilustra la contingencia de todo ello. Lo que constituye una revolución no es un movimiento político o un evento perturbador, como el asalto al Palacio de Invierno. La Revolución es un proceso continuo de movimientos en las diferentes facetas. El capital es intrínsecamente revolucionario, según Marx, porque es el valor en movimiento bajo las condiciones de crecimiento continuo e innovación tecnológica. Las transformaciones incesantes en la tecnología de la valorización repercuten en todos los rincones. Pero la revolución neoliberal fue tanto una revolución en las concepciones mentales populares, como una revolución institucional y tecnológica[6]. El cambio revolucionario consciente, en cambio, implica una redefinición y una reorientación de los movimientos existentes en todas las facetas. La gente puede cambiar sus concepciones mentales, pero eso no significa nada si no está dispuesta a cambiar sus relaciones sociales, su vida cotidiana, su relación con la naturaleza, su modo de producción y sus estructuras institucionales.

Pero si las formas organizativas y las modalidades de funcionamiento son tan importantes como el *hardware* y el *software,* y si la inserción de las relaciones sociales y de los conocimientos, habilidades y mentalidades en forma de *hardware* es ineludible, entonces toda la cuestión del significado e impacto de la tecnología sobre la vida social y nuestra relación con la naturaleza, junto con nuestras relaciones sociales, se vuelve mucho más complicada y difusa. Esta es, a mi juicio, la gran aportación de los comentarios de Marx en la nota clave del capítulo XIII.1 del Primer Volumen. Eliminar las certidumbres ligadas a un reduccionismo estrecho (tecnológico en el sentido *hardware,* en este caso) tiene la desventaja, no obstante, de tener que afrontar un mundo en el que todo se relaciona con todo lo demás. De ahí el anhelo, al que hay que resistirse, a buscar una causa primera. De ahí, también, la tendencia a fetichizar el cambio tecnológico, no solo como un primer motor, sino también como una panacea universal.

Como todo esto supone una lectura de la obra de Marx un tanto diferente de la que comúnmente propagan tanto los marxistas como los críticos de Marx, debo detenerme brevemente para proporcionar las pruebas al respecto, evidenciadas, en particular, por la propia estructura y la argumentación del Primer Volumen de *El capital*. El capital no podía surgir sin que estuvieran ya en funcionamiento ciertas condiciones. El intercambio de mercancías, un sistema monetario adecuado, un mercado laboral en funcionamiento, dispositivos institucionales mínimos (como una estructura jurídica que amparara el derecho y la propiedad privada) y un mercado de consumo capaz de absorber las mercancías producidas eran todos ellos requisitos previos mínimos (véase la figura 2 en la p. 20). También lo eran cierto nivel de productividad y habilidades de los trabajadores, junto con la disponibilidad de ciertos medios básicos de producción (como tierra, herramientas y otros instrumen-

---

[6] D. Harvey, *A Brief History of Neoliberalism,* Oxford: Oxford University Press, 2003 [ed. cast.: *Breve historia del neoliberalismo,* Madrid, Akal, 2007].

tos de trabajo, junto con infraestructuras físicas como el transporte). Marx reconocía que la productividad inicial del trabajo dependía de condiciones naturales (fertilidad y dones gratuitos de la naturaleza como saltos de agua, recursos minerales, procesos biológicos de crecimiento y reproducción de plantas y animales y similares), así como de las historias y logros culturales (la acumulación de habilidades, conocimientos, concepciones mentales, relaciones sociales habituales, disciplina temporal, etc.) de diferentes pueblos. Los dones gratuitos de la naturaleza y de la historia cultural de la naturaleza humana son la base para que comience en serio la acumulación de capital. Tales dones gratuitos siguen siendo de gran importancia, aun cuando el capital trate cada vez más de encerrarlos y privatizarlos y de extraer rentas de ellos (al imponer un precio sobre conocimientos que no tienen valor, por ejemplo).

Leyendo con atención el Primer Volumen de *El capital* se puede constatar con qué frecuencia vuelve Marx a reiterar todos esos puntos. En el cap. XXIV del Primer Volumen describe cuántas de esas condiciones previas se construyeron a través de los procesos de acumulación primitiva. Sin embargo, la clave del capital radica en la transformación de la fabricación de productos (algunos de los cuales pueden intercambiarse en un mercado) a la producción de plusvalor mediante la producción sistemática de mercancías para el mercado. Este último es el objetivo exclusivo de los productores directos que debemos definir como capitalistas.

El capital asume las condiciones y procesos existentes tal como los encuentra y los convierte en algo especialmente adaptado a los requisitos de un modo de producción capitalista. Y así sucede igualmente con las técnicas. Se apodera de antiguas capacidades de cooperación (como las exhibidas en la construcción de las pirámides egipcias) y las ensambla en una forma organizativa adecuada a la reproducción de una clase capitalista que busca aprovechar todas las ganancias en productividad derivadas de la cooperación y del aumento de las economías de escala. Al hacerlo, transforma las relaciones sociales entre capital y trabajo (con los capataces y los administradores intermedios) dentro del proceso de trabajo (véase el capítulo XI del Primer Volumen). Asimismo, asume las divisiones del trabajo preexistentes y las separa en divisiones planificadas del trabajo dentro de la forma capitalista y divisiones del trabajo en la sociedad, coordinadas mediante señales del mercado. Crea nuevas jerarquías dentro del proceso de trabajo y somete al capital y al trabajo a la disciplina del capital en la producción y la indisciplina de los anárquicos procesos del mercado (véase el capítulo XII del Primer Volumen). Radicaliza antiguas técnicas mediante las transformaciones en la escala de producción y la complejidad de los diferentes oficios reunidos bajo el mando del capital. Subdivide las divisiones del trabajo existentes en divisiones especializadas cada vez más finas, que forman parte de una totalidad mucho mayor. Finalmente, llega a un punto en que el capital necesita controlar el propio proceso de trabajo mediante la creación del sistema fabril.

Marx caracteriza este proceso como el paso de una subsunción formal del trabajo bajo el capital (coordinada mediante mecanismos de mercado), a una subsunción real (bajo la supervisión directa del capital)[7]. La tecnología se organiza sobre una base puramente capitalista, situando una fuente de energía externa más allá de la fuerza manual del obrero. El punto culminante llega con la producción de máquinas mediante otras máquinas (un vaticinio asombroso por parte de Marx, que solo ahora se está completando con el advenimiento de la inteligencia artificial). Obsérvese que la construcción de fuerzas productivas adecuadas para el modo de producción capitalista no llega hasta el final de esta secuencia, por lo que es muy difícil creer que las fuerzas productivas puedan ser el motor de la transformación histórica en la narración que Marx construye[8]. De hecho, son su resultado histórico. Sería típico de Marx argumentar que lo que en un momento es un resultado puede convertirse en un momento posterior en el principal agente motriz (lo que probablemente sea más cierto ahora que en el siglo XVIII, si hablamos de la tecnología y las formas organizativas). Pero, al estudiar esas transiciones, Marx describe cuidadosamente las demás transformaciones que deben ocurrir para que ese movimiento revolucionario se complete con éxito. Argumenta, por ejemplo, que la producción, que en otro tiempo se consideraba como un arte lleno de misterios que debían ser asimilados por los aprendices, debe convertirse en una ciencia que, cuando se combina con el control capitalista del proceso laboral, define, de hecho, a la tecnología como una esfera de acción específica del capital[9].

---

[7] *El capital*, Libro I, Capítulo VI (inédito) «Resultados del proceso inmediato de producción», Siglo XXI, 1971, 2001, pp. 54-90.

[8] D. Harvey, «Crisis Theory and the Falling Rate of Profit», en T. Subasat (ed.), *The Great Meltdown of 2008: Systemic, Conjunctural or Policy Created?,* Cheltenham, Edgar Elgar, 2016 [trad. al cast. en: encuentrocomunista.org/static/media/medialibrary/2017/09/Harvey-Kliman.pdf]; *El capital,* vol. 1, cap. XIII.9, p. 568 [*MEW* 23, p. 510].

[9] *El capital,* vol. 1, cap. XIII.1, p. 463 [*MEW* 23, p. 407].

Las sociedades precapitalistas tenían tecné, pero el capitalismo tiene una tecnología que no puede soportar los misterios, que analiza científicamente la naturaleza para ejercer el control sobre ella. Esto requirió un cambio de mentalidad no solo hacia la propia producción, sino también con respecto a la naturaleza, que debe interpretarse como un objeto muerto (en lugar de fecundo y vivo) abierto a la dominación y manipulación humanas (Marx cita a Descartes a este respecto)[10]. Mientras tanto, el trabajador se convierte en un «fragmento de un hombre» encerrado en una función particular dentro de la división del trabajo bajo la dominación de la máquina, en lugar de una persona completa, al mando de su propio proceso laboral[11]. La forma organizativa de la fábrica y el sistema fabril suponen una alteración radical, como hemos visto, de la producción artesanal. La destrucción de esta última y su transformación en trabajo fabril cambia la naturaleza de las relaciones sociales, como lo hace el empleo de mujeres y niños y la reconfiguración de la vida familiar y el trabajo dentro de las clases trabajadoras. Surge una nueva y más elevada forma de familia[12]. La flexibilidad y la fluidez demandadas al obrero «convierten en cuestión de vida o muerte sustituir esa monstruosidad de que se mantenga en reserva una miserable población obrera, pronta para satisfacer las variables necesidades de explotación que experimenta el capital, por la disponibilidad absoluta del ser humano para cumplir las variables exigencias laborales; el remplazar al individuo parcial, al mero portador de una función social de detalle, por el individuo totalmente desarrollado, para quien las diferentes funciones sociales son modos alternativos de ejercitarse»[13]. La regulación estatal se vuelve importante con respecto a la jornada laboral y las leyes fabriles, mientras que el Estado también regula la educación obligatoria para

---

[10] *El capital,* vol. 1, cap. XIII.2, p. 468, n. 111 [*MEW* 23, p. 411].

[11] *El capital,* vol. 1, cap. XII.5, p. 437 [*MEW* 23, pp. 381-82: «das Individuum selbst wird geteilt, in das automatische Triebwerk einer Teilarbeit verwandelt und die abgeschmackte Fabel des Menenius Agrippa verwirklicht die einen Menschen als bloßes Fragment seines eignen Körpers darstellt»].

[12] *El capital,* vol. 1, cap. XIII.9, pp. 571-572 [*MEW* 23, pp. 513-14].

[13] *El capital,* vol. 1, cap. XIII.9, p. 570 [*MEW* 23, p. 512: «Sie macht es zu einer Frage von Leben oder Tod, die Ungeheuerlichkeit einer elenden, für das wechselnde Exploitationsbedürfnis des Kapitals in Reserve gehaltenen, disponiblen Arbeiterbevölkerung zu ersetzen durch die absolute Disponibilität des Menschen für wechselnde Arbeitserfordernisse; das Teilindividuum, den bloßen Träger einer gesellschaftlichen Detailfunktion, durch das total entwickelte Individuum, für welches verschiedne gesellschaftliche Funktionen einander ablösende Betätigungsweisen sind»]..

garantizar una fuerza de trabajo que sepa leer y escribir y se adapte fácilmente a las necesidades cambiantes de los procesos laborales en evolución del capital. Todos estos cambios se mencionan en el capítulo XIII («Maquinaria y gran industria») del Primer Volumen.

Marx también señala que

> la transformación del modo de producción en una esfera de la industria exige una transformación similar en otras esferas [...] Así, por ejemplo, la hilandería mecánica creó la necesidad de la tejeduría mecánica, y entre ambas hicieron necesaria la revolución quimiomecánica en el blanqueado, el estampado y la tintorería. Así también la revolución en el hilado del algodón provocó la invención de la desmotadora de algodón [...] permitiendo que la producción de algodón se efectuara en la enorme escala actualmente requerida. Pero la revolución en el modo de producción de la industria y la agricultura hizo necesaria también, sobre todo, una revolución en las condiciones *generales* del proceso social de producción, es decir, *de los medios de comunicación y transporte*... (que) se *adaptaron* gradualmente al modo de producción de la industria a gran escala por medio de un sistema de vapores fluviales, ferrocarriles, vapores oceánicos y telégrafos[14].

En algún momento, sin embargo, la industria a gran escala «tuvo que hacerse cargo de la propia máquina, su propio instrumento de producción ca-

---

[14] Marx, *El capital,* vol. 1, cap. XIII.1, pp. 460-462 [*MEW* 23, pp. 404-405: «Die Umwälzung der Produktionsweise in einer Sphäre der Industrie bedingt ihre Umwälzung in der andren. Es gilt dies zunächst für solche Industriezweige, welche zwar durch die gesellschaftliche Teilung der Arbeit isoliert sind, so daß jeder derselben eine selbständige Ware produziert, sich aber dennoch als Phasen eines Gesamtprozesses verschlingen. So machte die Maschinenspinnerei Maschinenweberei nötig und beide zusammen die mechanisch-chemische Revolution in der Bleicherei, Druckerei und Färberei. So rief andrerseits die Revolution in der Baumwollspinnerei die Erfindung des gin zur Trennung der Baumwollfaser vom Samen hervor, womit erst die Baumwollproduktion auf dem nun erheischten großen Maßstab möglich ward. Die Revolution in der Produktionsweise der Industrie und Agrikultur ernötigte namentlich aber auch eine Revolution in den *allgemeinen* Bedingungen des gesellschaftlichen Produktionsprozesses, d.h. *den Kommunikations- und Transportmitteln.* [...] Abgesehn von ganz umgewälztem Segelschiffbau, wurde das Kommunikations- und Transportwesen daher allmählich durch ein System von Flußdampfschiffen, Eisenbahnen, ozeanischen Dampfschiffen und Telegraphen der Produktionsweise der großen Industrie *angepaßt*»].

racterístico, y *producir máquinas por medio de máquinas*. Comenzó así a crear su base técnica adecuada y a moverse por sus propios medios»[15]. Este es el único momento en *El capital* en el que Marx rastrea los efectos de la externalidad por medio de la cual se aseguró y completó lo que él llamaba «revolución industrial».

Finalmente, y quizá esto sea lo más importante, la propia tecnología se convierte en un negocio[16]. Con la invención de la máquina de vapor entró en funcionamiento una innovación que tenía múltiples aplicaciones dentro de los campos del transporte, la minería, el arado, la molienda, por no hablar de las fábricas con telares mecánicos. La analogía con los ordenadores actuales, que tienen innumerables aplicaciones, viene muy al caso. Una vez que la tecnología se convierte en negocio y produce una mercancía –nuevas tecnologías o formas organizativas–, hay que encontrar, o incluso crear, un nuevo mercado.

Ya no tratamos con el empresario individual, que trata de imaginar cómo mejorar la productividad inventando e innovando por su cuenta en un establecimiento productivo en particular, sino con un vasto sector de la industria especializado en la innovación y dedicado a vender innovaciones a todos los demás (tanto productores como consumidores). El tendero o ferretero de la esquina es engatusado, persuadido y finalmente forzado (por las autoridades fiscales) a adoptar cierta máquina de negocios sofisticada con el fin de administrar su inventario y llevar al día el seguimiento de ventas, compras e impuestos. El coste o carga de tal tecnología puede llevar a la quiebra a las tiendas pequeñas en favor de los supermercados y centros de descuento, lo que favorece la creciente centralización del capital. La adopción de muchas de esas innovaciones depende de su capacidad para disciplinar y quitar poder a la mano de obra, elevar la productividad del trabajo y aumentar la eficiencia y la velocidad de rotación del capital, tanto en la producción como en la circulación. El capitalismo en su conjunto se entusiasma, como resultado, con el cambio tecnológico y la certeza del progreso económico. La creencia fetichista en los arreglos e innovaciones tecnológicos como respuesta para todos los problemas se hace más profunda, como la falsa idea de

---

[15] *El capital,* vol. 1, cap. XIII.1, p. 461 [*MEW* 23, p. 405: «Die große Industrie mußte sich also ihres charakteristischen Produktionsmittels, der Maschine selbst, bemächtigen und Maschinen durch Maschinen produzieren. So erst schuf sie ihre adäquate technische Unterlage und stellte sich auf ihre eignen Füße»].

[16] *EFCEP,* vol. 2, pp. 228-230 [*MEW* 42, pp. 600-602].

que ese debe ser el primer motor. Esta creencia fetichista es alimentada por el sector del capital que transforma la innovación y tecnología en grandes negocios con consultores organizados para el tráfico de recetas para una mejor administración, empresas farmacéuticas que crean remedios para enfermedades que no existen, y expertos en informática que insisten en sistemas de automatización que nadie puede entender, salvo algunos expertos. Los empresarios y las corporaciones capitalistas adoptan innovaciones no porque quieran, sino porque son persuadidos o tienen que hacerlo para adquirir o mantener su cuota de mercado y garantizar así su reproducción como capitalistas.

No es preciso aceptar el aparato conceptual de Marx para entender la contundencia de sus argumentos sobre los orígenes del fetichismo tecnológico. El fetichismo no es puramente imaginario y tiene una base muy real. Parece como si la productividad fuera el alfa y el omega del crecimiento y la estabilidad capitalista y como si la tasa de ganancia estuviera crucialmente determinada por ella. Cuando Alan Greenspan argumenta que la cuestión del aumento de productividad aparece como decisiva para la dinámica del capitalismo estadounidense, no se está lanzando a divagaciones ficticias. El peligro, como hemos visto en la reciente turbulencia en los mercados de capitales, está en atribuir a los aumentos de productividad un papel que simplemente no pueden cumplir. Los aumentos de productividad han contribuido a producir el malestar actual, vinculado a la inestabilidad y volatilidad. Los estancamientos en la productividad también producen serios problemas para la espiral de la acumulación sin fin del capital[17]. Sería totalmente equivocado (y fetichista), por tanto, buscar una solución tecnológica para resolver los dilemas actuales de inestabilidad económica. Lo más probable es que tenga que hallarse en una transformación de las relaciones sociales y políticas, así como de las concepciones mentales, los sistemas de producción y todas las demás facetas del proceso evolutivo, en combinación con los cambios tecnológicos y organizativos apropiados para fines sociales determinados.

Eso no significa que el impulso general de la evolución tecnológica sea arbitrario y sin rumbo. La creencia fetichista en las soluciones tecnológicas respalda la opinión naturalista de que el progreso tecnológico es a la vez inevitable y bueno, y de que no hay forma de que podamos o ni siquiera de-

---

[17] R. Gordon, *The Rise and Fall of American Growth: The U.S. Standard of Living since the Civil War,* Princeton, Princeton University Press, 2016.

bamos tratar de controlarlo, redirigirlo y mucho menos limitarlo colectivamente. Pero es precisamente característico de las construcciones fetichistas incorporar a la acción social las creencias míticas. Aunque esas creencias pueden tener una fundamentación material, pronto escapan a las limitaciones materiales, para tener, una vez aplicadas, notables consecuencias materiales.

Considérese, por ejemplo, el control sobre el proceso de trabajo, que siempre ha sido decisivo para la valorización. La fantasía de que el trabajador puede convertirse en un mero apéndice de la circulación de capital tiene sus raíces en ese proceso, y eso es lo que pretendían, como objetivo principal, muchos innovadores industriales. Un industrial francés, famoso por sus innovaciones en la industria de la máquina herramienta, proclamó abiertamente que sus tres objetivos eran aumentar la precisión, incrementar la productividad y quitar poder a los trabajadores[18]. El sistema fabril, el taylorismo, la automatización, la robotización y el desplazamiento en último término del trabajo vivo mediante la inteligencia artificial (IA) responden a ese deseo. Excepto en los relatos de ciencia ficción, los robots no se quejan, no replican, no denuncian, no enferman, no pierden el ritmo ni la concentración, no se declaran en huelga, no exigen mayores salarios, no se preocupan por las condiciones de trabajo, no solicitan pausas para el bocadillo ni se ausentan del trabajo o simplemente no aparecen[19]. La fantasía fetichista del control total sobre el trabajador, y el desplazamiento en último término del obrero por la tecnología, tienen sus raíces en el imperativo de aumentar la productividad por cualquier medio posible.

En el mercado de trabajo, el desempleo inducido por la tecnología debilita la capacidad negociadora de los trabajadores. La descapacitación y la homogeneización de los procesos laborales eliminan el poder monopolista que deriva de las habilidades laborales no reproducibles artificialmente. John Stuart Mill consideraba «discutible que todos los inventos mecánicos realizados hasta el presente hayan aliviado la faena cotidiana de algún ser humano». Que esto fuera tan obvio, argumentaba Marx, se debía a que el objetivo de la maquinaria empleada por el capital es extraer más ganancias del trabajo y no aligerar su carga[20]. De vez en cuando se reconoce que la fantasía del control

---

[18] D. Poulet, *Le Sublime,* París, 1980.

[19] E. Brynjolfsson y A. McAfee, *The Second Machine Age: Work, Progress, and Prosperity in a Time of Brilliant Technologies,* Nueva York, Norton, 2014.

[20] *El capital,* vol. 1, cap. XIII.1, p. 447 [*MEW* 23, p. 391].

total sobre la fuerza de trabajo mediante la tecnología mecánica es prácticamente inalcanzable, y por eso los capitalistas recurren a formas organizativas de cooperación, colaboración, autonomía responsable, círculos de calidad, especialización flexible *e tutti quanti*. El capital puede hacerse cargo de cualquier forma organizativa que los propios trabajadores puedan proponer y moldearla para su propio propósito, que es la producción de plusvalor. El sueño se convierte, así, en una pesadilla, ya sea el monstruo de Frankenstein o el ordenador HAL de *2001: una Odisea del Espacio:* adquiere una volición propia, del mismo modo que los replicantes de *Blade Runner* tratan de perpetuarse e independizarse. Los poderes oscuros del antivalor emergen de las sombras para desafiar los controles laborales.

Si el trabajo vivo es la fuente del valor y el beneficio, sustituirlo por mano de obra muerta o robótica no tiene sentido ni política ni económicamente. Esta, desde el punto de vista de Marx, era una de las contradicciones centrales del capitalismo, al socavar la capacidad de este para seguir una vía de crecimiento equilibrada; pero también produce las consecuencias no intencionadas que Marx explica en los *Grundrisse:*

> En la medida, sin embargo, en que la gran industria se desarrolla, la creación de la riqueza efectiva se vuelve menos dependiente del tiempo de trabajo y de la cantidad de trabajo empleado que del poder de los agentes puestos en movimiento durante el tiempo de trabajo, poder que a su vez -su *powerful effectiveness*– no guarda relación alguna con el tiempo de trabajo inmediato que cuesta su producción, sino que depende más bien del estado general de la ciencia y del progreso de la tecnología, o de la aplicación de esta ciencia a la producción. (El desarrollo de esta ciencia, esencialmente de la ciencia natural, y con ella de todas las demás, está a su vez en relación con el desarrollo de la producción material.) [...] El trabajador [...] inserta el proceso natural, al que transforma en industrial, como medio entre sí mismo y la naturaleza inorgánica, a la que domina. Se presenta al lado del proceso de producción, en lugar de ser su agente principal. En esta transformación lo que aparece como el pilar fundamental de la producción y de la riqueza no es ni el trabajo inmediato ejecutado por el hombre ni el tiempo que este trabaja, sino la apropiación de su propia fuerza productiva general, su comprensión de la naturaleza y su dominio de la misma gracias a su existencia como cuerpo social; en una palabra, el desarrollo del individuo social [...]. *El robo de tiempo de trabajo ajeno, sobre el cual se funda la riqueza actual,* aparece como una base miserable

comparado con este fundamento, recién desarrollado, creado por la gran industria misma. Tan pronto como el trabajo en su forma inmediata ha cesado de ser la gran fuente de la riqueza, el tiempo de trabajo deja, y tiene que dejar, de ser su medida y por tanto el valor de cambio [deja de ser la medida] del valor de uso. El *plustrabajo de la masa* ha dejado de ser condición para el desarrollo de la riqueza social, así como el *no-trabajo de unos pocos* ha cesado de serlo para el desarrollo de los poderes generales del intelecto humano. Con ello se desploma la producción fundada en el valor de cambio [...] El capital en sí es la contradicción móvil, que presiona para reducir el tiempo de trabajo al mínimo, mientras que pospone el tiempo de trabajo, en el otro lado, como única medida y fuente de riqueza... Por un lado, llama a vivir todos los poderes de la ciencia y de la naturaleza, como la combinación social y las relaciones sociales, para hacer que la creación de riqueza sea independiente (relativamente) del tiempo de trabajo empleado en ella. Por otro lado, quiere usar el tiempo de trabajo como la vara de medir para las gigantescas fuerzas sociales creadas de ese modo, y confinarlas dentro de los límites requeridos para mantener el valor ya creado como valor...[21]

Esto se ha subrayado como una contradicción central en la evolución del capital y tiene consecuencias de gran alcance.

Una vez que la tecnología se convirtió en un negocio, hizo lo que todos los negocios deben hacer para ampliar su alcance: construir nuevos mercados y atraer la inversión del capital que devenga interés para sostener y mejorar su posición como una esfera próspera de creación de valor y plusvalor dentro de la división general del trabajo. Cuando Marx escribía, ese negocio estaba todavía en una fase incipiente y formativa, pero reconoció claramente que las industrias de máquina- herramienta y de ingeniería mecánica (con la máquina de vapor como principal artilugio) estaban destinadas a desempeñar un papel importante en el sector de la tecnología mediante la creación de tecnologías genéricas. Pero Marx, concentrado como estaba en el Primer Volumen de *El capital* en el proceso de valorización, no profundizó en las nuevas tecnologías y formas organizativas surgidas en torno a la realización y el consumo, en torno a la reproducción social (incluida la reproducción de la fuerza de trabajo). Las tecnologías que en la actualidad funcionan en un hogar promedio en Estados Unidos están lejos de cualquier cosa que Marx

---

[21] *EFCEP,* vol. 2, pp. 227-229 [*MEW* 42, pp. 600-602].

pudiera haber imaginado. Tampoco investigó en detalle los complicados ámbitos de la distribución (aunque reconoció la importancia de formas de organización industrial, como la sociedad anónima y las innovaciones en el mundo de la banca y las finanzas, junto con la floreciente esfera de la creación de antivalor en el sistema crediticio). Marx tenía muy poco que decir acerca de las rápidas transformaciones que ocurrían en el campo de las infraestructuras físicas, aunque evidentemente los canales, los buques de vapor, los ferrocarriles, los telégrafos y la iluminación de gas, junto con la mejora del suministro de agua potable y la depuración de aguas residuales, merecieron su atención, registrando apenas las tecnologías de administración estatal, salud pública, educación e innovación militar. Esta última ha sido durante mucho tiempo un importante centro de innovación con respecto al diseño de nuevos productos y nuevos modos de organización, *software* y *hardware*. Los modos militarizados de vigilancia, control y regulación se han generalizado. La tecnología como negocio no se ha dejado frenar por ninguna inhibición a la hora de penetrar allí donde Marx no llegó a aventurarse. Ha colonizado a fondo todas esas áreas.

La impresión que nos queda de la lectura de Marx es la de la circulación del capital con una combinación tecnológica en constante cambio, a menudo muy perturbador, en el punto de producción, mientras que el resto del proceso de circulación a través de la realización, distribución e inversión permanece intacto. La verdad es, por supuesto, que las tecnologías de la circulación también han cambiado drásticamente. La pregunta que esto plantea es hasta qué punto las ideas y comentarios de Marx se sostienen ante el escrutinio contemporáneo, dados sus obvios puntos ciegos.

Creo que nadie afirmaría que los cambios tecnológicos en la esfera de la valorización son irrelevantes. En la medida en que Marx muestra, mediante su estudio, que el capital debe ser tecnológicamente dinámico, eso se extiende a una afirmación universal sobre la naturaleza del capital desde su época hasta la nuestra. El cambio tecnológico y organizativo es endógeno e innato, más que exógeno y accidental (como a menudo se presenta en otras versiones).

Marx reconoce varios hechos afines. En primer lugar, las innovaciones en una esfera tienen efectos externos que proliferan hacia todas las demás, por lo que existe una difusión consecuente de impulsos tecnológicos y organizativos en la totalidad del sistema capitalista. En segundo lugar, cuando la tecnología se convierte en un negocio dependiente, ya no responde únicamente a sus propias necesidades, sino que crea innovaciones que tienen que encontrar y definir nuevos mercados. Tiene que crear nuevos antojos, necesidades y deseos no solo entre los productores (a través del consumo productivo), sino también, como vemos a diario a nuestro alrededor, entre los consumidores finales. Ese negocio prospera y promueve activamente la creencia fetichista en soluciones tecnológicas para todos los problemas.

En tercer lugar, la forma en que Marx sitúa esos cambios tecnológicos en relación con las concepciones mentales, las relaciones sociales, la relación con la naturaleza, la vida cotidiana, la materialidad de la producción mercantil y los dispositivos institucionales del Estado y la sociedad civil se mantiene inalterada, como un modo de pensar que necesita desesperadamente una mayor articulación. Desde esta perspectiva, que me parece una forma brillante de organizar nuestro propio pensamiento crítico, es posible atacar todas esas teorías monocausales del cambio social, incluida la que con demasiada frecuencia cuelga en torno al cuello de Marx.

Por último, las oscuras indicaciones de Marx sobre el pensamiento y la política erróneas que derivan del fetichismo tecnológico exigen atención. La idea, por ejemplo, de que la construcción de ciudades inteligentes, gestionadas mediante la excavación de gigantescos conjuntos de datos, puede ser la respuesta a todos los males urbanos, de modo que desaparecerían la pobreza, las desigualdades, las discriminaciones de clase y raciales y la extracción de riqueza mediante desalojos y otras formas de acumulación por desposesión, es claramente ridícula. Es contraproducente, si no contrarrevolucionaria. Crea una bruma fetichista –una gran distracción– entre el activismo político y las realidades, los placeres y las tribulaciones de la vida urbana cotidiana que deben abordarse.

Llevamos mucho tiempo creyendo en la inevitabilidad del progreso tecnológico y organizativo. En los últimos tiempos ha merecido algunas severas críticas y, si hay que creer a la cultura popular contemporánea, se ha visto desafiada por imaginerías distópicas. Marx muestra una manera de salir de ese binomio utópico / distópico y de buscar vías tecnológicas prácticas que aborden la necesidad urgente de nuevas relaciones sociales, nuevas concepciones mentales, nuevas relaciones con la naturaleza y todas las demás transformaciones que se requerirán para salir del marasmo actual. La tendencia a fetichizar la tecnología es un obstáculo que eliminar y en ese punto Marx es un buen crítico. Sin embargo, también es cierto que la gama de combinaciones y posibilidades tecnológicas que nos rodea es mayor de lo que ha sido nunca en la historia de la humanidad. En este punto, la visión marxista básica se mantiene: el problema para la política emancipadora es liberar las inmensas fuerzas productivas de sus limitaciones sociales y políticas; en resumen, de su dominación por el capital y una forma particularmente nociva de un aparato estatal de mente imperial y cada vez más autoritario. Esa tarea no puede ser más clara.

VII   El espacio y el tiempo del valor

En una carta dirigida a Ludwig Kugelmann poco después de la publicación del Primer Volumen de *El capital*, Marx le decía: «La tarea de la ciencia consiste, concretamente, en explicar *cómo* se manifiesta la ley del valor»[1]. Es típico del enfoque de Marx derivar y especificar primero una ley mediante un proceso de abstracción de las circunstancias materiales (como los actos de intercambio en el mercado), y luego explorar todas las contratendencias posibles que pudieran negar la ley. «Si se quisieran "aclarar" por adelantado todos los fenómenos aparentemente contrarios a la ley –escribió–, uno tendría que proporcionar la ciencia *antes* de la ciencia.» Consideremos, pues, cómo se reafirma en el espacio y el tiempo la ley del valor, hasta ahora explorada de forma abstracta y esquemática, como valor en movimiento.

Si el capital se define como «valor en movimiento», algo habrá que decir acerca de la configuración espaciotemporal del mundo en el que se produce ese movimiento. El movimiento no puede ocurrir en el vacío. Necesitamos pasar de una visualización del valor en movimiento sin conexión con la tierra a algo que crea geografías de ciudades y redes de transporte; configura paisajes agrarios para la producción de alimentos y materias primas; abarca flujos

---

[1] Marx a Ludwig Kugelmann en Hannover, Londres, 11 de julio de 1868, en *MEW* 32, p. 552: «Die Wissenschaft besteht eben darin, zu entwickeln, *wie* das Wertgesetz sich durchsetzt. Wollte man also von vornherein alle dem Gesetz scheinbar widersprechenden Phänomene "erklären", so müßte man die Wissenschaft *vor* der Wissenschaft liefern» [ed. cast.: https://www.marxists.org/espanol/me/cartas/m11768.htm].

de personas, bienes, información; crea configuraciones territoriales de los valores de la tierra y las habilidades laborales; organiza espacios de trabajo, estructuras de gobierno y administración. También debemos tener en cuenta la importancia de las tradiciones acumuladas por los trabajadores y el *knowhow* en lugares y momentos particulares, las habilidades y relaciones sociales (no solo de clase), reconociendo, a la vez, que las luchas políticas y sociales de la gente que vive en lugares particulares dejan tras de sí recuerdos y esperanzas de modos de vivir y de ser alternativos, no enajenados.

Marx reconoció desde muy pronto que era propio de la naturaleza misma del capital crear el mercado mundial, pero que al hacerlo tendría que producir un nuevo tipo de espacio. Ese tema es tratado con cierto detalle en el *Manifiesto Comunista*. Los capitalistas mercantiles socavaron los poderes estáticos de la propiedad terrateniente feudal. Usaron su mayor control sobre el espacio para reunir gran riqueza y poder comprando barato en un lugar y vendiendo caro en otro. Con el auge del capitalismo industrial, «la necesidad de vender cada vez más ampliamente sus productos espolea a la burguesía a recorrer el mundo entero. Necesita anidar en todas partes, establecerse en todas partes, crear vínculos en todas partes». Esto da

> un carácter cosmopolita a la producción y al consumo de todos los países […] Las antiguas industrias nacionales han sido destruidas y siguen siéndolo a diario. Son desplazadas por nuevas industrias, cuya introducción se convierte en cuestión vital para todas las naciones civilizadas; por industrias que ya no emplean materias primas autóctonas, sino venidas de las regiones más lejanas del mundo, y cuyos productos no se consumen únicamente en el propio país, sino en todas las partes del globo […] En lugar de las antiguas necesidades, satisfechas con productos nacionales, surgen necesidades nuevas, que reclaman para su satisfacción productos de los países más apartados y de los climas más diversos. En lugar de la antigua autosuficiencia y aislamiento local y nacional, se establece un intercambio universal, una interdependencia universal de las naciones.

Las revoluciones en los medios de transporte y en las comunicaciones arrastran a la civilización a todas las naciones, mientras que «los bajos precios de sus mercancías constituyen la artillería pesada que derrumba todas las murallas de China […]. Obliga a todas las naciones, si no quieren perecer, a adoptar el modo burgués de producción, las constriñe a introducir la llamada civilización, es decir, a hacerse burguesas. En una palabra, forja un mundo a su imagen y semejanza».

He ahí una evocación asombrosamente profética de los procesos que en los últimos tiempos venimos llamando «globalización». Pero eso no es todo:

> La burguesía ha sometido el campo al dominio de la ciudad. Ha creado urbes inmensas [...] suprime cada vez más la fragmentación de los medios de producción, de la propiedad y de la población. Ha aglomerado la población, ha centralizado los medios de producción y ha concentrado la propiedad en manos de unos pocos. La consecuencia obligada de todo ello ha sido la centralización política. Provincias independientes con intereses, leyes, gobiernos y aduanas diferentes, unidas entre sí casi únicamente por lazos circunstanciales, se han visto agrupadas en *una* sola nación, bajo *un* solo Gobierno, *una* sola ley, *un* solo interés nacional de clase y *una* sola frontera aduanera[2].

Los procesos que condujeron a la unificación de Alemania e Italia a fines del siglo XIX y a la creación de la Unión Europea, la Organización Mundial del Comercio (OMC) y el poderoso Fondo Monetario Internacional (FMI) en el siglo XX ya eran detectables entonces.

Encontramos apreciaciones similares en los *Grundrisse:*

> Una condición de la producción basada en el capital es *la producción de una esfera de la circulación constantemente ampliada* [...] la producción de *plusvalor relativo* [...] requiere la producción de nuevo consumo; [...] *Primeramente:* ampliación cuantitativa del consumo existente; *segundo:* creación de nuevas necesidades, difundiendo las existentes en un círculo más amplio; *tercero:* producción de *nuevas* necesidades y descubrimiento y creación de nuevos valores de uso. [...] El capital, conforme a esta tendencia suya, pasa también por encima de las barreras y prejuicios nacionales, así como sobre la divinización de la naturaleza; liquida la satisfacción tradicional, encerrada dentro de determinados límites y pagada de sí misma, de las necesidades existentes y la reproducción del viejo modo de vida. Opera destructivamente contra todo esto, es constantemente revolucionario; derriba todas las barreras que obstaculizan el desarrollo de las fuerzas productivas, la ampliación de las ne-

---

[2] *Manifiesto Comunista,* edición bilingüe, Madrid, Akal, 2018, p. 55.

cesidades, la diversidad de la producción y la explotación e intercambio de las fuerzas naturales y espirituales[3].

La ley del valor interioriza ese imperativo para formar el mercado mundial y reconfigurar las geografías de la producción y el consumo a imagen del propio capital. «Es solo el comercio exterior, el desarrollo del mercado hasta hacerse mercado mundial, lo que hace que el dinero se convierta en dinero mundial y el *trabajo abstracto* en trabajo social. La riqueza abstracta, el valor, el dinero, y por tanto el *trabajo abstracto,* se desarrollan en la medida en que el trabajo concreto se convierte en una totalidad de modos diferentes de abarcar el mercado mundial... Esto es a la vez condición previa y resultado de la producción capitalista»[4].

Para que todo ello suceda, las barreras físicas al movimiento deben reducirse. En la época de Marx, la proliferación de buques de vapor y ferrocarriles, la construcción de puertos, canales y carreteras, eran muy evidentes. La invención del telégrafo permitió que los precios de cierre del trigo en Buenos Aires, Chicago y Danzig se imprimieran al día siguiente, cuando se abrían los mercados en Liverpool y Londres. Esto requirió una gran inversión en costosas infraestructuras físicas de larga duración que cambiaron la faz de la tierra y facilitaron los flujos geográficos de mercancías y de capital dinerario. Desde

---

[3] *EFCEP,* vol. 1, pp. 359-62 [*MEW* 42, pp. 321-23: «Eine Bedingung der auf dem Kapital basierten Produktion ist daher *die Produktion eines stets erweiterten Zirkels der Zirkulation* [...] Andrerseits, die Produktion von *relativem Surpluswert,* [...] erheischt Produktion neuer Konsumtion [...] Erstens: Quantitative Erweiterung der bestehenden Konsumtion; zweitens: Schaffen neuer Bedürfnisse dadurch, daß vorhandne in einem größeren Kreis propagiert werden; *drittens:* Produktion *neuer* Bedürfnisse und Entdeckung und Schöpfung neuer Gebrauchswerte. [...] Das Kapital treibt dieser seiner Tendenz nach ebensosehr hinaus über nationale Schranken und Vorurteile wie über Naturvergötterung und überlieferte, in bestimmten Grenzen selbstgenügsam eingepfählte Befriedigung vorhandner Bedürfnisse und Reproduktion alter Lebensweise. Es ist destruktiv gegen alles dies und beständig revolutionierend, alle Schranken niederreißend, die die Entwicklung der Produktivkräfte, die Erweiterung der Bedürfnisse, die Mannigfaltigkeit der Produktion und die Exploitation und den Austausch der Natur- und Geisteskräfte hemmen»].

[4] *Theorien über den Mehrwert, Band 3* [no "2"], cap. XXI.1.c, *MEW* 26.3, p. 250: «Es ist aber nur der foreign trade, die Entwicklung des Markts zum Weltmarkt, die das Geld zum Weltgeld und die *abstrakte Arbeit* zur gesellschaftlichen Arbeit entwickelt. Der abstrakte Reichtum, Wert, Geld - hence die *abstrakte Arbeit* entwickelt sich in dem Maße, worin die konkrete Arbeit zu einer den Weltmarkt umfassenden Totalität verschiedner Arbeitsweisen entwickelt. [...] Dies also sowohl Voraussetzung als Resultat der kapitalistischen Produktion».

tiempos de Marx, las innovaciones y las inversiones de este tipo han ocupado un lugar preponderante en la historia tecnológica del capital. «Por tanto, mientras que el capital por un lado debe tender a derribar todas las barreras espaciales al intercambio, y a conquistar toda la tierra para su mercado, por otro lado se esfuerza por aniquilar este espacio por medio del tiempo [...] Cuanto más desarrollado está el capital [...] tanto más se esfuerza simultáneamente por extender aún más su mercado y por una mayor aniquilación del espacio por el tiempo»[5]. De ahí el sueño utópico del capital de operar en un mundo espacial sin fricción (algo logrado en gran medida con la movilidad del ciberdinero). Esto no torna irrelevante el papel de las diferencias geográficas: aumenta su importancia, porque el capital dinerario ahora puede moverse sin coste para explotar incluso pequeñas diferencias en las condiciones de producción, a fin de generar mayores ganancias. Las poblaciones trabajadoras de todo el mundo compiten entre sí. Un mercado mundial de oferta de mano de obra, forjado por la hipermovilidad del capital dinerario, se está convirtiendo en una realidad cada vez más evidente. Claramente, la reducción de las barreras físicas al comercio internacional debe ir acompañada por la reducción de las barreras sociales, políticas y culturales: de ahí la hegemonía de la ideología del libre comercio, incluso frente a la resistencia pública.

La circulación y la acumulación de capital se producen en un espacio y tiempo específicamente organizados, y a su vez definen y redefinen simultáneamente los tiempos y espacios en los que se mueve. Marx saludaba ese quebranto de las formas tradicionales de vida, «incrustadas», como una especie de paso intermedio entre lo antiguo y lo moderno. Estaba decididamente del lado de lo moderno e incluso tenía cosas positivas que decir acerca de la influencia civilizadora del capital en el ser humano. Pero lo que está sólidamente «incrustado» no se «disuelve fácilmente en el aire», como sugería en el *Manifiesto Comunista,* y las poblaciones no se iban a someter tan fácilmente al nuevo aparato disciplinario del espacio y el tiempo que el capital exigía. Más aún, apenas se habían adaptado a las nuevas condiciones de la industrialización capitalista, otra oleada de trastornos barría la tierra, dejando tras de sí un de-

---

[5] *EFCEP,* vol. 2, pp. 30-31 [*MEW* 42, p. 445: «Während das Kapital also einerseits dahin streben muß, jede örtliche Schranke des Verkehrs, i.e. des Austauschs niederzureißen, die ganze Erde als seinen Markt zu erobern, strebt es andrerseits danach, den Raum zu vernichten durch die Zeit [...] Je entwickelter das Kapital [...] desto mehr strebt es zugleich nach größrer räumlicher Ausdehnung des Markts und nach größter Vernichtung des Raums durch die Zeit»].

tritus de paisajes industriales abandonados y poblaciones desechables y descontentas. La desindustrialización que destruyó comunidades enteras y desalojó a la clase trabajadora industrial tradicional en gran parte de América del Norte y Europa, desde la década de 1980 en adelante, nos cuenta una historia bastante diferente. El arraigo en un lugar es para muchos una virtud. Su defensa en contra de los poderes convulsivos desencadenados por la acumulación sin fin de capital se convierte en una línea fundamental de la lucha anticapitalista. El anhelo y la búsqueda de relaciones sociales y con la naturaleza no enajenadas no pueden ignorar los procesos de construcción del lugar como vía para edificar una vida diaria mejor. La relación dialéctica entre el espacio y el lugar es decisiva para comprender tanto los aspectos constructivos como los destructivos del movimiento del capital en el espacio y en el tiempo.

Algunos aspectos de este problema están insertos en la propia dinámica del capitalismo. Una vez que las inversiones se integran en la tierra en un lugar particular, el capital tiene que usarlas en ese lugar para que no se devalúen. El movimiento del capital está limitado espacialmente por las inversiones dedicadas a aumentar su movimiento fluido en un ámbito espacial cada vez mayor. La aniquilación del espacio por el tiempo es un fenómeno importante dentro del impulso para remodelar los espacio-tiempos relativos del mercado mundial. Pero ese imperativo no implica necesariamente una dispersión espacial, porque la aglomeración en determinados lugares puede ser igual de efectiva. La búsqueda de economías en el tiempo de circulación, que limiten la pérdida de valor, puede pretenderse de diferentes maneras. Las industrias economizan en costes y tiempos de circulación mediante la agrupación conjunta en el espacio. Las economías de aglomeración y las configuraciones eficientes de las redes de transporte y comunicación desempeñan un papel clave en la reducción de los tiempos de circulación y en la retención de un mayor plusvalor para el capital. Las mejoras en los medios de transporte tienden «hacia la dirección del mercado de salida ya existente, y por tanto hacia los grandes centros de producción y de población, hacia los puertos de exportación, etc. Por otra parte, esa particular facilidad del tráfico y de la rotación de capital acelerada por la misma […] dan lugar a una concentración más rápida, tanto de los centros de producción como de los mercados»[6].

---

[6] *El capital*, vol. 2, cap. XIV, p. 285 [*MEW* 24, p. 253: «nach der Richtung auf den bereits vorhandnen Absatzmarkt hin, also nach den großen Produktions- und Bevölkrungszentren, nach Exporthäfen usw. Andrerseits bewirkt aber umgekehrt diese besondre Verkehrsleichti-

El capital, podemos decir ahora, crea un paisaje físico y relaciones espaciales adecuadas a sus necesidades y propósitos (tanto en producción como en consumo) en un momento determinado, solo para descubrir que ha creado antagonismos con sus necesidades en un momento futuro. Parte de la dinámica de la acumulación capitalista es la necesidad de «construir paisajes enteros y relaciones espaciales, solo para destruirlos y construirlos nuevamente en el futuro»[7].

En buena parte de *El capital,* Marx deja a un lado ese proceso. En el Primer Volumen escribe: «Para concebir el objeto de nuestra investigación en su pureza, libre de circunstancias accesorias perturbadoras, hemos de contemplar aquí a todo el mundo del comercio como una nación, y presuponer que la producción capitalista ha arraigado en todas partes y que se ha apoderado de todas las ramas de la industria»[8]. El problema de la creación de nuevos antojos, necesidades y deseos en el mercado mundial se elimina suponiendo que todas las mercancías se intercambian por su valor. Evidentemente, Marx quería estudiar la dinámica temporal de forma aislada, por lo que supone que el capital está sellado herméticamente en un espacio cerrado, dentro del cual todas las mercancías se intercambian por su valor. Ocasionalmente se aparta de esa restricción, cuando señala, por ejemplo, que el surgimiento del sistema fabril llevó al capital británico a buscar materias primas y nuevos mercados mediante las conquistas imperiales (como en India) o la expansión colonial (como en Australia). El resultado fue la creación de una «nueva división internacional del trabajo […] adecuada a los requisitos de los principales países industriales», de modo que «una parte del globo» se convirtió en «un campo de producción principalmente agrícola para abastecer a la otra parte, que permanecía como un terreno eminentemente industrial»[9].

---

gkeit und der dadurch beschleunigte Umschlag des Kapitals […] eine beschleunigte Konzentration einerseits des Produktionszentrums, andrerseits seines Marktplatzes»].

[7] D. Harvey, «The Geography of Capitalist Accumulation: A Reconstruction of the Marxian Theory», en D. Harvey, *Spaces of Capital: Towards a Critical Geography,* Nueva York: Routledge, 2001 [ed. cast.: *Espacios del Capital: Hacia una geografía crítica,* Madrid, Akal, 2007].

[8] *El capital,* vol. 1, cap. XXII.1, p. 670, n. 21bis [*MEW* 23, p. 607: «Um den Gegenstand der Untersuchung in seiner Reinheit, frei von störenden Nebenumständen aufzufassen, müssen wir hier die gesamte Handelswelt als eine Nation ansehen und voraussetzen, daß die kapitalistische Produktion sich überall festgesetzt und sich aller Industriezweige bemächtigt hat»].

[9] *El capital,* vol. 1, cap. XIII.7, p. 531 [*MEW* 23, p. 475: «Es wird eine neue, den Hauptsitzen des Maschinenbetriebs entsprechende internationale Teilung der Arbeit geschaffen, die einen Teil des Erdballs in Vorzugs weis agrikoles Produktionsfeld für den andern als vorzugsweis industrielles Produktionsfeld umwandelt»].

El último capítulo del Primer Volumen, de modo algo sorprendente, se ocupa del tema de la colonización. Es casi seguro que Marx se sintió incitado por una formulación de Hegel en su *Filosofía del derecho,* en la que decía que las contradicciones internas (de clase) del capital producían diferenciaciones intolerables e insostenibles en la distribución de la riqueza entre las clases. Marx adopta un lenguaje casi idéntico en su formulación de la ley general de la acumulación capitalista en el Primer Volumen de *El capital*. Los paralelismos no son, seguramente, fortuitos. La sociedad civil, argumentaba Hegel, se vería impulsada por su «dialéctica interna» a «ir más allá de sus propios límites y buscar mercados, y por lo tanto sus medios necesarios de subsistencia, en otras tierras que son deficientes en los bienes que ha producido en exceso, o en general atrasadas en la industria». Las colonias permitirían a una parte de su población «un retorno a la vida basada en la familia en la nueva tierra», y simultáneamente crearían «una nueva demanda y un nuevo campo para su industria». La sociedad civil se vería forzada, en resumen, a buscar una transformación externa mediante la expansión geográfica, porque su «dialéctica interna» crea contradicciones que no admiten ninguna resolución interna. El capital exige una búsqueda perpetua de «una solución espacial» a sus contradicciones internas[10]. No está claro, sin embargo, si Hegel pensaba que la expansión geográfica estabilizaría las cosas.

El capítulo de Marx sobre el colonialismo responde a la tesis de Hegel de dos maneras. Primero, retoma las propuestas coloniales de Wakefield para el asentamiento de población en Australia (presentadas ante el Parlamento británico), que especificaban que se debía prohibir a los trabajadores el acceso libre a la tierra en las colonias. Las barreras de la propiedad privada y de la renta de la tierra eran necesarias para garantizar un suministro adecuado de fuerza de trabajo asalariada explotable por el capital. Así, la economía política del Viejo Mundo se vio obligada, observa divertidamente Marx, a revelar en su aproximación al Nuevo Mundo el secreto que durante mucho tiempo había intentado ocultar: el capital se crea negando a los trabajadores el acceso a los medios básicos de producción (en particular, la tierra)[11]. En segundo lugar, resulta como consecuencia que no puede haber una resolución perma-

---

[10] D. Harvey, «The Spatial Fix: Hegel, Von Thünen and Marx», en D. Harvey, *Spaces of Capital: Towards a Critical Geography,* Nueva York, Routledge, 2001 [ed. cast.: *Espacios del Capital: Hacia una geografía crítica,* Madrid, Akal, 2007].

[11] *El capital,* vol. 1, cap. XXV.

nente «externa», o «solución espacial» de las contradicciones internas del capital. La búsqueda de soluciones coloniales e imperialistas acaba simplemente reproduciendo las contradicciones internas del capital (en particular, sus relaciones de clase) a una escala geográfica mayor y en última instancia mundial. Marx parece haber llegado a la conclusión de que en *El capital* debía concentrarse, por tanto, en las contradicciones internas del capital y no prestar atención a las supuestas soluciones externas del tipo propuesto por Hegel.

Del mismo modo que Marx se niega a integrar cualquier estudio de los residuos feudales en su teoría del capital, se niega a atribuir ninguna importancia a una resolución espacial o externa de las contradicciones internas del capital. Muchos años después, por supuesto, Rosa Luxemburg, en su crítica del trabajo teórico de Marx (particularmente, del expuesto en el Segundo Volumen de *El capital*), negaba enérgicamente que el capital pudiera sobrevivir sin una solución externa a sus desequilibrios de mercado y sus limitaciones de recursos. El colonialismo y el imperialismo eran, en su opinión, necesarios y fundamentales para la supervivencia del capital[12].

Solo en el Tercer Volumen, en los capítulos que tratan del capital comercial y bancario y del sistema financiero y de crédito, profundamente insertos en la financiación del comercio a larga distancia, vuelve a surgir la estructura espacial del mercado mundial como una característica variable del análisis de Marx. Es en el contexto de la realización y distribución mediante la circulación del capital comercial, dinerario y del capital que devenga intereses, donde Marx encuentra imposible mantener un límite entre las contradicciones internas y externas del capital. Mantener la suposición de que no hay problemas de realización le permitió a Marx construir una comprensión teórica sólidamente organizada de la circulación del capital, pero a costa de un realismo limitado con respecto a los procesos que crean el mercado mundial. No hay nada de malo en hacer tales suposiciones, pero tenemos derecho a preguntar qué sucede cuando se relajan o abandonan.

La globalización que Marx y Engels anunciaban en el *Manifiesto Comunista* ha venido desarrollándose desde entonces y ni siquiera ahora puede decirse que se haya completado. Durante el último siglo y medio se han absorbido

---

[12] R. Luxemburg, *Die Akkumulation des Kapitals. Ein Beitrag zur ökonomischen Erklärung des Imperialismus*. Berlín: Buchhandlung Vorwärts Paul Singer, 1913; en *Gesammelte Werke*. Berlín/DDR: Institut für MarxismusLeninismus, 1975, Band 5, http://www.mlwerke.de/lu/lu05/lu05_005.htm [ed. cast.: *La acumulación de capital,* México, Grijalbo, 1967].

enormes cantidades de capital en busca de una solución espacial a los problemas de la realización mediante el crecimiento del consumo final y el productivo en todo el mercado mundial. Aunque el resultado final puede no ser más que la reproducción de las contradicciones internas del capital a una escala cada vez mayor (como lo demuestra la proliferación de multimillonarios en China, India, México, Rusia, etc. durante las dos últimas décadas), ese proceso se ha venido desarrollando desde hace mucho tiempo, asociado con desastrosos conflictos geoeconómicos y geopolíticos. El planeta se ha visto sumido en guerras mundiales interimperialistas y todo tipo de conflictos dentro de las estructuras territorializadas del sistema interestatal. Sin embargo, a pesar de todo, sería difícil negar la validez de la proposición de Marx de que «la tendencia a crear el *mercado mundial* está dada directamente en el concepto mismo del capital»[13]. Se dejó a los teóricos del colonialismo, el imperialismo y del desarrollo geográfico desigual la tarea de incorporar dichos procesos a la teoría general de la acumulación del capital.

Los textos de Marx sobre el colonialismo en general y sobre Irlanda y la India, junto con la esclavitud en Estados Unidos en particular, fueron abundantes y estaban llenos de información (como cabía esperar de un corresponsal del *New York Herald Tribune*). Vio surgir conflictos derivados del asentamiento de colonos en nuevos territorios. «El modo capitalista de producción y de apropiación tropieza allí, en todas partes, con el obstáculo del productor que, en cuanto poseedor de sus propias condiciones de trabajo, se enriquece a sí mismo en vez de enriquecer al capitalista. *La contradicción entre estos dos modos de producción y de apropiación, diametralmente contrapuestos, existe aquí de manera práctica.* Allí donde el capitalista tiene guardadas sus espaldas por el poder de la metrópoli, procura quitar de en medio, por la violencia, *el modo de producción y de apropiación fundado en el trabajo personal*»[14]. Que este es uno de los papeles clave del Estado capitalista fue luego confirmado

---

[13] *EFCEP,* vol. 1, p. 359 [*MEW* 42, pp. 321: «Die Tendenz, den *Weltmarkt* zu schaffen, ist unmittelbar im Begriff des Kapitals selbst gegeben»].

[14] *El capital,* vol. 1, cap. XXV, p. 857 [*MEW* 23, p. 792: «Das kapitalistische Regiment stößt dort überall auf das Hindernis des Produzenten, welcher als Besitzer seiner eignen Arbeitsbedingungen sich selbst durch seine Arbeit bereichert statt den Kapitalisten. Der Widerspruch dieser zwei diametral entgegengesetzten ökonomischen Systeme betätigt sich hier praktisch in ihrem Kampf. Wo der Kapitalist die Macht des Mutterlandes im Rücken hat, sucht er die auf eigner Arbeit beruhende Produktions- und Aneignungsweise gewaltsam aus dem Weg zu räumen»].

explícitamente por el presidente estadounidense Woodrow Wilson en la década de 1920. «Como el comercio ignora los límites nacionales, y el fabricante insiste en tener el mundo como mercado, la bandera de su nación debe seguirlo, derribando las puertas de las naciones que permanecen cerradas contra él»[15].

En *El capital,* sin embargo, Marx privilegia incuestionablemente el estudio del tiempo sobre el del espacio. El valor es tiempo de trabajo socialmente necesario en el mercado mundial, que contrasta con la multitud de valores de uso concretos producidos. Mientras que el plusvalor es una cosa, la división de la jornada laboral en tiempo de trabajo necesario y excedente (y la duración de la jornada laboral, que aumenta el plusvalor absoluto) es una magnitud por la que se lucha diariamente a medida que el capital absorbe tanto tiempo laboral extra como sea posible mediante todo tipo de subterfugios dentro y fuera del lugar de trabajo. Que para el capital sea más fácil cumplir sus objetivos encarcelando a los trabajadores dentro de esa «Casa del Terror» llamada «fábrica» es puramente casual.

Dos libros recientes de Massimilano Tomba y Stavros Tombazos, emparentados con un ensayo esclarecedor de Daniel Bensaïd, discuten en detalle cómo funciona el concepto del tiempo en las obras de Marx[16]. Concluyen que la temporalidad del Primer Volumen de *El capital* es lineal y progresiva, como corresponde al estudio del cambio tecnológico perpetuo y la acumulación sin fin del capital. El tiempo en el Segundo Volumen es cíclico, como corresponde al estudio de la reproducción del capital desde la valorización, a través de la realización y la distribución, para volver de nuevo a la valorización. Se dice que la temporalidad del Tercer Volumen es «orgánica», pero no está del todo claro lo que eso podría significar, excepto que es algo apropiado para entender el capital como totalidad en el flujo pleno del cambio evolutivo. Si se considera el Tercer Volumen como una síntesis de las perspectivas de los dos primeros volúmenes, entonces su temporalidad peculiar debería tener una forma espiral. Esta es una figura geométrica que Marx emplea más de una vez en los *Grundrisse* para contrastarla con el círculo de la reproducción simple.

---

[15] Citado en N. Chomsky, *On Power and Ideology,* Boston, South End Press, 1990, p. 14.

[16] M. Tomba, *Marx's Temporalities,* Chicago, Haymarket Books, 2014; S. Tombazos, *Time in Marx: The Categories of Time in Marx's Capital,* Chicago, Haymarket, 2014; D. Bensaïd, *Marx l'intempestif,* París, Fayard, 1995; trad. al inglés como *Marx for Our Times,* Londres, Verso, 2002 [ed. cast.: *Marx intempestivo,* Buenos Aires, Herramienta, 2003].

«Al describir su órbita, se amplía él mismo como sujeto del círculo, con lo cual recorre una órbita que se expande, una espiral»[17]. Se ajusta aproximadamente a la combinación del cambio tecnológico lineal (registrado como productividad del trabajo en constante aumento) con el movimiento circular involucrado en la acumulación perpetua, que enmarca la teoría marxiana de la caída tendencial de la tasa de ganancia. En esa transformación de un círculo en una espiral es donde comienzan muchos problemas del capital. De ahí la potencia descriptiva de la frase «espiral fuera de control».

Hay dos formas básicas de pensar sobre el espacio y el tiempo en asuntos humanos. Al razonar sobre ellas me aventuro en un territorio complicado, que puede ser difícil de seguir. Pero creo que es vital intentarlo[18].

Según la primera, podemos presuponer un marco espacio-temporal fijo y universal y usarlo para ubicar, ordenar y calibrar la actividad dentro de ese marco, como hacen el tiempo de reloj y los espacios medidos de Descartes y Newton respaldados por la geometría euclídea: esos son el espacio y el tiempo privilegiados del Estado capitalista, de la administración burocrática, del derecho y la propiedad privada y del cálculo capitalista. Cómo llegaron a hacerse preeminentes ese espacio y ese tiempo es una historia bien cubierta por los historiadores económicos y culturales. Dentro de ese marco, los derechos de propiedad privada y las soberanías territoriales se pueden definir (con mapas) junto con los contratos sociales (como la jornada de ocho horas o la hipoteca a treinta años). Los movimientos de capital, trabajo, dinero y mercancías pueden coordinarse para que todo esté en el lugar correcto en el momento adecuado (como en los sistemas de producción «justo-a-tiempo»). Sin ese marco, el orden liberal político y comercial no podría funcionar. «Si todos los relojes en Berlín se descompusieran repentinamente de diferentes maneras, aunque solo fuera una hora –escribió el sociólogo Georg Simmel–, todo su mundo económico y comercial descarrilaría por algún tiempo»[19].

---

[17] *EFCEP*, vol. 2, p. 279 [*MEW* 42, pp. 639: «Durch das Beschreiben seines Kreises erweitert es sich als Subjekt des Kreises und beschreibt so einen sich ausdehnenden Kreis, eine Spirale»].

[18] En lo que sigue me apoyo fundamentalmente en mi ensayo «Space as a Key Word», en D. Harvey, *Spaces of Global Capitalism: A Theory of Uneven Geographical Development*, Londres, Verso, 2006.

[19] G. Simmel, «The Metropolis and Mental Life», en D. Levine (ed.), *On Individuality and Social Forms*, Chicago, Chicago University Press, 1971.

Otra opción es que aceptemos que hay múltiples formas en las que pueden ser conceptualizados y experimentados el tiempo y el espacio, que reconozcamos que cada proceso interioriza su propia espaciotemporalidad y que trabajemos pacientemente a través de los conflictos, contradicciones y confusiones que surgen como fenómenos de diferentes mundos espaciotemporales que chocan en situaciones particulares. Un roble interioriza cierta medida del espacio-tiempo a medida que crece. Su medida es muy diferente de la definida por el maíz en crecimiento. El espaciotiempo de las migraciones de aves es bastante diferente del espacio-tiempo del movimiento geológico de las placas tectónicas o las tasas de descomposición radiactiva. El espacio-tiempo del trabajo fabril entra en conflicto con el tiempo de la familia, la crianza de los hijos y la reproducción de la fuerza de trabajo. Una prohibición universal del trabajo infantil tiene que afrontar diferentes definiciones en las diferentes sociedades sobre el intervalo que abarca la infancia. La antropología capitalista, señaló Marx, ¡determinó que la edad de la niñez terminaba a los diez años! La formación de una fuerza de trabajo asalariada exige que los trabajadores se sometan a regímenes disciplinarios espaciales y temporales que son difíciles de inculcar, salvo mediante la coacción y la violencia. La tasa óptima de explotación de un recurso natural como el petróleo parece muy diferente de la perspectiva del tiempo geológico, en oposición a una temporalidad económica definida por la tasa de descuento. Cualquier cálculo basado en esta última estará profundamente en desacuerdo con la conceptualización del tiempo y el espacio necesaria para afrontar el calentamiento global. La diversidad de las construcciones culturales y religiosas del tiempo y el espacio ha sido muy estudiada y comentada. Las visiones apocalípticas que proclaman el fin de los tiempos llegan a parecerse a la teleología progresista que proclama la inevitabilidad del comunismo o la llegada en el futuro a alguna otra tierra prometida. Las cosmologías indígenas son radicalmente diferentes de las explicaciones científicas modernistas sobre los orígenes del espacio-tiempo del universo. La conceptualización del tiempo y el espacio en el cristianismo primitivo, hasta el feudalismo tardío, era muy diferente a la que surgió con la aparición del capitalismo. Incluso nuestros conceptos científicos contemporáneos parecen inestables. Las nociones de espacio y tiempo de la física moderna han evolucionado desde Newton, pasando por la relatividad de Einstein, hasta el espacio-tiempo relacional presente en la mecánica cuántica de Niels Bohr.

Dentro de toda esta diversidad, una conceptualización del espacio y el tiempo –el tiempo de reloj y el espacio euclidiano catastral– pudo llegar a dominar la vida económica diaria. De no haber sido así, como señaló Simmel, nada podría coordinarse, planificarse o regularse. No se podría especificar algo tan simple como un horario de autobús, tren o avión. La variedad de tiempos locales en diferentes espacios tuvo que reducirse por un acuerdo internacional a un sistema de zonas horarias, para facilitar la comunicación y el intercambio[20]. La circulación y acumulación de capital también han configurado y remodelado las definiciones de espacio y tiempo. El espacio-tiempo de los mercados financieros contemporáneos es completamente diferente del que existía en 1848. El capital ha transformado, como fuerza revolucionaria, las estructuras espaciales y temporales de la vida cotidiana, del cálculo económico y de la administración burocrática y las transacciones financieras. La aceleración de los tiempos de rotación, la precariedad del trabajo a lo largo de la vida laboral y las reducciones en las fricciones de la distancia han alterado los estilos de vida y los ritmos de la acumulación del capital. Mientras que los momentos pueden ser los elementos del beneficio, la intensidad del trabajo, más que el número de horas reales, viene a definir una temporalidad totalmente diferente. El futuro del tiempo, como antivalor del crédito, domina ahora el tiempo presente como nunca antes. ¿Cuántos se ocupan en la actualidad de la tarea laboriosa y a menudo tediosa de redimir deudas contraídas hace mucho tiempo?

Resulta sin duda útil distinguir tres concepciones diferentes del tiempo y el espacio, aunque quizá sea ahí donde las cosas se complican un poco.

1. Espacio y tiempo absolutos

Una parcela de tierra se arrienda durante veintiún años. La parcela está claramente definida en un mapa catastral protegido por leyes de propiedad privada. Se conoce su medida superficial, por lo que se puede calcular el coste del arrendamiento por metro cuadrado. El arrendamiento comienza el 1 de enero de 2000 y finaliza el 31 de diciembre de 2020. A menos que existan convenios y restricciones específicas, el arrendatario puede hacer con esa parcela de tierra lo que le plazca durante veintiún años de calendario. Esto es lo que suponen el espacio y el tiempo absolutos. Es el tiempo de una jornada laboral

---

[20] S. Kern, *The Culture of Time and Space, 1880–1918,* Londres, Weidenfeld and Nicolson, 1983.

(medida en horas) de un trabajador confinado dentro del espacio cerrado de una fábrica sobre la que el capital tiene un control legal absoluto. La concepción absoluta del espacio y el tiempo domina el inicio del Primer Volumen de *El capital,* particularmente en el capítulo sobre la jornada laboral y la producción de plusvalor absoluto. Lo que Marx llama «trabajo concreto» ocurre en el espacio y tiempo absolutos. «El espacio y el tiempo desolados de la física constituyen ahora las condiciones formales de cualquier conocimiento, ya sea de la naturaleza o la economía –escribe Bensaïd–, consagrando la coalición victoriosa de lo absoluto y verdadero contra lo aparente y lo cotidiano»[21].

2. Espacio y tiempo relativos

La posición en el espacio-tiempo relativo condiciona lo que se puede hacer con el espacio absoluto de la parcela de tierra en el momento de su arrendamiento. El arrendatario quiere maximizar sus ingresos, pero no puede cultivar frutas y verduras frescas, porque la mano de obra es escasa y la parcela está demasiado lejos del principal mercado urbano, al que solo se puede llegar con caballo y carro por un camino lleno de baches Si, después de diez años, se construye una autopista cerca, vendrán a vivir más trabajadores a la zona y un camión frigorífico permitirá al arrendatario cambiar el cultivo de grano alimenticio por el de frutas y verduras frescas más rentables. El mercado se puede alcanzar ahora en una hora, cuando el trayecto solía emplear casi todo un día. Pero cuesta ocho años sacar rendimiento de un árbol frutal, por lo que los términos del contrato de arrendamiento no favorecen plantar árboles frutales, a menos que el arrendamiento pueda ser renegociado o se pueda llegar a alguna otra solución legal, acorde con la temporalidad del crecimiento de un melocotonero. Todo esto supone un espacio-tiempo relativo. La plusvalía relativa de la que habla *El capital* existe en un marco de tiempo relativo. Su medida ya no son las horas de trabajo de reloj, sino la productividad e intensidad cambiante del trabajo, aunque todavía supone, en la presentación de Marx, el espacio absoluto de la fábrica como lugar espacial de producción. Solo en los capítulos que tratan de diferencias nacionales en el valor

---

[21] D. Bensaïd, *Marx l'intempestif,* París: Fayard, 1995, p. 90; trad. al inglés como *Marx for Our Times,* Londres, Verso, 2002 [ed. cast.: *Marx intempestivo,* Buenos Aires: Herramienta, 2003, p. 122].

de la fuerza de trabajo (salarios) encontramos también la posibilidad de espacios relativos; pero en el Segundo Volumen entra en el análisis la cuestión de los costes diferenciales del transporte y las distancias a los mercados y las fuentes de diversos insumos.

3. Espacio-tiempo relacional

El espacio-tiempo relacional es más difícil de comprender, porque, al igual que el valor, es inmaterial e imposible de tocar y medir, aun siendo de importancia objetiva decisiva[22]. El cambio del valor dinerario de mi casa cuando hago mejoras en ella afecta al valor dinerario de las casas de alrededor. El ámbito espacial de este efecto disminuye rápidamente con la distancia. Así es como trabajan los tasadores, determinando la valoración de las viviendas para una solicitud de hipoteca. Un banco invierte en un tramo de deuda hipotecaria. ¿Cómo se valora esa inversión en las cuentas del banco? Podemos estudiar cada propiedad en el espacio-tiempo absoluto y evaluar la posición de cada casa en el relativo, pero, en definitiva, la valoración se basa en las «mejores prácticas» en un espacio-tiempo relacional construido en torno a la idea del mejor uso. ¿Cómo determinamos el valor de las hipotecas en los libros de una institución financiera cuando el método de valoración preferido, llamado «marcado para comercializar», no se puede aplicar, porque el mercado ha colapsado (como lo hizo en 2008)? La respuesta es una conjetura fundamentada[23]. Los valores relacionales cambian junto con los sentimientos, confianza, expectativas y anticipaciones del mercado. Si la Reserva Federal cambia repentinamente los tipos de interés, o Gran Bretaña se retira de la Unión Europea, seguramente se verán afectados los valores de las propiedades en muchos países del mundo. No podemos detectar átomos de influencia fluyendo alrededor, pero los efectos objetivos son bastante evidentes. Lo mismo se aplica en el campo de las luchas políticas. Se produce una protesta en el Parque Gezi en Turquía, influida por la primavera árabe, y eso tiene un impacto en Brasil unas semanas más tarde, cuando se organizan grandes manifestacio-

---

[22] A. Whitehead, «La Théorie Relationiste de l'Espace», *Revue de Métaphysique et de Morale* 23 (1916), pp. 423-454.

[23] O. McDonald, *Lehman Brothers: A Crisis of Value,* Manchester, Manchester University Press, 2016.

nes de protesta política contra el deterioro de las condiciones de la vida urbana. Los efectos de contagio, condicionados durante estos días por las oleadas de exhortaciones en las redes sociales, son evidentes en todas partes. Una oleada de gobiernos de izquierda llegan al poder en América Latina y luego toda la ola parece retroceder doce años después.

Esta triple categorización de las relaciones entre el tiempo y el espacio produce concordancias interesantes:

> *El espacio y el tiempo absolutos* son el espacio y el tiempo del trabajo concreto, de la jornada de trabajo, de la fábrica y del plusvalor absoluto a través de las luchas sobre la duración de la jornada laboral. *El espacio-tiempo relativo* es el espacio y el tiempo del plusvalor relativo o la productividad variable y la intensidad del trabajo, de la diferente porosidad de la jornada laboral y los valores cambiantes de la fuerza de trabajo. Ubicación relativa, facilidad y modo de acceso, coste y tiempo de transporte se vuelven importantes. *El espacio-tiempo relacional* se registra mientras «el trabajo abstracto se desarrolla en la medida en que el trabajo concreto se convierte en una totalidad de diferentes modos de trabajo que abarcan el mercado mundial»[24]. El trabajo abstracto es la totalidad de los trabajos concretos en el espacio-tiempo relacional. En el nivel más local, los efectos de externalización sobre el espacio desempeñan un papel importante, por ejemplo, en la valoración de tierras no cultivadas.

El capital abraza simultáneamente esas tres formas de espaciotemporalidad dentro de su lógica de conjunto. Bensaïd lo expresa de esta manera:

> De la fractura abierta de la mercancía brotan en el Primer Volumen las antinomias del capital (valor de uso / valor de cambio, trabajo concreto / trabajo abstracto). La unidad entre valor de uso y valor de cambio expresa un conflicto de temporalidades. El tiempo de trabajo general / abstracto solo existe a través del trabajo particular / concreto. El valor, al establecer una relación entre esos dos tiempos, se manifiesta abiertamente como abstracción del tiempo social. Recíprocamente, el tiempo se impone como medida que

---

[24] Marx, *Theorien über den Mehrwert,* vol. 3, cap. XXI 1.c [*MEW* 26.3, p. 250: «Der abstrakte Reichtum, Wert, Geld - hence die *abstrakte Arbeit* entwickelt sich in dem Maße, worin die konkrete Arbeit zu einer den Weltmarkt umfassenden Totalität verschiedner Arbeitsweisen entwickelt»].

debe a su vez ser medida. La determinación del tiempo de trabajo socialmente necesario se remite al movimiento del capital como un todo.

Por esta razón, «la categoría del tiempo está en el corazón de la crítica (marxiana) de la economía política». Pero dentro del razonamiento de Marx coexisten diferentes enfoques del tiempo. «El tiempo mecánico de la producción, el tiempo químico de la circulación y el tiempo orgánico de la reproducción se pegan e insertan unos en otros, como círculos dentro de círculos, hasta determinar las pautas enigmáticas del tiempo histórico, que es el de la política»[25].

Aunque el Segundo Volumen de *El capital* adopta un marco temporal cíclico, no profundiza mucho en el marco espaciotemporal que exige el estudio de la circulación del capital. Supone constante la tecnología y la forma de organización, de modo que las dinámicas progresivas que dominan el Primer Volumen desaparecen del análisis. Marx concentra la mayoría de sus esfuerzos en el análisis de la reproducción simple (la forma circular de un infinito virtuoso), en oposición a la forma en espiral (la mala infinitud) de la acumulación perpetua de capital. Esas suposiciones permiten a Marx examinar más de cerca ciertos aspectos del movimiento diferencial de diversas formas de capital libre de interrupciones. Su atención se centra en los diferentes tiempos de rotación: el tiempo relativo que toman los diferentes capitales para salir de la forma dinero a través de la valorización, la realización y la distribución, para volver una vez más a la forma de dinero. Marx separa el proceso total de circulación en tiempo de producción y tiempo de circulación. El primero se define en términos de la producción de valor y el segundo como su negación. A continuación examina la relación entre el periodo de trabajo (el número total de horas reales que dedica el trabajador a la producción) en contraste con el tiempo de producción, que incluye en muchos casos el momento en que no se realiza ningún trabajo. En la agricultura, por ejemplo, el periodo de trabajo en el que se emplea la mano de obra puede ser bastante corto, mientras que el tiempo de producción para la mayoría de los cultivos será de un año. El vino y los licores necesitan mucho tiempo de fermentación, durante el cual no se realiza ningún trabajo. Los vinos de cosecha maduran en el barril y luego en la botella. ¿Cuenta eso como tiempo de trabajo social-

---

[25] D. Bensaïd, *Marx l'intempestif,* París: Fayard, 1995, pp. 93-94, 95; trad. al inglés como *Marx for Our Times,* Londres, Verso, 2002 [ed. cast.: *Marx intempestivo,* Buenos Aires, Herramienta, 2003, pp. 126-127, 129].

mente necesario? Marx dice que no, aunque el precio del vino aumenta a medida que madura. Pero los vinos se comercializan típicamente a un precio de monopolio, por lo que quedan fuera de las leyes generales de la competencia, que dictan el tiempo de trabajo socialmente necesario. La coordinación de las relaciones entre los diferentes tiempos de rotación, producción y circulación plantea muchos problemas para la circulación del capital en general. Edificar una casa, construir un crucero, producir un teléfono móvil, una hamburguesa o un espectáculo suponen marcos espaciotemporales completamente diferentes, en los que operan capital y trabajo.

Esto nos lleva al espinoso problema del análisis de la circulación del capital fijo. ¿Cómo se transfiere el valor de la máquina a las mercancías producidas cuando no hay transferencia material? Hay que idear algún convenio social de contabilidad, pero los convenios sociales son siempre controvertidos y están sujetos a modificaciones. En términos más generales, ¿cómo fluye el valor a través de la formación y el uso de capital fijo? ¿Cómo fluye a través de la construcción de las infraestructuras físicas grandes y duraderas y los entornos construidos necesarios para la circulación y reproducción del capital? Esas cuestiones no se pueden incorporar a la visualización del capital con la que comenzamos, pero son importantes. Contemplemos el horizonte de Nueva York y consideremos los flujos necesarios para mantenerlo a lo largo del tiempo. El flujo más importante es el del valor que atraviesa esos edificios en forma de servicio de la deuda (antivalor) y rentas (generación o apropiación de valor). Los flujos de valor, argumentábamos, son inmateriales, pero objetivos. Son invisibles para el ojo desnudo. Pero vayamos a Detroit o a La Habana para ver qué sucede con los entornos construidos cuando el valor deja de fluir. El paisaje urbano abandonado está ahí, a la vista de todos.

La investigación de la circulación del capital fijo es vital por dos razones. Primero, los críticos de Marx argumentan que el capital fijo altera la teoría del valor y socava la economía política de Marx. Marx reconoció que la circulación del capital fijo «contradice la doctrina del valor de Ricardo»[26]. Pero la teoría del valor de Marx es diferente de la de Ricardo y los críticos de Marx no suelen tenerlo en cuenta. Sin embargo, existe la posibilidad de que la teoría de Marx pueda requerir modificaciones para ajustar los problemas peculiares de la formación y circulación del capital fijo. En segundo lugar, y mucho más

---

[26] *El capital*, vol. 2, cap. XI, p. 254 [*MEW* 24, p. 226: «Dies widerspricht ganz Ricardos Lehre vom Wert, sowie seiner Profittheorie, die tatsächlich Mehrwerttheorie ist»].

importante en la práctica, las recientes crisis del capital, especialmente la sobrevenida en 2007-2008, han surgido en y alrededor de las inversiones en el entorno construido. ¿De qué manera puede el análisis de Marx de la circulación del capital fijo y la formación del entorno construido establecer una base para entender por qué podría ser así?[27].

Comencemos con la forma más simple de capital fijo. Un capitalista industrial compra una máquina para aumentar la productividad del trabajo empleado. Si la máquina responde a los últimos avances de la técnica, el capitalista industrial gana un plusvalor adicional en virtud de la mayor productividad de la fuerza de trabajo empleada. Cuando todos los demás compran la misma máquina, esa forma efímera de plusvalor relativo desaparece. El valor empleado en la adquisición de la máquina debe recuperarse durante su vida útil. ¿Cómo circula ese valor? La forma más sencilla es utilizar la depreciación directa. Si la vida útil de la máquina es de diez años, una décima parte del valor de la máquina pasa al valor de la mercancía producida cada año. Al final de los diez años, el productor debería tener suficiente dinero para comprar una nueva máquina y comenzar nuevamente el proceso.

Pero en el mercado aparecen continuamente máquinas nuevas, más baratas y más eficientes, especialmente una vez que la innovación tecnológica se convierte en un negocio. Las máquinas existentes se enfrentan entonces a la amenaza de lo que Marx llama, curiosamente, «depreciación moral» y devaluación por la competencia de máquinas más baratas y eficientes. El valor de reposición no corresponde al valor inicial depreciado. La vida útil de la máquina ya no es una cuestión física, porque máquinas nuevas y mejores pueden forzar la jubilación anticipada de las máquinas existentes. Esto conduce a tres formas alternativas de ver la circulación del capital fijo. La primera es la depreciación directa a lo largo de una vida física media, ya descrita. La segunda es el coste de reposición variable durante la vida física de la máquina. La tercera es una valoración perpetuamente cambiante de la máquina durante un tiempo de vida variable que depende de su utilidad en asegurar plusvalor relativo en competencia con otros productores. La vida útil de la máquina depende de su utilidad y su viabilidad económica. Marx acepta que la valoración de la máquina depende de su efectividad para generar plusvalor. La fic-

---

[27] He expuesto una explicación mucho más detallada en D. Harvey, *The Limits to Capital*, Oxford, Basil Blackwell, 1982, cap. 8 [ed. cast.: *Los límites del capitalismo y la teoría marxista*, México, Fondo de Cultura Económica, 1982].

ción contable que se ajusta a tal cronograma de depreciación es la de los productos conjuntos. Marx señaló esto como un problema para su propia teoría del valor. Las ovejas producen lana, carne y leche y asignar un valor a cada producto no es algo obvio. En el caso del capital fijo, la ficción contable funciona así: todos los años el capitalista produce mercancías y al final de cada año también «produce» la maquinaria física restante, cuyo valor puede realizarse en mercados de segunda mano, o redistribuirse para la siguiente ronda anual de producción de mercancías. Esto es incompatible con la teoría del valor de Ricardo, porque el valor de la máquina depende por completo de su utilidad en la producción de valor y plusvalor y no tiene nada que ver con el trabajo originalmente incorporado en ella.

Esta última interpretación es la más interesante. Es más fácil de entender si el industrial alquila la máquina anualmente. El industrial decide cada año si renovar el contrato de arrendamiento de la vieja máquina o arrendar una nueva. Esa decisión dependerá de los costes diferenciales del arrendamiento, las diferentes contribuciones a la productividad de las nuevas y las viejas máquinas y otros varios factores (por ejemplo, contratos de mantenimiento y reparación). El acuerdo anual asegura el valor de la máquina para ese año. El valor puede ser completamente diferente al año siguiente. El valor relacional de la máquina está cambiando constantemente.

Pero hay algo peculiar en esa disposición. Las empresas que alquilan las máquinas prestan capital a los productores en la forma fija de la máquina, en lugar de hacerlo en la forma líquida del dinero. A cambio esperan el equivalente del interés sobre el valor de la máquina, más cierta contribución al pago del principal. Este hecho concuerda con la forma en que la circulación del capital fijo se financia en general. Si el productor aporta valor para comprar una máquina, durante la vida útil de esta el productor tendrá que ahorrar cada año dinero suficiente para poder comprar una máquina de reemplazo. Los capitalistas acaparan los ahorros o los colocan en instituciones financieras para ganar intereses mientras esperan. O, alternativamente, pueden pedir prestado dinero (o una máquina, en el caso de arrendamiento) desde el principio y pagar su valor a lo largo de su vida útil, más los intereses.

En ambos casos, la circulación del capital que devenga intereses entra en escena, como también lo hace en el caso de la práctica bastante común de alquilar en lugar de comprar equipo. La circulación del capital que genera intereses y la circulación del valor a través del uso del capital fijo se entrelazan estrechamente.

Desgraciadamente, las hipótesis de Marx en el Segundo Volumen de *El capital* excluyen la consideración de los cambios tecnológicos y la circulación del capital que devenga intereses. Esto le permitió evitar una discusión en profundidad sobre esos temas cuando escribía sobre el capital fijo. Sus suposiciones le permitieron observar más atentamente el papel de los tiempos de rotación y las condiciones que tendrían que satisfacerse si los flujos de oferta y demanda se mantuvieran en equilibrio; pero impedían una consideración completa y adecuada del problema de la circulación del capital fijo. El capítulo sobre ese tema en el Segundo Volumen no es, lamentablemente, muy útil. Los *Grundrisse* ofrecen una aproximación mucho más animada y potencialmente fructífera, aunque especulativa.

> «La naturaleza –escribe Marx– no construye máquinas, ni locomotoras, ferrocarriles, telégrafos, mulas autoaccionadas, etc. Son estos productos de la industria humana; material natural, transformado en órganos de la voluntad humana sobre la naturaleza o de su actuación en la naturaleza. Son *órganos del cerebro humano creados por la mano humana;* fuerza objetivada del conocimiento»[28].

Estas fuerzas de producción, junto con la habilidad y el conocimiento que encarnan, deben ser apropiadas por los capitalistas, adaptadas a las necesidades de estos últimos, y movilizadas como una palanca para una mayor acumulación de capital. «El desarrollo del medio de trabajo como maquinaria no es fortuito para el capital, sino que es la metamorfosis histórica del medio de trabajo legado por la tradición, transformado en adecuado para el capital. La acumulación del saber y de la destreza […] es absorbida así, con respecto al trabajo, por el capital y se presenta, por ende, como propiedad del capital, y más precisamente del *capital fijo*»[29]. Así que no es solo la má-

---

[28] *EFCEP,* vol. 2, pp. 229-230 [*MEW* 42, p. 602: «Die Natur baut keine Maschinen, keine Lokomotiven, Eisenbahnen, electric telegraphs, selfacting mules etc. Sie sind Produkte der menschlichen Industrie; natürliches Material, verwandelt in Organe des menschlichen Willens über die Natur oder seiner Betätigung in der Natur. Sie sind von der menschlichen Hand geschaffne Organe des menschlichen Hirns; vergegenständlichte Wissenskraft»].

[29] *EFCEP,* vol. 2, p. 220 [*MEW* 42, p. 594: «Die Entwicklung des Arbeitsmittels zur Maschinerie ist nicht zufällig für das Kapital, sondern ist die historische Umgestaltung des traditionell überkommnen Arbeitsmittels als dem Kapital adäquat umgewandelt. Die Akkumulation des Wissens und des Geschicks […] ist so der Arbeit gegenüber absorbiert in dem Kapital und erscheint daher als Eigenschaft des Kapitals, und bestimmter des *Capital fixe*»].

quina la que está fija, sino el conocimiento y los dones de la naturaleza humana incorporados en ella.

Pero, para que la circulación de capital fijo sea plenamente efectiva, deben darse varias condiciones:

> La parte de la producción orientada hacia la producción del capital fijo no produce directamente objetos de disfrute [...] *Por lo tanto, que se emplee una parte cada vez mayor del tiempo de producción para producir medios de producción depende del grado de productividad ya alcanzado* [...] Ello implica que la sociedad puede esperar; que una gran parte de la riqueza ya creada puede desviarla tanto del disfrute inmediato como de la producción destinada al disfrute inmediato con vistas a emplearla en un trabajo *no inmediatamente productivo*.
>
> [Esto requiere] un cierto nivel de productividad y de sobreabundancia relativa y, más específicamente, un nivel directamente relacionado con la transformación del capital circulante en capital fijo ... La *superpoblación* (desde este punto de vista), así como la producción excedente, es una condición para esto[30].

El capital tiende, como hemos visto, a producir un excedente de población (un ejército de reserva industrial) y de mercancías (productos con problemas de realización). Por lo tanto, produce sistemáticamente condiciones que conducen a la formación de capital fijo. Cuanto mayor sea la escala del capital fijo, más trabajo y capital excedente se puede absorber, «y por tanto, más para construir ferrocarriles, canales, alcantarillados, telégrafos, etc., que para la maquinaria que participa directamente en el proceso inmediato de

---

[30] *EFCEP,* vol. 2, pp. 229-230 [*MEW* 42, p. 603: «Der auf die Produktion des capital fixe gerichtete Teil der Produktion produziert nicht unmittelbare Gegenstände des Genusses noch unmittelbare Tauschwerte; wenigstens nicht unmittelbar realisierbare Tauschwerte. Es hängt also von dem schon erreichten Grad der Produktivität ab – davon, daß ein Teil der Produktionszeit hinreicht für die unmittelbare Produktion –, daß ein wachsend größer auf die Produktion der Mittel der Produktion verwandt wird. Es gehört dazu, daß die Gesellschaft abwarten kann; einen großen Teil des schon geschaffnen Reichtums entziehn kann, sowohl dem unmittelbaren Genuß wie der für den unmittelbaren Genuß bestimmten Produktion, um diesen Teil für nicht unmittelbar produktive Arbeit zu verwenden. Dies erfordert Höhe der schon erreichten Produktivität und relativen Überflusses, und zwar solche Höhe direkt im Verhältnis zur Verwandlung von capital circulant in capital fixe. [...] *Surplusbevölkerung* (von diesem Standpunkt aus) wie Surplusproduktion ist hierfür Bedingung»].

producción»³¹. Pero para que esto ocurra, el capital debe ser ensamblado en concentraciones de poder dinerario. Antes de la aparición de las sociedades anónimas y la organización del sector financiero en enormes conglomerados de capital dinerario centralizado, las inversiones a gran escala tendían a canalizarse a través del aparato estatal. En nuestra propia época se llevan la palma los consorcios de bancos privados o asociaciones público-privadas. Sin embargo, la conexión interna entre las instituciones (como los fondos de pensiones) que organizan la circulación del capital que devenga intereses y la formación de capital fijo se vuelve cada vez más fuerte e intrincada.

Esta tendencia se hace aún más obvia cuando consideramos ciertos tipos de capital fijo. Una parte cada vez más importante es la de «un tipo independiente». Las infraestructuras físicas utilizadas en común (algunas de las cuales tienen el carácter de bienes públicos) son cruciales como valores de uso para las formas capitalistas de desarrollo. Muchas de estas infraestructuras (como casas, escuelas, hospitales y centros comerciales) se utilizan para fines de consumo y no de producción, mientras que otras, como ferrocarriles y autopistas, pueden utilizarse igualmente para ambas. Marx considera brevemente las relaciones entre las inversiones en capital fijo para la producción y las inversiones en el fondo de consumo. Claramente, en el mundo capitalista avanzado, estas últimas inversiones son actualmente de gran importancia.

Marx también insiste en que no confundamos el capital fijo con el inamovible (como una mina de carbón), a pesar de que este último es en sí mismo una categoría muy importante que considerar:

> Una parte de los medios de trabajo [...] se mantienen en su lugar una vez que entran en el proceso de producción como medio de trabajo [...] por ejemplo, las máquinas. Otros medios de trabajo, sin embargo, se producen al principio en forma estática, ligada al lugar, como ocurre, por ejemplo, con las mejoras en el suelo, los edificios de fábricas, los altos hornos, los canales, las vías férreas, etc. [...] Pero la circunstancia de que algunos medios de trabajo estén fijados en un lugar, con sus raíces en el suelo, le da a esta parte del capital fijo un papel particular en la economía de la nación. No pueden enviarse al exterior, ni circular como mercancías en el mercado mundial. Es muy posible

---

³¹ *EFCEP*, vol. 2, p. 231 [*MEW* 42, p. 603: «also mehr, um Eisenbahnen zu bauen, Kanäle, Wasserleitungen, Telegraphen etc., als um direkt in dem unmittelbaren Produktionsprozeß tätige Maschinerie»].

que los títulos de propiedad de este capital fijo cambien: pueden comprarse y venderse y, a este respecto, circular de manera ideal. Esos títulos de propiedad pueden incluso circular en mercados extranjeros, en forma de acciones, por ejemplo. Pero un cambio en las personas propietarias de ese tipo de capital fijo no cambia la relación entre la parte inmóvil y materialmente fija de la riqueza de un país y la parte móvil de la misma[32].

Podemos intercambiar acciones con una compañía que suministra agua a un municipio sudafricano en todos los mercados del mundo, pero el sistema de distribución del agua no se puede trasladar. La fijeza geográfica, frente a la movilidad geográfica, se convierte en una tensión importante centrada en el capital fijo de tipo inmóvil. La fijeza geográfica es, de hecho, un espacio producido.

En todo esto hay una contradicción profunda y permanente. La «materia oscura» del antivalor, proporcionada por la circulación del capital que genera intereses, demanda su libra de carne en la futura producción de valor, que debe aumentar continuamente para cubrir el coste compuesto de los pagos de intereses. «Cuanto mayor sea la escala en que se desarrolla el *capital fijo* [...] tanto más la *continuidad del proceso de producción* o el flujo constante de la reproducción se vuelve una condición extrínsecamente forzosa del modo de producción fundado sobre el capital»[33] . Cuando los capitalistas compran

---

[32] *El capital,* vol. 2, cap. VIII.I, pp. 186-187 [*MEW* 24, p. 163: «Ein Teil der Arbeitsmittel [...] wird entweder örtlich befestigt, sobald er als Arbeitsmittel in den Produktionsprozeß eintritt, resp. zur produktiven Funktion bereitgemacht wird, wie z.B. Maschinen. Oder er wird von vornherein in dieser stehenden, an den Ort gebundnen Form produziert, wie z.B. Bodenmeliorationen, Fabrikgebäude, Hochöfen, Kanäle, Eisenbahnen usw. [...] Der Umstand jedoch, daß Arbeitsmittel lokal fixiert sind, mit ihren Wurzeln im Grund und Boden feststecken, weist diesem Teil des fixen Kapitals eine eigne Rolle in der Ökonomie der Nationen zu. Sie können nicht ins Ausland geschickt werden, nicht als Waren auf dem Weltmarkt zirkulieren. Die Eigentumstitel an diesem fixen Kapital können wechseln, es kann gekauft und verkauft werden und sofern ideell zirkulieren. Diese Eigentumstitel können sogar auf fremden Märkten zirkulieren, z.B. in der Form von Aktien. Aber durch den Wechsel der Personen, welche Eigentümer dieser Art von fixem Kapital sind, wechselt nicht das Verhältnis des stehenden, materiell fixierten Teils des Reichtums in einem Land zu dem beweglichen Teil desselben»].

[33] *EFCEP,* vol. 2, p. 226 [*MEW* 42, p. 599: «Auf je größrer Stufenleiter sich daher das Capital fixe entwickelt, in der Bedeutung, worin wir es hier betrachten, um so mehr wird die Kontinuität des Produktionsprozesses oder der beständige Fluß der Reproduktion äußerlich zwingende Bedingung der auf das Kapital begründeten Produktionsweise»].

o transfieren capital fijo, están obligados a usarlo hasta que su valor sea amortizado plenamente o hasta la siguiente devaluación. El capital fijo «compromete la producción de los años subsiguientes», «anticipa el trabajo adicional como un contravalor», y por lo tanto ejerce un poder coercitivo sobre los usos futuros. Ese poder coercitivo se aplica en el lugar. El capital fijo e inamovible incrustado en la tierra tiene que ser utilizado *in situ* para que su valor pueda ser amortizado a lo largo de su ciclo vital. En esto hay una paradoja. Una forma de capital diseñada para proporcionar la infraestructura física en el lugar que permita la movilidad espacial del capital en general acaba exigiendo que el flujo de capital en ese espacio que define el capital fijo o el valor de este último se devalúe, con graves consecuencias para el capital que devenga intereses (por ejemplo, los fondos de pensiones) que lo financió. Esta es una de las formas potentes en que las tendencias a la crisis del capital llegan a una culminación[34].

En opinión de Marx, la demanda de capital fijo de diversa índole y las demandas derivadas de la necesidad de crear un fondo de consumo adecuado a las necesidades de la reproducción social y la vida cotidiana constituía una base material crucial para el crecimiento y la creciente sofisticación de las instituciones que rigen los flujos del capital que devenga interés. «La anticipación de frutos venideros del trabajo, por consiguiente, no es en modo alguno [....] una innovación propia del sistema crediticio. Tiene *sus raíces en los modos específicos de realización, rotación y reproducción del capital fijo*»[35]. La otra base crucial radica en el crecimiento y la financiación del comercio a larga distancia. Es fascinante observar cómo las consideraciones derivadas del espacio y el tiempo de la circulación de valores convergen en la circulación del capital que devenga intereses como agente principal que impulsa la acumulación adicional de capital.

Sin embargo, la contradicción implícita en todo esto debería ser bastante evidente. Por un lado, el capital fijo proporciona una poderosa palanca para la acumulación. La inversión en capital fijo, en particular la de un tipo independiente en el entorno construido, puede proporcionar un alivio temporal a

---

[34] *El capital,* vol. 2, cap. IV, p. 125 [*MEW* 24, p. 110].

[35] *EFCEP,* vol. 2, p. 260 [*MEW* 42, p. 627: «Die Antizipation kommender Früchte der Arbeit ist also keineswegs eine Folge von Staatsschulden etc., kurz, keine Erfindung des Kreditsystems. Sie hat ihre Wurzel in der spezifischen Verwertungsweise, Umschlagsweise, Reproduktionsweise des capital fixe»].

los problemas de sobreacumulación y rebajar el estrés durante las fases de crisis, cuando coexisten excedentes de capital y de trabajo sin oportunidades de empleo rentables. Por otro lado, la producción y el consumo futuros se encierran cada vez más en formas fijas de hacer las cosas y se ven comprometidos cada vez más en líneas específicas de producción y configuraciones espaciales particulares que conducen al futuro. El futuro queda así hipotecado al pasado. El capital pierde su flexibilidad. La capacidad de adoptar innovaciones queda bajo control, produciendo estancamiento; o bien se mantiene, pero a costa de la devaluación del capital fijo en uso. Marx vio esto claramente como otro conjunto de fuerzas que potencian las crisis:

> Mediante este ciclo que abarca una serie de años y está formado por rotaciones conexas en las cuales el capital se ve retenido por su parte constitutiva fija se da un fundamento material para las crisis periódicas, en las que el negocio recorre periodos sucesivos de depresión, animación media, vértigo y crisis. Por cierto, los periodos en los que se invierte capital son muy distintos y están muy dispersos. Sin embargo, las crisis siempre constituyen el punto de partida para nuevas inversiones. Y en consecuencia también, si se considera la sociedad en su conjunto, configura en mayor o menor medida un fundamento material para el siguiente ciclo de rotaciones[36].

Esta contradicción adquiere otra dimensión cuando consideramos las formas inmóviles de capital fijo encerradas en espacios particulares. Los espacios en los que se invierte capital fijo en infraestructuras también difieren mucho. Tampoco coinciden en el tiempo. Una vez que se invierte capital en espacios y territorios particulares, debe seguir circulando en esos espacios y no desplazarse a otros hasta que el valor incorporado en el capital fijo se amortiza mediante el uso. En caso contrario, economías regionales enteras experimentan devaluaciones como las que se hicieron habituales en las regio-

---

[36] *El capital,* vol. 2, cap. IX, pp. 211-212 [*MEW* 24, pp. 185-186: «Durch diesen eine Reihe von Jahren umfassenden Zyklus von zusammenhängenden Umschlägen, in welchen das Kapital durch seinen fixen Bestandteil gebannt ist, ergibt sich eine materielle Grundlage der periodischen Krisen, worin das Geschäft aufeinanderfolgende Perioden der Abspannung, mittleren Lebendigkeit, Überstürzung, Krise durchmacht. Es sind zwar die Perioden, worin Kapital angelegt wird, sehr verschiedne und auseinanderfallende. Indessen bddet die Krise immer den Ausgangspunkt einer großen Neuanlage. Also auch - die ganze Gesellschaft betrachtet - mehr oder minder eine neue materielle Grundlage für den nächsten Umschlagszyklus»].

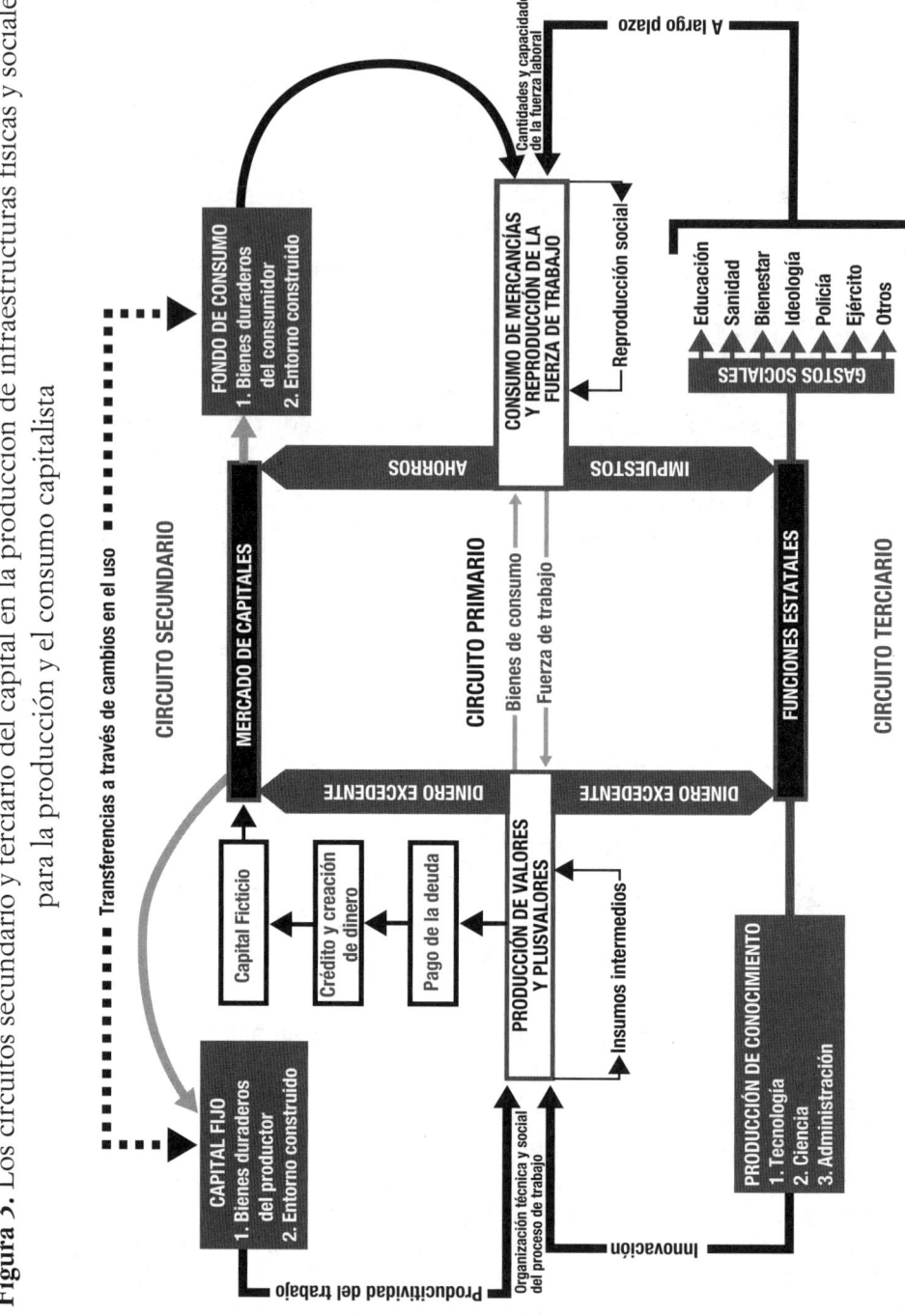

Figura 3. Los circuitos secundario y terciario del capital en la producción de infraestructuras físicas y sociales para la producción y el consumo capitalista

nes industriales de los Estados Estados y Europa desde la década de 1980 en adelante. Los ritmos de inversión y desinversión en el capital fijo incrustado en la tierra varían y dan lugar a pautas oscilantes de desarrollo geográfico desigual en el capitalismo mundial.

La formación de infraestructuras físicas a largo plazo y frecuentemente enormes se ha vuelto con el tiempo cada vez más importante para el capital. Constituye, por decirlo así, un circuito secundario del capital en virtud de la forma especial en que responde y dicta las vías en el espacio y en el tiempo de la acumulación de capital en general. También hay un circuito terciario del capital, al que Marx no presta atención, excepto de pasada, que implica gastos sociales en la educación y la formación de la mano de obra, una amplia gama de gastos y servicios sociales tales como la atención médica y los derechos de jubilación, a los que nos hemos acostumbrado como apoyo para la vida diaria. Tradicionalmente esos servicios han sido proporcionados por el Estado a partir de los impuestos, pero en los últimos años se tiende a una atención cada vez más privada. Sin embargo, como en el caso del capital fijo de tipo independiente, esos gastos, por ejemplo en la educación, implican proyectos a largo plazo que pueden o no contribuir al aumento de la productividad en una fecha muy posterior. Los flujos de capital en los circuitos secundarios y terciarios de capital agregan otra dimensión a nuestra comprensión de las leyes dinámicas del capital (véase la figura 3 en la página 184). Una cosa es segura, no obstante: el capital como valor en movimiento no puede entenderse sin incorporar esos circuitos secundario y terciario del capital, mediados no solo a través del mercado, sino también del poder del Estado, a nuestro análisis amplio de cómo funciona y se reproduce el capital en el espacio y en el tiempo. La visualización del capital con la que comenzamos se limita a la circulación en un espacio unidimensional. Las otras dimensiones, aquí presentadas como los circuitos secundarios y terciarios del capital a largo plazo, complementan decisivamente esa comprensión.

VIII
La producción de regímenes de valor

Las leyes del movimiento del capital son actualizadas, pero no creadas, dice Marx, por la competencia intercapitalista. A lo largo de *El capital,* Marx asume (en general) un estado utópico de competencia perfecta, suposición que aprovecha para demostrar que la gloriosa utopía de los economistas políticos clásicos –en la que las libertades individuales y la propiedad privada, coordinadas mediante el mercado, redundarían en beneficio de todos– produciría en la práctica una pesadilla distópica de desigualdades de clase crecientes, degradaciones ambientales y crisis económicas sin fin. Pero se pregunta también qué sucede cuando el mecanismo de aplicación de la competencia perfecta se ausenta o deja de funcionar.

Marx asume tácitamente que la competencia perfecta ocurre en un espacio de costes de transporte nulos y movimiento sin fricción. Pero toda competencia espacial es competencia monopolística[1]. Se llama así porque las empresas tienen el monopolio del espacio particular que ocupan y solo afrontan la competencia de un número limitado de empresas (si las hay) dentro de cierto ámbito geográfico. Los capitalistas individuales pueden verse protegidos contra la competencia de los demás gracias a una combinación de altos costes de transporte y barreras territoriales al comercio (como los aranceles). La fuerza de este efecto proteccionista depende de la naturaleza de las mercancías, la estructura tarifaria y el tiempo y el coste del transporte. En la

---

[1] A. Darnell (ed.), *The Collected Economics Articles of Harold Hotelling,* Nueva York, Springer Verlag, 1990.

época de Marx, los artículos perecederos pesados no podían escapar al control local del monopolio, mientras que el comercio de oro, plata, diamantes, especias, sedas, tintes y similares no se veía tan afectado por los costes de transporte, aunque puedieran estar sometidos a aranceles. Productores de muchos bienes básicos y perecederos (como el pan y la cerveza) estaban protegidos contra la competencia, incluso de los productores de ciudades vecinas. Los productores que dependen de insumos de materias primas pesadas (como el mineral de hierro y el carbón en la producción de acero) se protegían contra la competencia ubicándose cerca de sus fuentes de materias primas. Esos son los tipos de condiciones que aborda la teoría de la ubicación[2]. El transporte de las materias primas fue una fuerza poderosa que regulaba la ubicación de la mayoría de las industrias pesadas en el capitalismo del siglo XIX. Hoy día la orientación del mercado es probablemente más significativa, con algunas excepciones obvias. Los productores mexicanos de frigoríficos tienen en la actualidad una ventaja de ubicación sobre sus competidores asiáticos debido a su proximidad al mercado estadounidense.

El valor de esas mercancías producidas y comercializadas en condiciones de monopolio local o regional no puede determinarse en el mercado mundial de la misma manera que, digamos, el valor del oro, los diamantes o la sal. En cambio, su valor variaría de un lugar a otro dependiendo de los tiempos y costes de transporte variables y de los aranceles y otras barreras al comercio.

Marx reconocía que el valor de la fuerza de trabajo varía de un país a otro, según «el precio y volumen de las necesidades vitales elementales –naturales e históricamente desarrolladas–, el coste de entrenar a los trabajadores, el papel desempeñado por el trabajo femenino e infantil, la productividad del trabajo; su magnitud extensiva e intensiva»[3]. Las variaciones geográficas en la intensidad del trabajo son particularmente importantes. «El trabajo nacional más intenso [...] produce en el mismo tiempo más valor, que se expresa en más dinero.» La ley del valor «se ve modificada aquí por las diferencias nacionales en los salarios» y por variaciones geográficas en la duración, intensidad, productividad y porosidad de la jornada laboral. Diferentes productividades

---

[2] P. Haggett, *Locational Analysis in Human Geography*, Londres, Edward Arnold, 1965.

[3] *El capital*, vol. 1, cap. XX, p. 647 [*MEW* 23, p. 583: «Preis und Umfang der natürlichen und historisch entwickelten ersten Lebensbedürfnisse, Erziehungskosten des Arbeiters, Rolle der Weiber- und Kinderarbeit, Produktivität der Arbeit, ihre extensive und intensive Größe»].

del trabajo según las diferencias naturales (por ejemplo, comida barata de tierras fértiles en un clima favorable), diferentes definiciones de antojos, necesidades y deseos según la situación natural y cultural y la dinámica de la lucha de clases, significan que la nivelación de la tasa de ganancia no irá acompañada por una igualación de la tasa de explotación entre los distintos países[4]. En el caso del comercio entre países, «el país favorecido recibe más trabajo a cambio de menos, aunque esa diferencia o exceso se lo embolsa una clase particular, como en el intercambio entre trabajo y capital en general»[5]. No hay premios por adivinar qué clase se beneficiará más. «Aquí –dice Marx–, la ley del valor sufre modificaciones esenciales [...] el país más rico explota al más pobre, aun cuando este último se beneficie en el intercambio»[6]. Esto quiere decir que no existe una «nivelación directa de *valores* por el tiempo de trabajo y menos aún la nivelación de los *precios de coste* por una tasa general de ganancia entre los diferentes países»[7].

El trabajo social que hacemos para otros en una parte del mundo es diferente, tanto cualitativa como cuantitativamente, del que se hace en otro. En caso de intercambio entre diferentes regímenes regionales de valor, el trabajo social en una región puede terminar subsidiando y apoyando la economía y el estilo de vida de otro. Los regímenes de producción de alto valor, como los que se basan en una producción intensiva en mano de obra (por ejemplo, en México o Bangladesh), pueden estar respaldando regímenes intensivos en capital de alta productividad (por ejemplo, el de Estados Unidos). Aún más dramáticamente, las plantas embotelladoras de deuda de Nueva York y Lon-

---

[4] Los detalles de los dispersos comentarios de Marx sobre este asunto aparecen recogidos en D. Harvey, «The Geography of Capitalist Accumulation: A Reconstruction of the Marxian Theory», publicado como capítulo 12 en *Spaces of Capital: Towards a Critical Geography*, Nueva York: Routledge, 2001 [ed. cast.: *Espacios del Capital: Hacia una geografía crítica*, Madrid, Akal, 2007].

[5] *El capital*, vol. 3, cap. XIV.V, p. 276 [*MEW* 25, p. 248: «Das begünstigte Land erhält mehr Arbeit zurück im Austausch für weniger Arbeit, obgleich diese Differenz, dies Mehr, wie beim Austausch zwischen Arbeit und Kapital überhaupt, von einer gewissen Klasse eingesackt wird»].

[6] *Theorien über den Mehrwert, Band 3*, cap. XX.2.e, *MEW* 26.3, p. 101: «In diesem Fall exploitiert das reichere Land das ärmre, selbst wenn letztres durch den Austausch gewinnt»].

[7] *Theorien über den Mehrwert, Band 2*, caps. X.A.4 y XVII.2; *MEW* 26.2, p. 198: «Die Ausgleichung der *Werte* durch Arbeitszeit und noch viel weniger der *Kostenpreise* durch eine allgemeine Profitrate existiert nicht in dieser unmittelbaren Form zwischen verschiednen Ländern»] y pp. 475-76.

dres que producen antivalor buscan su amortización en las fábricas de Bangladesh y Shenzhen y no en las callejuelas apartadas de Manhattan o el Soho.

Este argumento tiene consecuencias de largo alcance. En el Primer Volumen de *El capital* Marx pregunta cómo puede hacerse compatible la supuesta igualdad en las relaciones de intercambio competitivo con la desigualdad de la producción de plusvalor. La respuesta radica en la mercantilización de la fuerza de trabajo y la explotación del trabajo vivo en la producción. En el Tercer Volumen de *El capital,* Marx plantea otro acertijo sorprendente. La nivelación de la tasa de ganancia mediante la competencia obliga a intercambiar las mercancías no por su valor, sino por su precio de producción[8]. Los capitalistas reciben plusvalor según el capital que adelantan, y producen plusvalor de acuerdo con la fuerza de trabajo que emplean. La redistribución del plusvalor que esto produce en las situaciones comerciales abiertas dentro de la clase capitalista favorece a los productores intensivos en capital frente a los productores intensivos en mano de obra.

La ley de redistribución capitalista expuesta en el Tercer Volumen de *El capital* evoca algunos paralelismos interesantes. El Comité del Senado que investigó el crac de 2007-2008 le pidió a Lloyd Blankfein, CEO de Goldman Sachs, que definiera el papel del banco; él respondió que era «hacer el trabajo de Dios»[9]. Presumiblemente, pensaba en el mandato bíblico de Mateo 25, 29: «Porque a todo el que tiene, se le dará más, y tendrá en abundancia. Al que no tiene se le quitará hasta lo que tiene». Esto es lo que logra la nivelación de la tasa de ganancia. Las consecuencias son potencialmente enormes, dada la insistencia de Marx (y Ricardo) en que el trabajo es la fuente última de valor. El comercio entre regímenes de valor intensivos en capital, como el de Alemania, y regímenes de valor intensivos en mano de obra, como el de Bangladesh, transferirá valor y plusvalor de los segundos a los primeros. Esto se logrará «silenciosamente» y «naturalmente» mediante el proceso de mercado. Para que funcione no requiere técnicas imperialistas de dominación y extractivismo, aparte de la promoción de las prácticas de libre comercio. Esta es la vía «silenciosa» por la que las regiones ricas se hacen más ricas a expensas de las regiones pobres, que se quedan atrás. Por esta razón, muchos de los llamados «países en desarrollo» recurren al proteccionismo, particularmente

---

[8] *El capital,* vol. 3, cap. IX.

[9] Dealbook, «Blankfein Says He's Just Doing "God's Work"», *New York Times,* 9 de noviembre de 2009.

de las llamadas «industrias infantiles». Esto también ayuda a explicar por qué tantos países en desarrollo, comenzando por Japón en la década de 1960, prefieren organizar y subsidiar al capital, en lugar de promover formas intensivas de desarrollo capitalista[10]. Lo que se llama «ascender en la cadena de valor» hacia la producción de mayor valor añadido se convierte en una ambición general. Cuando agregamos a tales transferencias de valor las formas en que la geografía de la producción y valorización del valor difiere de la realización, emerge la geografía fluida de los flujos de valor a lo largo y a través de los paisajes diferenciadores de la circulación del capital como su expresión material. A partir de esos flujos emergen, al menos durante un tiempo, configuraciones regionales relativamente estables y geográficamente fijas de movilización laboral, divisiones del trabajo e inversiones en infraestructuras sociales y físicas y de producción, realización y distribución de valor.

La hipótesis que postula la existencia de distintos regímenes regionales de valor se ve reforzada por un examen de los dispositivos monetarios. En el Primer Volumen de *El capital*, Marx observa una gran divergencia entre las mercancías monetarias globales —el oro y la plata— y las muchas variedades de dinero local, ya sea en papel u otros, que existen para facilitar los intercambios y cuya acuñación es «un asunto que concierne al Estado».

> Cuando sale de la esfera de la circulación interna, el oro se despoja de las funciones locales [...] y recae en la forma originaria de los metales preciosos, la forma de lingotes. En el comercio mundial, las mercancías despliegan su valor de modo universal. De ahí que su figura autónoma de valor se les contraponga, en este terreno, como *dinero mundial*. Solo en el mercado mundial el dinero funciona de manera plena como la mercancía cuya forma natural es, a la vez, forma de efectuación directamente social del trabajo humano *in abstracto*. Su modo de existencia se adecua a su concepto[11].

---

[10] C. Johnson, *MITI and the Japanese Miracle,* Stanford, Stanford University Press, 1982.

[11] *El capital,* vol. 1, cap III.3.c, p. 197 [*MEW* 23, p. 156: «Mit dem Austritt aus der innern Zirkulationssphäre streift das Geld die dort aufschießenden Lokalformen von Maßstab der Preise, Münze, Scheidemünze und Wertzeichen, wieder ab und fällt in die ursprüngliche Barrenform der edlen Metalle zurück. Im Welthandel entfalten die Waren ihren Wert universell. Ihre selbständige Wertgestalt tritt ihnen daher hier auch gegenüber als Weltgeld. Erst auf dem Weltmarkt funktioniert das Geld in vollem Umfang als die Ware, deren Naturalform zugleich unmittelbar gesellschaftliche Verwirklichungsform der menschlichen Arbeit in abstracto ist. Seine Daseinsweise wird seinem Begriff adäquat»].

Así, «los diversos uniformes nacionales que el oro y la plata revisten en calidad de monedas» son abandonados cuando entran en el mercado mundial[12]. Existe una «separación entre las esferas interna o nacional de la circulación de las mercancías y su esfera universal, el mercado mundial». El «verdadero» valor de las mercancías, insiste Marx, reside en el mercado mundial y su forma de representación monetaria más adecuada es el oro.

Si la disyunción entre los dineros locales y universales es tan obvia, ¿por qué no imaginamos que lo mismo se podría aplicar al propio valor? La suposición tácita de que el valor es singular y universal, más que múltiple y regionalmente desagregado, no es más que eso: una suposición. La justificación que ofrece Marx es que solo en el mercado mundial puede adquirir el dinero su forma material universal —la del oro—, que está fuera y más allá de la manipulación humana. La oferta global de oro era y es relativamente inelástica y la mayor parte de ella estaba ya al descubierto de una forma u otra. El imperativo de reducir los costes de transacción en el intercambio dio lugar a múltiples monedas locales, que eran meros símbolos del valor. Pero entonces también el oro es un mero símbolo. La diferencia es que esas otras formas de dinero, no metálicas, son vulnerables a una manipulación humana arbitraria. Menos fiables aún son los «dineros de cuenta» y los muchos sistemas complicados de generación de deudas y dineros de crédito. El oro operaba como el sólido y fiable pivote material en torno al que giraban todas las demás formas de dinero ficticias y, por lo demás, incontrolables.

Con el tiempo, no obstante, el oro se volvió cada vez más irrelevante para el intercambio, incluso a nivel global. El sistema monetario mundial abandonó los últimos vestigios de dependencia del patrón oro desde 1970 más o menos. Marx había insistido en que eso nunca podría suceder; pero en este punto estaba claramente equivocado y debemos considerar las consecuencias teóricas y prácticas de su error. El valor está ahora representado, incluso en el mercado mundial, por formas de dinero que no tienen como base una mercancía material. Esas formas de dinero están sujetas a la manipulación humana (como la flexibilización cuantitativa entre los bancos centrales). Existe la posibilidad de que surjan regímenes monetarios en competencia mutua, riva-

---

[12] *El capital,* vol. 1, cap III.2.c, p. 179 [*MEW* 23, pp. 138-139: «In den verschiednen Nationaluniformen, die Gold und Silber als Münzen tragen, auf dem Weltmarkt aber wieder ausziehn, erscheint die Scheidung zwischen den innern oder nationalen Sphären der Warenzirkulation und ihrer allgemeinen Weltmarktssphäre»].

lizando por el poder de representación del valor en el mercado mundial. Cualquier moneda que aspire a desempeñar el papel de equivalente universal que ahora desempeña el dólar estadounidense no solo se verá frente a un constante desafío, sino que será intrínsecamente inestable.

Marx podría haber teorizado esto fácilmente si hubiera querido. El valor, como hemos visto, surge en el curso de las prácticas de intercambio de mercado. Los intercambios que comienzan con el trueque postulan tantas formas de valor como los tiempos de trabajo concretos encarnados en las mercancías producidas. Imaginemos que ese proceso prolifera dentro de un territorio dado, de manera que surge una forma particular de dinero para representar el promedio de todos los tiempos de trabajo dentro de ese territorio. Una forma de trabajo abstracto o socialmente necesario se consolida en todos los espacios del territorio. No es difícil imaginar que ese proceso opere en dos territorios cerrados próximos entre sí, cada uno de los cuales producirá su propio régimen de valores.

Está en la naturaleza del capital «hacer saltar sus trabas meramente locales» y «arrasar las barreras *individuales y locales* del intercambio directo de productos»[13]. El comercio comenzará entre diferentes territorios con diferentes regímenes de valores representados por diferentes sistemas de monedas. El impulso inherente al capital para crear el mercado mundial descrito en el *Manifiesto Comunista* y en los *Grundrisse* convierte en capital el impulso hacia la intercambiabilidad general directa. Esto implica la creación de un equivalente universal que «por costumbre social se ha soldado definitivamente con la *forma natural específica* de la mercancía oro»[14]. Pero la finalización de este proceso depende de la eliminación de todas las barreras al comercio, incluidas las relacionadas con los costes de transporte. Aunque esos costes se han reducido en gran parte (particularmente con respecto a la hipermovilidad del dinero), es imposible reducir los costes de circulación a cero.

Marx entendía claramente las contradicciones insertas en cualquier forma de dinero universal. En el caso del oro, la forma en que operan esas contra-

---

[13] *El capital,* vol. 1, cap II, p. 142, y cap. III.2.a, p. 166 [*MEW* 23, pp. 104 y 126: «der Warenaustausch seine nur lokalen Bande sprengt»; «der Warenaustausch die individuellen und lokalen Schranken des unmittelbaren Produktenaustausches durchbricht»].

[14] *El capital,* vol. 1, cap I.3.D, p. 120 [*MEW* 23, p. 84: «Der Fortschritt besteht nur darin, daß die Form unmittelbarer allgemeiner Austauschbarkeit oder die allgemeine Äquivalentform jetzt durch gesellschaftliche Gewohnheit endgültig mit der spezifischen Naturalform der Ware Gold verwachsen ist»].

dicciones es obvia, pero no es tan fácil en el caso del dólar estadounidense como moneda de reserva mundial. En efecto, la productividad total de los trabajos privados concretos que producen valores de uso dentro de la economía estadounidense se considera el representante del trabajo abstracto a escala mundial, pero la aceptación general de eventuales manipulaciones estadounidenses de ese estándar no está asegurada. Cuando la productividad total del trabajo en Estados Unidos cae por debajo, por ejemplo, de la de Japón y la República Federal de Alemania (como ocurrió en la década de 1980), ¿por qué recurrir a dólares estadounidenses para representar valores? No hay un pilar estable para el equivalente universal. La evolución de diferentes regímenes de valores ocurre en el contexto de cambios impredecibles en los valores relativos de las principales monedas del mundo.

La producción de regímenes regionales de valor ha sido una característica crítica de la geografía histórica del capital. Esos regímenes estaban inicialmente muy localizados y se integraron de manera flexible mediante el intercambio de un número limitado de productos no perecederos, a menudo de alto valor y que no se podían reproducir fácilmente. Las mercancías que servían de dinero (oro y plata) desempeñaron el papel de conector y coordinador, lo que explica el interés de Marx en ellas como característica central de su teorización económica. A medida que los vínculos comerciales proliferaban y se reforzaban con el tiempo, la convergencia de los diferentes regímenes de valores se aceleraba, primero a nivel regional (como demuestran los regímenes comerciales de la Unión Europea, el Tratado de Libre Comercio de América del Norte, el MERCOSUR y otros), y luego también a una escala más global. En 1970 todavía no se podían encontrar en los supermercados locales estadounidenses quesos o vinos extranjeros, e incluso la cerveza era en su mayoría de elaboración local. Si alguien bebía National Bohemian estaba en Baltimore, si era Iron City estaba en Pittsburgh, y Coors significaba Denver. Esto ha cambiado drásticamente desde 1970. Todos los supermercados locales tienen productos alimenticios de todo el mundo y en la mayoría de las grandes ciudades puedo tomar cerveza de prácticamente cualquier lugar.

Gran parte de la historia del capital desde 1945 se ha desarrollado en torno a la eliminación gradual de las barreras al comercio debida a las persistentes caídas en los costes de transporte y a la reducción gradual de las barreras políticas (por ejemplo, aranceles y otras formas de regulación). El paisaje geográfico para la producción competitiva ha venido cambiando por las iniciativas de libre comercio, como el Acuerdo General sobre Aranceles Aduaneros y Comercio (GATT, creado en 1947) y su sucesor de mayor alcance, la Organización Mundial del Comercio (OMC, creada en 1995), así como por una serie de acuerdos propositivos, como el Acuerdo Transpacífico de Cooperación Económica (TPP). Tales indicadores parecen sugerir que las diferencias entre los regímenes regionales de valor están desapareciendo y que estamos mucho más cerca de un régimen de valores único, unificado a nivel mundial, y tal vez incluso de un sistema monetario mundial más seguro que lo represente. El hecho de que a China todavía no se le haya reconocido el estatus de Economía de Mercado en la OMC nos dice, sin embargo, que este proceso es incompleto. Además, la creciente ola de protestas contra los acuerdos de libre comercio sugiere que también existe un movimiento muy activo en su contra.

Considérense, por ejemplo, los recientes intentos de crear acuerdos comerciales, como la Asociación Transatlántica para el Comercio y la Inversión (TTIP) (y su hermana gemela del Pacífico). En el caso del TPP, el acuerdo fue diseñado específicamente por Estados Unidos y Japón para restringir la capacidad de las empresas chinas y europeas de establecer un mercado compartido en Asia. El carácter real del TPP se pone de manifiesto inmediatamente cuando se examinan los datos económicos fundamentales de sus doce países signatarios. Los signatarios potenciales están dominados por las economías del G7 de Estados Unidos, Japón y Canadá, que, junto con Australia, constituyen el 90 por 100 del PIB de los posibles signatarios. Las economías en desarrollo participantes –México, Malasia, Chile, Vietnam y Perú– solo representan el 8 por 100. El TTIP y el TPP son realmente intentos de Estados Unidos de crear un régimen particular de valores que detenga el declive de su participación en el mercado del comercio mundial a expensas de los demás, al tiempo que contrarresta la debilidad del crecimiento económico y la rentabilidad en su propio país. En 1985 las economías de los países propuestos para la firma del TPP representaban el 54 por 100 del PIB mundial, pero en 2014 se había reducido al 36 por 100. Entre 1984 y 2014 el porcentaje estadounidense en el PIB mundial disminuyó del 34 al 23 por 100. En el mismo periodo, la participación de Estados Unidos en el comercio mundial de mercancías disminuyó del 15 al 11 por 100. Así pues, el TPP no es un gran acuerdo de libre comercio sino un acuerdo de un grupo de economías avanzadas con una franja de países en desarrollo, cuya participación en el PIB mundial ha disminuido significativamente, para mantener a los demás fuera, con Estados Unidos desempeñando el papel de poder predominante en su centro. Los beneficios, por supuesto, no alcanzan a los trabajadores, ya que, como comentó Marx, «cualquier exceso es embolsado, como en cualquier intercambio entre capital y trabajo, por cierta clase». Efectos similares surgieron de la creación de la Eurozona como un régimen de valor supuestamente coherente, armado con su propia moneda. Pero el capital alemán ha dominado y ha extraído los máximos beneficios, mientras que Grecia, Italia, Portugal y España han perdido valor sistemáticamente. El abandono del acuerdo transpacífico por parte de Estados Unidos ha creado una oportunidad para que China intervenga y construya su propia versión de un régimen de valores en el vacío creado por la retirada estadounidense.

Al disminuir, tanto material como políticamente, la competencia monopolística espacial, se han revitalizado otras formas de monopolio. La gran corporación poseedora de gran poder de mercado ha sido una característica principal del capitalismo desde la segunda mitad del siglo XIX, pero la quiebra gradual de las barreras espaciales ha significado un cambio de las perspectivas nacionales a las globales en el poder empresarial, en particular desde 1970. El poder monopolístico en Estados Unidos en la década de 1960 aludía sobre todo a las tres grandes compañías automotrices en Detroit. La obra clásica de Paul Baran y Paul Sweezy *Monopoly Capital,* publicada en 1966, reconocía la necesidad de una teoría del valor alternativa, pero limitaba en gran medida su análisis a Estados Unidos, con ramificaciones internacionales. Durante aquellos años la mano de obra estadounidense (de hecho, las principales fuerzas de trabajo nacionales) estaba protegida en gran medida contra la competencia extranjera, aparte de la posibilitada por la inmigración. Cada gran Estado-nación estaba constituido, en efecto, como un régimen de valor peculiar, con controles de capital que aseguraban la soberanía sobre su propia economía. Pero ese monopolio fue cuestionado en la década de 1980 por la feroz competencia, por ejemplo, de compañías automovilísticas extranjeras (alemanas, italianas, japonesas, coreanas y ahora chinas), mientras que las estadounidenses se establecieron en China y en otros lugares. Se pueden contar historias similares sobre el desplazamiento del poder monopolístico nacional al global en el campo de los agronegocios (Monsanto y Cargill), la energía (las siete hermanas petroleras), los productos farmacéuticos (Bayer, Pfizer) y las telecomunicaciones. Luego están los nuevos monopolios de los servicios informatizados, como Google, Amazon y Facebook, junto con un movimiento para encerrar el conocimiento común del mundo en sistemas globales de patentes, licencias y formas legales. Esto último es lo que el Acuerdo sobre los Aspectos de los Derechos de Propiedad

Intelectual relacionados con el Comercio (ADPIC), acordado en el marco de la OMC, respalda y pretende garantizar.

La competencia, decía Marx en *Miseria de la filosofía,* conduce inevitablemente al monopolio, ya que solo las empresas más aptas sobreviven en el mundo darwiniano que crea la competencia capitalista. Y da un paso más en *El capital* cuando describe lo que llama «leyes de centralización del capital», muy facilitadas por la organización del sistema de crédito, que van mucho más allá de la simple concentración y aumento de tamaño de las empresas, como consecuencia del proceso de acumulación[15]. No cabe exagerar la importancia de las economías de escala para aumentar la productividad. Esa es la ventaja competitiva que el capital anhela en su búsqueda temeraria de centralización y aumento de escala. La acumulación de poder de mercado por parte de los tiburones corporativos les permite tragarse a los peces pequeños mediante fusiones y adquisiciones[16]. La unificación de los mercados bursátiles mundiales en la década de 1980 también permitió que ese proceso se globalizara.

La ola de innovaciones tecnológicas y organizativas desde mediados de la década de 1980 ha reestructurado radicalmente los regímenes regionales de valor. Los costes de transporte y, aún más importante, los tiempos de coordinación, han menguado, como los aranceles y otras barreras fronterizas, que han disminuido o han sido eliminados selectivamente. La aceleración en la producción y la circulación ha sido la consigna fetichista de la época. La creación de cadenas de producción mundiales permite combinaciones de producción transfronterizas en las que, por ejemplo, las empresas estadounidenses proporcionan habilidades de diseño, organización y comercialización aplicadas por la mano de obra de bajo coste en México, tal como lo hacen las empresas alemanas en Polonia[17]. Algunos beneficios van a parar, sin duda, a México y Polonia, pero la mayor parte del valor es capturado por las corporaciones estadounidenses y alemanas, aun cuando el trabajo en Estados Unidos y Alemania afronta una competencia mucho más feroz por parte de los

---

[15] *El capital,* vol. 1, cap. XXIII.2, pp. 714-717 [*MEW* 23, pp. 652-654].

[16] *El capital,* vol. 3, cap. XXVII, p. 510 [*MEW* 25, p. 456: «Da das Eigentum hier in der Form der Aktie existiert, wird seine Bewegung und Übertragung reines Resultat des Börsenspiels, wo die kleinen Fische von den Haifischen und die Schafe von den Börsenwölfen verschlungen werden»].

[17] R. Baldwin, *The Great Convergence: Information Technology and the New Globalisation,* Cambridge, MA, Belknap, 2016.

trabajadores extranjeros y no se beneficia en absoluto de la reorganización (excepto, quizás, en la forma de bienes de consumo más baratos). Pero la organización es regional en el sentido de que la relación transfronteriza se da principalmente con países próximos, de modo que organizaciones como el TLCAN y la Eurozona se convierten en formas institucionales de expresión en el espacio absoluto, tratando de enmarcar el espacio-tiempo relativo de las cadenas de valor globales en movimiento. La mayor parte del llamado «comercio transfronterizo global» es, de hecho, regional (por ejemplo, el comercio chino con Asia oriental y sudoriental, o el comercio británico con Europa). Es así como la evolución de la tecnología como negocio se convierte en un agente activo en la definición y remodelación de los regímenes de valores regionales en evolución perpetua.

Esto nos lleva a una muy breve consideración del papel desempeñado por lo que hasta ahora hemos designado como «dones gratuitos» de la naturaleza, y de la humana en particular, en la configuración geográfica de los regímenes de valor. Esos «dones gratuitos» son valores de uso de los que se puede apropiar el capital sin coste alguno (o con un coste mínimo) y que pueden, así, contribuir a la producción de plusvalor. Mas tales dones gratuitos no están distribuidos equitativamente sobre la faz de la tierra. Altas concentraciones de los llamados «recursos naturales», junto con concentraciones de poblaciones con características culturales, habilidades, dispositivos institucionales y aptitudes susceptibles de incorporarse a la dinámica de la valorización, realización y distribución del capital, crean un mundo de ventajas geográficas diferenciales para la acumulación de capital. El mosaico de regímenes regionales de valor siempre ha sido favorecido por la proliferación, la preservación, y en algunos casos la creación activa, de las tradiciones culturales, hábitos y preferencias locales que las poblaciones locales se apropian, adhiriéndose a ellas incluso sin invocar el poder a veces abrumador de los sentimientos nacionalistas. Es ahí donde la definición de valor del capital confronta y en algunos aspectos vampiriza ideales de valor más tradicionales articulados a través de la ética, la religión, la cultura o la herencia étnica.

Los dones de la naturaleza, y en particular de la humana, no son uniformes. Dependerán de la evaluación capitalista de los posibles usos de los valores en oferta. Los recursos naturales no son naturales, sino apreciaciones económicas, técnicas, sociales y culturales de los elementos disponibles en la naturaleza. Durante un tiempo el acceso a la energía hidráulica era importante, pero la invención de la máquina de vapor liberó al capital de tales limitaciones de ubicación. El uranio era un recurso irrelevante hasta la invención de la energía nuclear. Las tierras raras (*rare-earth element*, REE, o *rare-earth metal*, REM) eran irrelevantes hasta que las nuevas tecnologías las convirtieron en recursos decisivos. Las habilidades laborales que se adecuaban a la perfección a las regiones industrializadas antes de la década de 1970 pasaron a ser prácticamente superfluas tras los cambios tecnológicos que incorporaron esas habilidades a la tecnología maquínica y a la automatización. Las aptitudes culturales son importantes para la evolución de ciertos tipos de consumo que apuntalan la búsqueda febril de signos de distinción, clase y buen gusto en ciertos mercados del mundo. La producción de antojos, necesidades y deseos, como señalamos anteriormente, es un aspecto crucial de la historia del capital, sin la cual habría desaparecido hace tiempo. Los dones de la naturaleza, y en especial de la humana, que ofrece todo tipo de dones gratuitos para la acumulación de capital, nunca son obsequios de la naturaleza ni de una «naturaleza humana» inalterable, ni tampoco están distribuidos uniformemente por todo el mundo. Se producen y cambian constantemente, y el propio capital desempeña un papel muy importante en su producción. El resultado no es la homogeneidad global, sino la diversificación regional. El valor de la fuerza de trabajo, por ejemplo, «difiere según el clima y el nivel de desarrollo social; no depende solo de las necesidades físicas, sino también de las necesidades sociales desarrolladas históricamente, que se convierten en una segunda naturaleza»[18].

Las inversiones en capital fijo inserto en la tierra, amortizadas desde hace tiempo, forman parte de esa «segunda naturaleza», mientras que la evolución cultural no es inmune a las influencias de la acumulación de capital. El espíritu emprendedor se crea, no viene dado, y se distribuye de manera desigual, al igual que las inversiones que producen una segunda naturaleza. Señalar la importancia de todo esto en la formación de distintos regímenes de valor no es recurrir a un determinismo físico o cultural, sino abrir, y no cerrar, una discusión sobre la integración dialéctica de la acumulación de capital con la perpetua evolución de las condiciones geográficas contextuales de la naturaleza y la naturaleza humana en las que tiene lugar ese proceso.

---

[18] *El capital,* vol. 3, cap. L, p. 976 [*MEW* 25, p. 866: «Der wirkliche Wert seiner Arbeitskraft weicht von diesem physischen Minimum ab; er ist verschieden je nach dem Klima und dem Stand der gesellschaftlichen Entwicklung; er hängt ab nicht nur von den physischen, sondern auch von den historisch entwickelten gesellschaftlichen Bedürfnissen, die zur zweiten Natur werden»].

No todos los acontecimientos naturales son benignos: sequías, inundaciones, huracanes, terremotos y erupciones volcánicas, junto con revoluciones, guerras religiosas y culturales, rivalidades nacionalistas y movimientos contra los inmigrantes, conforman parte de la relación de las muchas consecuencias inconvenientes o involuntarias que configuran las complejas relaciones entre la acumulación de capital y la evolución de la naturaleza, incluida la humana. Más insidiosamente, tampoco se puede ignorar el poder de las inversiones pasadas para imponer una inercia geográfica. El capital puede preferir terrenos no urbanizados, para evitar quedar atrapado en viejas redes de poder e infraestructuras esclerotizadas. En las primeras fases de la Revolución Industrial, por ejemplo, el capital industrial evitaba las ciudades mercantiles, como Norwich y Bristol, y prefería establecerse en pequeñas aldeas rurales con nombres como Birmingham y Manchester, para evitar el poder de los trabajadores organizados en los gremios, así como los poderes conservadores de los capitalistas comerciales que dominaban los gobiernos municipales existentes. Aún más enfáticamente en el mundo actual, el aumento del trabajo improductivo y la proliferación de regulaciones suponen un lastre negativo para las perspectivas del desarrollo capitalista. El surgimiento del emprendimiento urbano y regional por parte de los aparatos del Estado intenta contrarrestar este problema mediante subvenciones locales, promesas de inversiones en infraestructura y un prometido «toque suave» cuando se trata de regulación medioambiental y social. Entretanto, el creciente poder de las instituciones de creación de antivalor y el trabajo de coordinar los flujos del capital que devenga intereses depende de la disponibilidad de comunicaciones sofisticadas y de un entorno regulador cómodo para que florezcan sin restricciones[19]. La tensión entre los entornos naturales y humanos positivos y negativos para las diferentes formas de acumulación de capital es evidente en todas partes.

Marx tropezó con algunas de estas cuestiones en su análisis de las rentas diferenciales. Tales rentas surgen en primera instancia como dones de la naturaleza. La mayor fertilidad y / o mejor ubicación produce una mayor tasa

---

[19] D. Harvey, «From Managerialism to Entrepreneurialism: The Transformation in Urban Governance in Late-Capitalism», *Geografiska Annaler, Series B, Human Geography* 71 (1) (1989), pp. 3-17 [ed. cast.: «Del gerencialismo al empresarialismo. La transformación de la gobernanza urbana en el capitalismo tardío», en *Senderos del Mundo,* Madrid, Akal, 2018, cap. VI, pp. 169-199].

de ganancia para las empresas bendecidas con tales ventajas. Las ventajas son relativamente permanentes (dado que ningún competidor puede pasar a ocupar un sitio privilegiado para la producción, dado el monopolio que siempre se vincula con el terreno[20]), aunque, en el caso de la ubicación, la posición en el espacio relativo puede cambiar drásticamente con las inversiones en transporte. Los propietarios de tierras pueden gravar con impuestos los beneficios excesivos como renta de la tierra. Esto tiene el efecto de nivelar la tasa de ganancia entre las empresas en un mundo de dotaciones de valor de uso geográficamente desiguales. Esto era lo que justificaba, desde el punto de vista de Marx, la continua apropiación de la renta –primordialmente, una institución feudal– bajo el capitalismo.

Las condiciones que permiten la apropiación de rentas diferenciales también pueden ser producidas activamente. Las inversiones en capital fijo de un tipo independiente incrustado en la tierra conducen a la segunda forma de renta diferencial. Las ventajas competitivas que no existían antes pueden producirse y crearse en y sobre la tierra como valores de uso privilegiados, para que el capital los use como dones gratuitos derivados de la «segunda naturaleza».

Inversiones a largo plazo en lo que llamo los circuitos secundario y terciario, a través de los cuales se producen las infraestructuras físicas y sociales para la acumulación de capital, proporcionan un mecanismo básico mediante el cual el capital establece las condiciones físicas y sociales adecuadas a sus propias necesidades en un momento y lugar determinados. La movilización de los flujos de capital para construir esas infraestructuras es un asunto complicado y frecuentemente requiere no solo un sistema de crédito sofisticado, sino también la organización, financiación y otras formas de intervención estatal. En ese proceso se genera una forma totalmente diferente de circulación temporal que se superpone sobre la visualización del capital como valor en movimiento con la que comenzamos (ver figura 3, página 184).

Las estructuras que resultan pueden ser duraderas e influyentes en la formación y sustento de regímenes de valor. Los bulevares del barón Haussmann (y sus obras de alcantarillado y conducción de agua, así como parques como el Bois de Boulogne) duran hasta nuestros días, al igual que las obras de Robert Moses en la región metropolitana de Nueva York durante el periodo inmediatamente posterior a 1945. Las inversiones en educación superior pa-

---

[20] *El capital,* vol. 3, cap XXVII, p. 977 [*MEW* 25, p. 868].

ralelas a la mejora de las universidades de investigación en Estados Unidos le confirieron una ventaja competitiva durante dos generaciones al menos, y dieron forma a su régimen de valores de maneras muy peculiares. Una avalancha de inversiones de un tipo similar en la educación superior en China durante los últimos años (estimulada en gran medida por el éxito de Singapur) bien puede tener allí un resultado parecido.

Las inversiones en infraestructuras sociales y físicas crean concentraciones geográficas de ventaja relativa, a las que el capital se ve inevitablemente atraído. Los dones gratuitos de la naturaleza y la naturaleza humana deben ser producidos antes de poder ser donados al capital. Las regiones pobres se empobrecen y las regiones ricas suelen enriquecerse a menos que surja alguna crisis que rompa el proceso causal circular y acumulativo que opera bajo el desarrollo desigual de regímenes geográficos peculiares[21]. Las ventajas a largo plazo persisten mucho más allá de la fecha de amortización del valor del capital fijo o del fondo de consumo. Las inversiones previas en educación superior en Estados Unidos permitieron contrarrestar la desindustrialización que golpeó a la industria manufacturera desde la década de 1970. Las firmas de Internet y *high tech* como Google, Microsoft, Amazon y similares se establecieron rápidamente como monopolistas globales, aunque, como de costumbre, los beneficios fluyen hacia el capital y no hacia el trabajo.

Las relaciones entre diferentes regímenes de valor eran propensas a las crisis ya en la época de Marx. «La crisis puede estallar primero en Inglaterra, el país que adelanta la mayor parte del crédito y que menos crédito toma, porque la balanza de pagos [...] que debe ser liquidada de inmediato le es *desfavorable* a pesar de que su balanza comercial general le sea *favorable* [...] La catástrofe en Inglaterra, iniciada y acompañada por un drenaje de oro, salda la balanza de pagos de Inglaterra [...] Luego le toca el turno a otro país»[22]. Los costes de la devaluación son entonces devueltos a la región inicial «despachando primero los metales preciosos; luego se venden a bajo precio mercancías consignadas; se exportan productos para deshacerse de ellos u

---

[21] D. Harvey, *The Limits to Capital,* Oxford, Basil Blackwell, 1982, caps. 12 y 13.

[22] *El capital,* vol. 3, cap. XXX, pp. 567-568 [*MEW* 25, pp. 508-509: «Die Krise mag zuerst in England ausbrechen, in dem Lande, das den meisten Kredit gibt und den wenigsten nimmt, weil die Zahlungsbilanz [....] die sofort liquidiert werden muß, *gegen es,* obgleich die allgemeine Handelsbilanz *für es* ist. [...] Der Krach in England, eingeleitet und begleitet von Goldabfluß, saldiert Englands Zahlungsbilanz [...] Nun kommt die Reihe an ein andres Land»].

obtener adelantos de dinero en el propio país; se aumenta el tipo de interés, retirando el crédito, depreciando valores, eliminando valores extranjeros, y finalmente llega la bancarrota, lo que resuelve una gran cantidad de demandas»[23]. Gran Bretaña, enfrentada con el problema de la sobreacumulación en el siglo XIX, resolvió su problema prestando dinero a Argentina para construir allí vías férreas usando equipo británico excedente. Buena parte de esa secuencia es harto reconocible. Pero la suposición tácita de la explicación de Marx es que el mundo debe ser estudiado y entendido en términos de relaciones de poder fluctuantes entre diferentes regímenes de valor en la economía global.

La gran diferencia entre la época de Marx y la actual es que la aparición de tales crisis no está marcada principalmente por un drenaje de oro (aunque eso ocurra), ni puede resolverse mediante la fuga de metales preciosos, aunque la balanza de pagos entre los países siga siendo una fuente crucial de inestabilidades globales. Por lo general se solucionan mediante un préstamo del FMI a costa de severas medidas de austeridad impuestas a la población. Cualquier disminución del volumen del comercio mundial, o las inestabilidades en las crisis de las balanzas comerciales, son ahora aún más importantes. Las caídas en el volumen del comercio mundial son en la actualidad entendidas en general como claras precursoras de crisis globales, a menos que las instituciones de lo que llamo «el nexo Estado-finanzas» del capital (en la actualidad constituido por la Reserva Federal y el Tesoro estadounidenses, respaldados por el FMI y por los demás bancos centrales) gestionen con eficacia los saldos del dólar en el comercio mundial. Sin el patrón oro, vivimos en un mundo en el que la única mediación frente a la eventualidad de una catástrofe en los mercados financieros y comerciales mundiales es la manipulación y la gestión humana. Esto no es una exhortación a volver al patrón oro, lo que sería igualmente desastroso, si no más.

Lo que parece irrefutable es la necesidad de reflexionar sobre los regímenes regionales de valores que se cruzan y relacionan unos con otros dinámicamente. El hecho de que durante los últimos cuarenta años, más o menos, hayan venido convergiendo cada vez más, particularmente en sus prácticas en el mercado laboral, es igualmente innegable. Estamos más cerca que nunca en la historia de la humanidad de un mercado laboral global. También son innegables los indicios de una creciente homogeneización de los antojos, ne-

---

[23] G. Myrdal, *Economic Theory and Underdeveloped Regions,* Londres, Methuen, 1965.

cesidades y deseos entre las poblaciones de clase media de todo el mundo. Aunque todavía hay un trecho considerable por recorrer antes de que se dé una total homogeneización de los múltiples regímenes de valor actualmente existentes, tal como suele suceder con las proposiciones de estilo marxista, no es difícil detectar las fuerzas contrarias de la desintegración, la dispersión y la realización, que hacen que la tensión entre lo universal y lo particular se mantenga permanentemente, sin acabar de ser interiorizada dentro de la propia ley del valor.

Nunca ha habido ni puede haber un único sistema de valores. Es imposible eludir las obvias prácticas materialistas históricas mediante las que el movimiento del capital por el mundo entero utiliza y construye diferencias geográficas en la conceptualización, empleo y medición del trabajo social hecho para otros. Las diferenciaciones geográficas y el desarrollo geográfico desigual son características importantes, en torno a las que se dará siempre un forcejeo. La universalidad del dinero mundial encuentra en el curso de su movimiento espacial oportunidades radicalmente diferentes para su valorización, así como condiciones sustancialmente diferentes para la realización, no solo por la diversidad de antojos, necesidades y deseos, sino también por la diferente capacidad de pago de unos y otros. Aunque la competencia (incluso de tipo monopolista) puede suavizar algunas de estas diferencias, en otros casos crea activamente diferencias geográficas más notorias mediante las inversiones diferenciales en el fondo de capital fijo y de consumo del entorno construido, que son la fuente de las rentas diferenciales de la tierra y las propiedades en el escenario mundial[24]. Esto lleva a una competencia cada vez más intensa entre las economías locales, regionales y de bloques de poder en la escena mundial. La construcción activa de espacios alternativos en la economía global se convierte en una de las características principales, aunque generalmente descuidadas, de las leyes dinámicas del capital.

La definición e identificación de regímenes de valor regionales no es un asunto fácil. Los espacios y épocas absolutas de los Estados o grupos de Estados, como la Unión Europea o el TLCAN, tienen ciertamente un papel que desempeñar, como lo indican los recientes e intrincados intentos de ingeniería geopolítica en la economía mundial. Los límites absolutos del TLCAN pueden funcionar bien para combinar el *knowhow* estadounidense con la mano de obra mexicana de bajo coste, pero eso no impide de ningún modo

---

[24] *El capital,* vol. 3, Sección VI, cap. XXXVII, pp. 712-715 [*MEW* 25, pp. 632-635].

el uso de piezas chinas y materias primas africanas en la fabricación de un producto en México para su comercialización en Estados Unidos. La creciente complejidad de las cadenas de valor globales superpone una dimensión espacio-temporal relativa en casi cualquier actividad, y tales movimientos no se interrumpen, aunque tengan que frenar su marcha, en las fronteras. Sin embargo, como en el caso del valor en general, los aspectos inmateriales pero objetivos capturados por el espacio-tiempo relacional pueden ser decisivos en la configuración de regímenes de valor regionales, aun cuando las constelaciones hegemónicas de poder político-económico estén centralizadas en ciertos puntos nodales clave de las redes y flujos complejos de bienes materiales, información, conocimiento e influencia reputacional. Los regímenes de valor regionales pueden anidarse a diferentes escalas e identificarse dentro de los Estados. El llamado Sun Belt («Cinturón del Sol») estadounidense es muy diferente del Rust Belt («Cinturón de óxido»), y Cataluña no es Andalucía, del mismo modo que Hamburgo no es lo mismo que Baviera. Los regímenes de valor regionales son configuraciones inestables y flotantes de influencia y poder que existen y tienen poderosas manifestaciones, aun cuando no tengan una definición material clara.

Comenzamos esta exploración del espacio y el tiempo en los que operan las leyes dinámicas del valor con la aseveración más que probable de que forma parte de la propia naturaleza del capital conquistar y establecer el mercado mundial. Ahora vemos, después de atravesar el terreno contradictorio sobre el que esas leyes deben funcionar, que también forma parte de la naturaleza del capital sacudir la uniformidad, la homogeneidad y la racionalidad suprasensible del mercado mundial, descomponiéndolo en fragmentos potencialmente peligrosos e incompatibles de heterogeneidad, diferencia y desarrollo geográfico desigual, independientemente de todos los defectos humanos irracionales que salpican con sangre y lodo la historia colectiva de la humanidad. La metamorfosis de todo esto en luchas geopolíticas entre bloques de poder en el escenario mundial tiene grandes consecuencias. La historia geopolítica del capitalismo ha sido bastante desagradable (y sigue siendo amenazante)[25]. Consideraciones surgidas de la creación de distintos regímenes de valor en el espa-

---

[25] E. M. Wood, *The Origin of Capitalism: A Longer View,* Londres, Verso, 2002; D. Harvey, *The New Imperialism,* Oxford, Oxford University Press, 2003 [ed. cast.: *El Nuevo Imperialismo,* Madrid, Akal, 2004]. Véase la discusión y debate sobre esos dos libros en *Historical Materialism* 14(4) (2006).

cio y en el tiempo tienen un papel sutil que desempeñar en esa geografía histórica; pero, por una u otra razón, ni Marx ni los pensadores posteriores de la tradición marxista han profundizado en ese aspecto de la teoría del valor, más allá de las variaciones de los debates teóricos tempranos del siglo XX sobre el imperialismo capitalista y el papel del colonialismo y el neocolonialismo en los orígenes y la reproducción del sistema mundial capitalista[26].

---

[26] Las obras de Samir Amin, Giovanni Arrighi y Peter Gowan han abierto una vía para ir más allá del árido formalismo de la teoría del sistema-mundo de Wallerstein y el punto muerto en el debate sobre el Estado iniciado durante la década de 1970, para profundizar en una perspectiva teórica de las relaciones geopolíticas desde el punto de vista del valor. Véanse en particular S. Amin, *The Law of World Wide Value,* Nueva York, Monthly Review Press, 2010; S. Amin, *Three Essays on Value Theory,* Nueva York, Monthly Review Press, 2013; G. Arrighi, *The Long Twentieth Century: Money, Power and the Origins of Our Times,* Londres, Verso, 1994 [ed. cast.: *El largo siglo XX,* Madrid, Akal, ²2014]; G. Arrighi y B. Silver, *Chaos and Governance in the Modern World System,* Minneapolis, University of Minnesota Press, 1999 [ed. cast.: *Caos y orden en el sistema-mundo moderno,* Madrid, Akal, 2001]; P. Gowan, *The Global Gamble: Washington's Faustian Bid for World Dominance,* Londres, Verso, 1999 [ed. cast.: *La apuesta por la globalización,* Madrid, Akal, 2000].

IX La locura de la razón económica

Cuando se consumen por fin las mercancías portadoras de valor, abandonan la circulación, con lo que «dejan de ser un momento del proceso económico». Pero esa desaparición depende de la conversión previa del valor de la mercancía a la forma dinero, y el dinero tiene la capacidad de permanecer perpetuamente en circulación. «En el caso del dinero –dice Marx–, se llega a la *locura*; a la locura, ciertamente, en cuanto momento de la economía y determinante de la vida práctica de los pueblos»[1]. La vida cotidiana se convierte en rehén de la locura del dinero. ¿Pero en qué radica esta locura?

Desde el punto de vista de las mercancías, el valor de cambio es «solo de interés pasajero», ya que el objetivo inmediato de la producción de mercancías es satisfacer necesidades sociales. En un mundo de intercambio, el dinero simplemente facilita los intercambios. Pero, en el mundo del capital y la producción de plusvalor, el dinero cobra un carácter bastante diferente. El valor ahora «se preserva mediante el aumento; y solo se preserva superando constantemente su barrera cuantitativa [...] Por lo tanto, el enriquecimiento se convierte así en finalidad en sí. El objetivo que determina la actividad del capital solo puede ser hacerse más rico, es decir, aumentar, hacerse

---

[1] Marx, *EFCEP,* vol. 1, p. 209 [*MEW* 42, p. 194: «Wo sie sich selbständig gegeneinander verhalten, *positiv,* wie in der Ware, die Gegenstand der Konsumtion wird, hört sie auf, Moment des ökonomischen Prozesses zu sein; wie im Geld, wird sie *Verrücktheit;* die Verrücktheit allerdings als ein Moment der Ökonomie und das praktische Leben der Völker bestimmend»].

mayor»². El dinero, en la medida en que funciona como una medida de riqueza, también debe participar en «el impulso constante para ir más allá de su límite cuantitativo; un proceso sin fin. Su propia animación consiste exclusivamente en eso; solo se conserva como valor de intercambio autovalidado, distinto del valor de uso, multiplicándose constantemente». Esto es lo que distingue al dinero bajo el capitalismo de todas sus múltiples formas precapitalistas. «El dinero en cuanto suma de dinero se mide por su cantidad. Que se le mida contradice su determinación, que debe estar orientada hacia lo ilimitado»³. Nunca puede ser contenido o restringido.

Eso es lo que Hegel entiende como «mala infinitud» [schlechte Unendlichkeit]. Es la forma del infinito, que no tiene final y que, como la sabiduría de Dios, supera todo el entendimiento humano. La sucesión numérica es su forma paradigmática. Para cada número hay siempre otro mayor que lo supera. La cantidad de dinero en el mundo, sin la restricción de una base metálica material, es una mala infinitud. Es simplemente un conjunto de números. El capitalismo contemporáneo está encerrado en la mala infinitud de la interminable acumulación y el crecimiento compuesto [iterado]. En la interpretación de Marx, sugiere Wayne Martin, «el capitalismo está esencialmente orientado a una infinitud incompletable, una orientación basada en la ontología del propio capital»⁴. El dinero puede acomodarse a la necesidad infinita de expansión del valor, simplemente haciendo que los bancos centrales agreguen ceros a la oferta de dinero, que es lo que hacen mediante la flexibilización cuantitativa. Esa es una mala infinitud, la espiral que escapa a todo control, que corre desbocada. Solíamos hablar en términos de millones, luego de millardos y de billones, y pronto, sin duda, hablaremos en términos

---

² *EFCEP*, vol. 1, p. 211 [*MEW* 42, p. 196: «Für den Wert, der an sich als Wert festhält, fällt schon deswegen Vermehren mit Selbsterhalten zusammen, und er erhält sich eben nur dadurch, daß er beständig über seine quantitative Schranke hinaustreibt, die seiner Formbestimmung, seiner innerlichen Allgemeinheit widerspricht. Das Bereichern ist so Selbstzweck. Die zweckbestimmende Tätigkeit des Kapitals kann nur die der Bereicherung, d.h. der Vergrößrung, der Vermehrung seiner selbst sein»].

³ *EFCEP*, vol. 1, p. 212 [*MEW* 42, p. 197: «Das Geld als Geldsumme ist gemessen durch seine Quantität. Dies Gemessensein widerspricht seiner Bestimmung, die auf das Maßlose gerichtet sein muß»].

⁴ W. Martin, «In Defense of Bad Infinity: A Fichtean Response to Hegel's Differenzschrift», mimeo, Department of Philosophy, University of Essex; C. Arthur, *The New Dialectic and Marx's Capital*, Leiden, Brill, 2004, pp. 137-152.

de trillones de dólares en circulación, un número que supera cualquier comprensión real.

El infinito virtuoso o verdadero *[wahrhaft Unendlichkeit]* de Hegel es el círculo, la banda de Möbius o la Escalera de Escher, en la que el movimiento puede continuar para siempre, pero donde todo es calculable y cognoscible de antemano. En los dos primeros volúmenes de *El capital,* Marx dedica largos capítulos a la reproducción simple. Es casi como si quisiera explorar las formas cíclicas virtuosas de reproducción que podrían ser posibles en un mundo no capitalista de acumulación nula. El problema comienza con la producción de plusvalor y la necesidad de su expansión perpetua, que implica el paso de un infinito virtuoso cíclico a una espiral de acumulación sin fin. Es ese cambio el que obliga a la perpetua búsqueda de una «infinitud incompletable» por parte del capital. Los valores de uso, aunque claramente limitados por las restricciones materiales, no son, como se verá, inmunes a esta locura. Hay «intentos de elevar el consumo hasta una imaginaria carencia de límites», mientras que gran parte del resto aparece como «un despilfarro ilimitado», en el que figura tan destacadamente la degradación acelerada del medio ambiente[5].

En el Tercer Volumen de *El capital* Marx descubre otra dimensión de esta locura. El capital que devenga intereses es calificado como «la madre de todas las formas absurdas»[6]. En este caso, el dinero vuelve a su papel como mercancía, pero se trata de una mercancía cuyo valor de uso consiste en que puede ser prestada a otros en cantidades infinitas para producir plusvalor. Su valor de cambio es el interés. El dinero, la representación del valor, adquiere así un valor dinerario. «El interés como precio del capital es, desde un principio, una expresión cabalmente irracional»[7]. El resultado es una «contradicción absurda» en la que «la tendencia interna del capital se presenta como coerción a que es sometido por el capital *ajeno*»[8]. El antivalor toma el control. Cuando la circulación del capital que devenga interés (el poder de los tenedores de bonos y acciones) se convierte en la fuerza principal para mantener

---

[5] *EFCEP,* vol. 1, p. 211 [*MEW* 42, p. 196: «als grenzenlose Verschwendung, die auch den Genuß in die eingebildete Grenzenlosigkeit zu erheben sucht»].

[6] *El capital,* vol. 3, cap. XXIX, p. 539 [*MEW* 25, p. 483: «das zinstragende Kapital überhaupt die Mutter aller verrückten Formen ist»].

[7] *El capital,* vol. 3, cap. XXI, p. 408 [*MEW* 25, p. 366: «Zins als Preis des Kapitals ist von vornherein ein durchaus irrationeller Ausdruck»].

[8] *EFCEP,* vol. 1, p. 366 [*MEW* 42, p. 327: «In der *Konkurrenz* erscheint diese innre Tendenz des Kapitals als ein Zwang, der ihm von fremdem Kapital angetan wird»].

el valor en movimiento, entonces «queda consumada la figura fetichista del capital y la representación del capital-fetiche […]: capacidad del dinero, o en su caso de la mercancía, de valorizar su propio valor, independientemente de la reproducción; la mistificación del capital en su forma más estridente»[9]. La locura de la razón económica se disfraza con formas fetiche, en las que el dinero parece tener el poder mágico de crear más dinero sin cesar. Pongo mi dinero en una cuenta de ahorros y aumenta con interés compuesto, sin que yo tenga que hacer nada.

Sin embargo, «a los señores economistas les resulta condenadamente difícil –dice Marx– pasar teóricamente de la autoconservación del valor en el capital a su reproducción»[10]. Nuestra comprensión del mundo es rehén de la locura de una razón económica burguesa que no solo justifica, sino que promueve la acumulación sin límites, al tiempo que pretende ser un círculo virtuoso de crecimiento armónico y mejoras continuas y alcanzables en el bienestar social. Los economistas nunca han afrontado la «mala infinitud» del crecimiento compuesto (acumulativo, iterado) sin fin, que solo puede culminar en devaluación y destrucción. En su lugar, elogian las virtudes de una burguesía que «ha sido la primera en someter el progreso histórico, poniéndolo al servicio de la riqueza»[11]. Evitan tozudamente la cuestión de si las crisis son inherentes a dicho sistema. Las crisis, dicen, se deben a actos divinos o de la naturaleza, o a errores y fallos humanos (particularmente, los atribuibles a intervenciones estatales equivocadas). Cualquiera de esas razones o todas a la vez pueden hacer descarrilar la máquina supuestamente inmaculada del libre capitalismo de mercado. Pero la propia máquina, sostienen los economistas, es el epítome de la perfección. Cuando se enfrentan a una crisis, los economistas solo pueden decir que «si la producción se llevara a cabo de acuerdo con los libros de texto, las crisis nunca ocurrirían». Cualquier razón que arguyen contra la crisis es una contradicción exorciza-

---

[9] *El capital,* vol. 3, cap XXIV, p. 452 [*MEW* 25, p. 405: «Hier ist die Fetischgestalt des Kapitals und die Vorstellung vom Kapitalfetisch fertig […] Fähigkeit des Geldes, resp. der Ware, ihren eignen Wert zu verwerten, unabhängig von der Reproduktion - die Kapitalmystifikation in der grellsten Form»].

[10] *EFCEP,* vol. 1, p. 211 [*MEW* 42, p. 196: «Den Herren Ökonomen wird es verdammt schwer, theoretisch fortzukommen von der Selbsterhaltung des Werts im Kapital zu seiner Vervielfältigung»].

[11] *EFCEP,* vol. 2, p. 92 [*MEW* 42, p. 492: «Das Kapital aber erst hat den geschichtlichen Progreß gefangengenommen in den Dienst des Reichtums»].

Figura 4. Aumento de la deuda pública, corporativa y privada en Estados Unidos

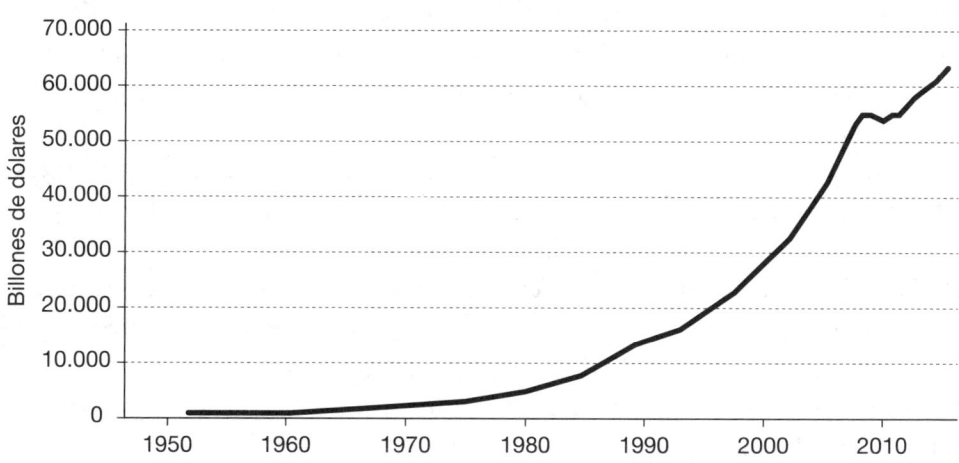

Fuente: Banco de la Reserva Federal de San Luis.

da, y por lo tanto una contradicción real. El deseo de convencerse a sí mismos de la inexistencia de contradicciones es, al mismo tiempo, la expresión de un deseo piadoso de que las contradicciones, que realmente están presentes, no deberían existir[12]. La ciencia económica contemporánea está libre de contradicciones.

Es en este contexto en el que Marx decidió dedicar gran parte de su esfuerzo intelectual y de su vida laboral a la crítica de la economía política y la locura de la razón económica. A medida que avanza va descubriendo irracionalidades cada vez más profundas y «formas de locura» en el pensamiento

---

[12] *Theorien über den Mehrwert, Band. 2,* cap. XVI.3.e, *MEW* 26.2, p. 469; cap. XVIII.A, *MEW* 26.2, p. 551. La mayoría de los economistas reconocen las imperfecciones del mercado que surgen de los efectos de la externalidad y de la información imperfecta (e incluso las estudian como «fallos del mercado»). Quienes tienen inclinaciones keynesianas reconocen el papel del Estado en la adecuada gestión de la demanda agregada y de la oferta, dirigida principalmente a amortiguar los ciclos económicos con la esperanza de eliminar crisis y depresiones. Pero su objetivo es corregir las imperfecciones y definir políticas óptimas para las intervenciones del Estado, que devolverán a su legítimo lugar teórico el concepto de equilibrio armonioso. Ninguno de ellos, ni siquiera los que, como Paul Krugman, Joseph Stiglitz y Jeffrey Sachs, reivindican posiciones políticas progresistas, asumen las contradicciones internas del capital o los peligros de la «mala infinitud» del crecimiento compuesto (iterado) sin fin.

sistémico y el programa político que se supone que nos guía hacia un utopismo de la vida cotidiana. Las leyes dinámicas contradictorias que va desvelando solo benefician a la clase capitalista y sus acólitos, mientras que reducen a poblaciones enteras a la explotación de su trabajo vivo en la producción, a posibilidades irrisorias en su vida cotidiana y a la servidumbre por deudas en sus relaciones sociales.

La locura de la razón económica burguesa, tal como descubrió Marx, se ve aún más magnificada por el creciente antagonismo entre el valor y sus representaciones monetarias. A medida que el dinero se ve necesariamente desvinculado de cualquier base material (como la de las mercancías monetarias metálicas, el oro y la plata), más vulnerables resultan sus construcciones idealistas (como número de dólares, euros, yenes, etc.) y, lo que es más importante, su creciente manifestación como formas de dinero a crédito se hace vulnerable a los caprichos de los juicios humanos, susceptibles de excesos y manipulaciones por parte de quienes retienen las riendas del poder. «De su figura de siervo, en la que se presenta como simple medio de circulación, se vuelve de improvisto soberano y dios en el mundo de las mercancías» y puede «llegar a ser tangiblemente poseído por un individuo particular». El dinero es un derecho individualizado sobre el trabajo social de otros, exactamente del mismo modo que la deuda es un derecho sobre el trabajo futuro de esos otros. El dinero le da a su poseedor, por su propio carácter, «el dominio absoluto sobre la sociedad, sobre todo el mundo de los goces, de los trabajos, etc.»[13]. La brecha entre la proliferación de tales derechos y el valor sobre el que se supone que se basan se ha ampliado enormemente desde los tiempos de Marx. Si todos fueran un día a los bancos a exigir un efectivo igual a sus depósitos, llevaría varios meses, si no años, imprimir los billetes requeridos. En los mercados de divisas cambian de manos dos billones de dólares al día.

Pero eso es solo la punta de un iceberg de fenómenos dentro del mundo financiero. Los flujos de dinero a crédito, de esa forma de antivalor que crea el propio capital, han aumentado enormemente desde la década de 1970 (fi-

---

[13] *EFCEP*, vol. 1, p. 156 [*MEW* 42, pp. 148-149: «Aus seiner Knechtsgestalt, in der es als bloßes Zirkulationsmittel erscheint, wird es plötzlich der Herrscher und Gott in der Welt der Waren [...] der allgemeine Reichtum handgreiflich in den Besitz des einzelnen Individuums gebracht werden [kann]. [...] durch den Charakter dieser Sache, die allgemeine Herrschaft über die Gesellschaft, über die ganze Welt der Genüsse, Arbeiten etc. gibt»].

gura 4, p. 211)[14]. En primer lugar, estos flujos lubrican las actividades dentro del campo de la propia distribución. Este último aparece cada vez más como un agujero negro en el que se sume una masa enorme de valor en nombre de la redención de la deuda, sin ninguna seguridad de que vuelva a reaparecer. Los préstamos interbancarios se sitúan en un máximo histórico, al igual que los intercambios entre las instituciones financieras y los bancos centrales. Los bancos vienen prestando desde hace mucho tiempo a los gobiernos con la garantía de la capacidad impositiva del poder del Estado, que a su vez se usa, recíprocamente, para rescatar a los bancos con problemas. Las crecientes deudas nacionales de los principales Estados no tienen la menor esperanza de ser legalmente amortizadas. Pero dentro del campo de la distribución en su conjunto se normalizan flujos significativos de ingresos fiscales dedicados a la redención de la deuda. Gran parte de la demanda efectiva derivada del gasto estatal, por otro lado, es capital ficticio (antivalor) generado en el sistema de crédito y prestado al Estado. Los derechos de los acreedores sobre la producción futura de valor crecen sin cesar. El crédito al consumidor (parte del cual es de tipo depredador) se pone a disposición de todos (incluidos los trabajadores y estudiantes) y típicamente aumenta a medida que circula. Se propaga con avidez la fantasía de «un consumo imaginariamente ilimitado». El crédito fluye hacia los propietarios de tierras e inmuebles. Alimenta la especulación en rentas y otros activos que parecen tener el poder de aumentar mágicamente sin límite. Comerciantes e industriales se endeudan incluso frente al poderoso poder del antivalor que puede destruirlos en algún momento futuro. Comerciantes, propietarios de tierras e inmuebles, Estados y cualquier otro que ahorre (incluyendo sectores privilegiados de las clases trabajadoras) depositan fondos excedentes en instituciones financieras, con la expectativa (tantas veces defraudada) de una tasa de rendimiento asegurada.

Marx reconoció la importancia de la formación de capital ficticio y la especulación de activos al resaltar la locura de su razón económica. Comprendió muy bien que estas relaciones interdistribucionales constituyen agudos «momentos de economía» que afectan a «la vida práctica de los pueblos». Pero, como todos saben, este es un terreno notoriamente opaco y mistificado de actividades capitalistas, que elude cualquier resumen fácil, o incluso una descripción superficial.

---

[14] Federal Reserve Bank of St Louis, *Economic Reports.*

Figura 5. Consumo chino de cemento

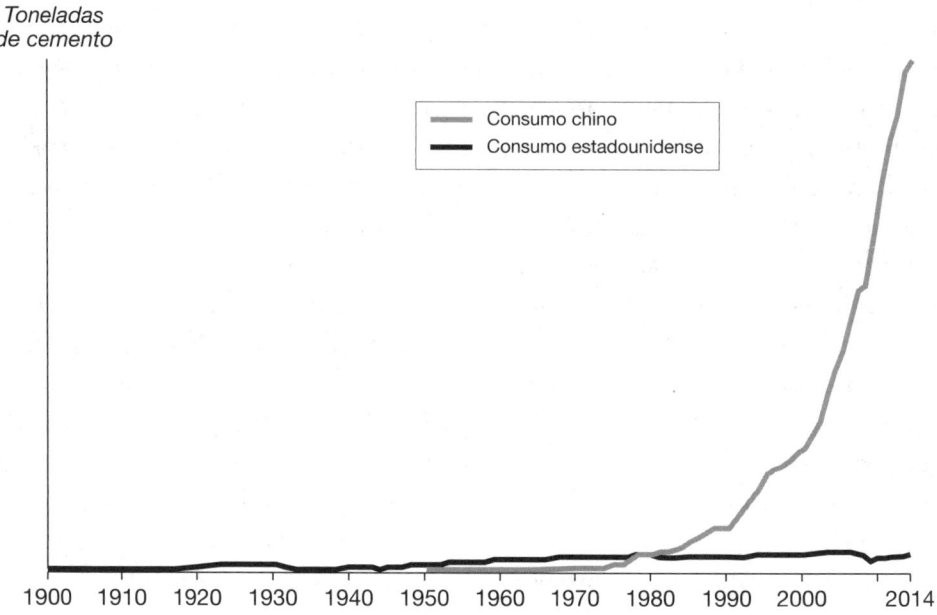

Fuente: datos tomados del gráfico original de National Geographic.

Pero ese carácter «ilimitado» no puede confinarse al mundo del dinero a crédito. Tiene consecuencias para los mundos de los valores de uso y la producción de valores. «El capital, empero, como representante de la forma universal de la riqueza –el dinero–, constituye el impulso desenfrenado y desmesurado de pasar por encima de sus propias barreras [...]. El capital como tal crea un plusvalor determinado porque no puede poner *at once* uno ilimitado; pero es la tendencia permanente a crear más plusvalor. El límite cuantitativo del plusvalor se le presenta tan solo como barrera natural, como necesidad que constantemente procura derribar, que constantemente trata de rebasar»[15].

---

[15] *EFCEP*, vol. 1, p. 276 [*MEW* 42, pp. 252-353: «Das Kapital aber als die allgemeine Form des Reichtums –das Geld– repräsentierend, ist der schranken- und maßlose Trieb, über seine Schranke hinauszugehn [...]. Das Kapital als solches schafft einen bestimmten Mehrwert, weil es keinen unendlichen *at once* setzen kann; aber es ist die beständige Bewegung, mehr davon zu schaffen. Die quantitative Grenze des Mehrwerts erscheint ihm nur als Naturschranke, als Notwendigkeit, die es beständig zu überwältigen und über die es beständig hinauszugehn sucht»].

Figura 6. Consumo mundial de acero

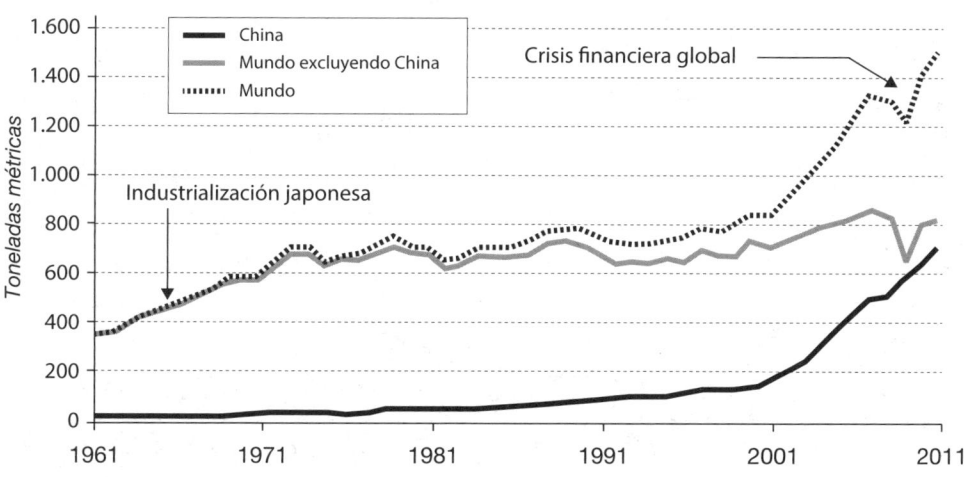

Fuente: RBA.

Estudiar la historia económica capitalista es estudiar esta locura en movimiento. Considérese el siguiente hecho, asombroso pero muy concreto: entre 1900 y 1999, en Estados Unidos se consumieron 4.500 millones de toneladas de cemento; en China, entre 2011 y 2013, 6.500 millones de toneladas. En dos años los chinos consumieron, pues, cerca del 45 por 100 más de cemento que Estados Unidos en todo el siglo anterior (véase la figura 5)[16]. Quienes vivimos o hemos vivido en Estados Unidos hemos visto usar mucho cemento; pero lo que sucedió en China es extraordinario: su aumento en la escala del uso de cemento no tiene precedentes, y despierta preguntas preocupantes. ¿Cuáles podrían ser sus consecuencias medioambientales, políticas y sociales? Parece haber, a ese respecto, algo más que un toque de locura. ¿Es ese el «consumo imaginariamente ilimitado» del que habla Marx?

El cemento se usa en la construcción. Esto significa una inversión masiva en la creación del entorno construido, en la urbanización y en la construcción de otras infraestructuras físicas (tales como líneas ferroviarias de alta velocidad, autopistas, proyectos hídricos y de presas, nuevos aeropuertos y terminales de contenedores, etc.). Pero en ellas no se utiliza solo cemento; ha habido también una enorme expansión de la producción y uso de acero. En los últimos años, más de la mitad de la producción y uso de acero en el

---

[16] «Towering Above», *National Geographic* 229(1) 2016.

Figura 7. Consumo mundial de cobre

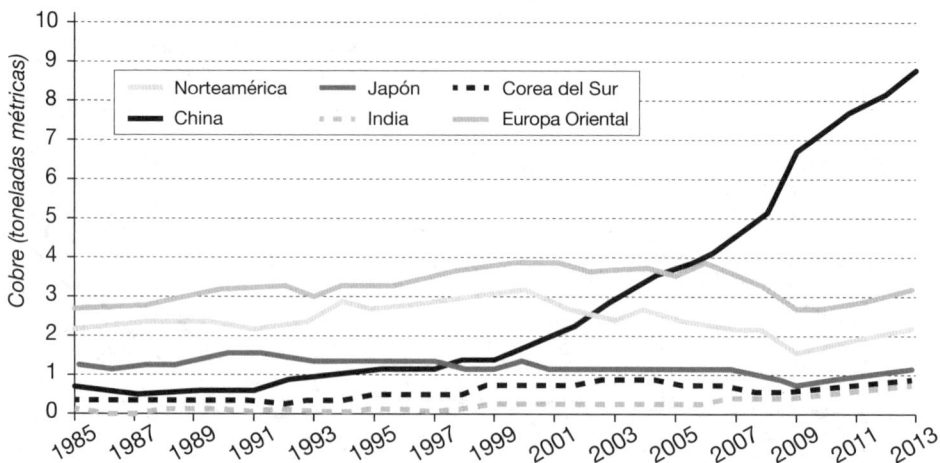

mundo ha tenido lugar en China (véase la figura 6). Para fabricar todo ese acero se necesita mucho mineral de hierro, que llega desde lugares lejanos, como Brasil y Australia. Igualmente se han consumido, a un ritmo sin precedentes, muchos otros materiales, como cobre, arena y minerales de todo tipo. En los últimos años China ha venido consumiendo más de la mitad (y en algunos casos el 60 o 70 por 100) de los principales recursos minerales del mundo (véase la figura 7).

Como consecuencia, los precios de las materias primas tendieron hasta hace poco a dispararse. La actividad minera se ha acelerado en todas partes; desde la India hasta América Latina y Australia, se están moviendo montañas enteras en busca de minerales, con todo tipo de deletéreas consecuencias políticas, económicas y medioambientales. La enorme expansión de la inversión urbana e infraestructural en China ha tenido muchas consecuencias globales. Todos los países que exportan materias primas a China salieron de la recesión de 2007-2008 muy rápidamente: Australia, Chile, Brasil, Zambia y también Alemania, que no exporta allí materias primas, sino equipos de alta tecnología.

Una de las razones por las que sobrevivió después de 2007-2008 un capitalismo global con tantos problemas fue el crecimiento sostenido del consumo productivo en China. La dirección del Partido Comunista chino seguramente no se proponía salvar el capitalismo global, pero de hecho eso es lo que hizo.

Para explicar cómo y por qué sucedió esto, debo profundizar en la historia geoeconómica reciente de los diferentes regímenes regionales de valores. En 2007-2008 se produjo una crisis financiera en Estados Unidos, que por ser lo que son, se definió como una crisis global. Anteriormente se habían producido crisis parecidas en el sudeste asiático en 1997-1998, o en Turquía y Argentina en 2001-2002; pero se consideraron crisis regionales dentro de regímenes particulares de valores. La economía estadounidense es una de las mayores y más influyentes del mundo, y las grandes perturbaciones en su seno tienden a afectar, casi inevitablemente, a otros regímenes regionales de valores. También hay pruebas de que las instituciones y los gobernantes estadounidenses tratan activamente de dispersar los efectos negativos de sus crisis financieras por todo el mundo (mediante el control de instituciones internacionales como el FMI y el mecanismo proporcionado por el dólar como moneda de reserva global), con la esperanza de diluir sus efectos internos. Las crisis siempre tienden a desplazarse de un lado a otro, pero lo hacen más rápidamente cuando cuentan con el apoyo efectivo de políticos y agencias del poder estatales.

La crisis de 2007-2008 estuvo en un principio bastante localizada. Se originó particularmente en el sur y suroeste de Estados Unidos, y se debió en gran medida a la intensa especulación en los mercados inmobiliarios y de la vivienda, impulsada por el crédito fácil y los préstamos hipotecarios *subprime*. El dinero especulativo se vertió en los mercados inmobiliarios estadounidenses (como lo hizo en Irlanda y España, entre otros lugares) después del *crac* del mercado de valores en 2001. El mundo estaba inundado de liquidez excedente durante aquellos años y el capital que devenga intereses tenía pocas oportunidades de inversión rentable. Gran parte de él se volcó en los mercados inmobiliarios y de la extracción de materias primas, haciendo subir y bajar los precios. Cuando estalló la burbuja especulativa de la vivienda, hubo una gran crisis de ejecuciones hipotecarias de los préstamos en Estados Unidos, así como en Irlanda, España y algunos otros países.

La gente desahuciada y desempleada no acostumbra a salir de compras los fines de semana. El mercado de consumo en Estados Unidos se hundió. China era el principal proveedor de bienes para ese mercado. Las industrias de exportación en China también se derrumbaron. Ese es uno de los enlaces por los que una crisis localizada se globaliza; otro suele ser el sistema financiero. Las instituciones financieras habían estructurado la deuda hipotecaria para poder traspasarla a otros como una inversión capaz de producir buenos rendimientos, supuestamente «tan segura como una casa». Pero muchas de las hipotecas no estaban respaldadas por una capacidad de pago, y muchos de los embaucados para invertir en los nuevos instrumentos financieros perdieron dinero. Los bancos, que guardaban en sus cámaras acorazadas grandes fajos de títulos de deuda, se vieron amenazados por la quiebra y cerraron el grifo del crédito, incluso a consumidores habitualmente cautelosos. La debilidad en el mercado estadounidense de bienes de consumo se extendió y profundizó. La espiral descendente amenazaba con engullir en la depresión al mundo entero.

En 2008 China tuvo que hacer frente a una contracción del 30 por 100 en las exportaciones. Las fábricas del sur de China estaban cerrando. Las estadísticas chinas son notoriamente poco fiables, pero, según algunas, se perdieron entre 20 y 30 millones de puestos de trabajo. El gobierno chino siempre ha temido y procurado evitar la posible agitación social. Veinte o treinta millones de trabajadores desempleados representaban un peligro importante, que el gobierno chino debía abordar para mantener su legitimidad y su poder.

En 2010 un informe conjunto del Fondo Monetario Internacional y la Organización Internacional del Trabajo hizo un recuento de las estimaciones de pérdidas netas mundiales de puestos de trabajo a causa de la crisis[17]. Estados Unidos se llevaba la palma con 7,5 millones de empleos perdidos, mientras que la pérdida neta de empleos en China era solo de alrededor de tres millones de vacantes. De alguna manera, China había logrado absorber y volver a emplear al menos a 17 millones de personas y posiblemente muchas más volvieran al mercado laboral en el espacio de aproximadamente un año. Esto era un acontecimiento asombroso y que carecía absolutamente de precedentes.

¿Cómo absorbió China tan rápidamente cantidades tan grandes de mano de obra excedente? Parece que el gobierno central instruyó a todas las empresas para que asumieran tantas infraestructuras y megaproyectos como fuera posible. A los bancos se les dijo que prestaran dinero sin restricciones a los promotores inmobiliarios y de infraestructuras. En Estados Unidos, cuando la Reserva Federal y el Tesoro estadounidense dieron dinero a los bancos para prestar en 2008, estos lo utilizaron para saldar sus malas deudas (a esto lo llamaban «desapalancar») e incluso compraron sus propios títulos. Allí el

---

[17] International Monetary Fund / International Labour Organisation, «The Challenges of Growth, Employment and Social Cohesion», conferencia conjunta ILO-IMF sobre cooperación con el primer ministro de Noruega, 2010; disponible en http://www.osloconference2010.org/discussionpaper.pdf.

Figura 8. Aumento de la deuda pública, corporativa y privada en China

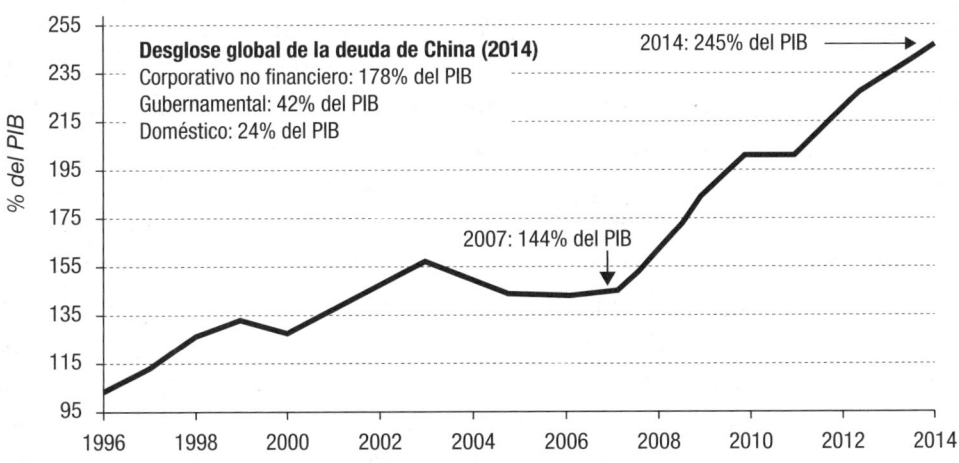

Fuente: Morgan Stanley.

gobierno no tiene poder sobre los bancos, pero el sistema bancario chino funciona de otro modo. En China, si el gobierno central les dice a los banqueros que presten, prestan. Y evidentemente lo hicieron, convirtiendo, por cierto, de hecho en ultrarricas a un montón de personas. De repente China se transformó en un país poblado por multimillonarios, solo superado en proporción por Estados Unidos.

El esfuerzo de construcción masiva en China se financió con deuda. La deuda del país se cuadruplicó entre 2007 y 2015. En 2016 su deuda formal alcanzaba el 250 por 100 del PIB. La deuda debió extenderse tanto a la producción como al consumo. La deuda de los hogares ha aumentado espectacularmente (de otro modo, ¿quién compraría todas esas nuevas viviendas?)[18]. El crédito fácil hizo subir los precios de las propiedades, al tiempo que se disparaba la especulación en valores inmobiliarios. En el verano de 2016 el índice de aumento anual del precio de la vivienda a escala nacional era del 7,5 por 100 al año, mientras que en las diez principales áreas metropolitanas en China el aumento era del 20 por 100[19]. Mientras tanto, gobiernos locales,

---

[18] «China's Property Frenzy and Surging Debt Raises Red Flag for the Economy», *The Guardian,* 27 de noviembre de 2016.

[19] Reuters, «China's Property Boom Continues as Prices Rise at Record Rate», *Fortune,* 21 de octubre de 2016.

estatales y municipales se endeudaban hasta las cachas. En 2014 habían surgido rumores de una masa de deudas tóxicas ocultas dentro de un sistema bancario en la sombra y en las entrañas de las finanzas municipales[20]. En la prensa financiera asomaban periódicamente los temores a algún tipo de crisis financiera. Sin embargo, la deuda china no aparece denominada en dólares, sino en su propia moneda, por lo que no hay posibilidad de intervención externa, por ejemplo, del FMI o los tenedores extranjeros de bonos (como fue el caso de la desafortunada Grecia). El gobierno central cuenta con grandes reservas de divisas extranjeras que podría usar, como lo ha hecho en periodos anteriores, para recapitalizar instituciones financieras con dificultades.

China desató, de hecho, el poder del antivalor para forzar la producción creciente de valor y absorber tanta fuerza de trabajo excedente como fuera posible, pero tampoco fue el único país en hacerlo. El FMI informa de un gran aumento en los niveles globales de financiación de la deuda desde 2007-2008 (véase la figura 8). La deuda global del sector no financiero asciende actualmente a 152 billones de dólares, el nivel más alto de la historia (225 por 100 del PIB mundial)[21]. Estados Unidos es uno de los pocos países donde se produjo una reducción de la deuda neta después de 2008, principalmente mediante medidas de austeridad en todos los niveles del gobierno y continuos problemas de financiación de la vivienda. Esto dio lugar a un estancamiento de la demanda efectiva que retrasó la recuperación de la crisis.

El ritmo sin precedentes de la creación de deuda global desde la década de 1970 sugiere una economía global que crece cada vez más mediante el despliegue del humo y espejos de la creación de antivalor dentro de los múltiples sistemas monetarios regionales del mundo. Gran parte de esa deuda es probablemente tóxica, cubierta por la creación de más deuda (como ocurre en las pirámides de Ponzi). No está claro de dónde saldrá el valor para redimir esa deuda cada vez mayor.

China absorbió una enorme cantidad de mano de obra, lanzando un vasto programa de inversión en consumo productivo en el entorno construido. Una cuarta parte del PIB proviene de la construcción de viviendas y otra cuarta parte o más de las inversiones infraestructurales en carreteras, sistemas

---

[20] Shen Hong, «China's Plan for Local Debt Amounts to a Bailout», *Wall Street Journal*, 23 de junio de 2015.

[21] International Monetary Fund, «Debt: Use It Wisely», *Fiscal Monitor*, World Economic and Financial Surveys, octubre de 2016.

hídricos, redes ferroviarias, aeropuertos y demás. Se construyeron nuevas ciudades donde antes no había nada (y varias de esas «ciudades fantasma» carecen todavía de población[22]). La economía espacial de la nación está mejor integrada con las autopistas y las redes ferroviarias de alta velocidad, que conectan los mercados del sur y del norte de una manera mucho más sólida, desarrollando el interior, actualmente mucho más vinculado a la costa. Aunque es evidente que el gobierno central llevaba tiempo queriendo hacer algo parecido (durante la década de 1990 se establecieron planes para la red ferroviaria de alta velocidad), movilizó todo lo que pudo durante este periodo para absorber el excedente de mano de obra potencialmente rebelde. En 2007 no había ni un kilómetro de vías de alta velocidad en China; en 2015 había casi 20.000 km que unían todas las ciudades principales. Se mire como se quiera, se trata, sin duda, de un resultado fenomenal.

Sin embargo, no había nada nuevo en el modo en que China respondía a sus dificultades económicas. Recordemos lo que se hizo en Estados Unidos después de la Segunda Guerra Mundial. La economía estadounidense necesitaba absorber el enorme aumento de capacidad productiva creado durante la guerra y crear puestos de trabajo bien remunerados para el gran número de veteranos que regresaban de ultramar. Los responsables políticos sabían que si los veteranos que volvían a la vida civil se encontraban con una tasa de desempleo similar a la de la década de 1930, seguramente habría un conflicto político y económico serio. Estaba en juego la reproducción del capitalismo.

La primera tarea consistía en reprimir cualquier eventual oposición de izquierda mediante el movimiento anticomunista conocido como macartismo. La segunda era afrontar el problema económico del capital y la mano de obra excedentes. Esto se hizo en parte mediante el imperialismo estadounidense, la Guerra Fría y una expansión del militarismo (el ascenso del famoso «complejo militar-industrial» que el presidente Eisenhower intentó infructuosamente frustrar). Esas iniciativas tuvieron como complemento una ola masiva de inversiones en infraestructuras materiales y sociales (como la educación superior). El sistema de autopistas interestatales unió a la costa oeste y al sur e integró espacialmente la economía estadounidense. En 1945 Los Ángeles era una ciudad de tamaño normal, pero en 1970 se había convertido en una megalópolis. Las áreas metropolitanas fueron totalmente rediseñadas con transportes, carreteras y automóviles, y sobre todo con áreas periféricas en expan-

---

[22] W. Shepard, *Ghost Cities of China,* Londres, Zed Books, 2015.

sión. La figura de Robert Moses, el genio planificador que reconfiguró todo el diseño de la región metropolitana de Nueva York, influyó profundamente sobre el mundo de las ideas y la práctica de la urbanización y la ingeniería metropolitana modernista[23]. El desarrollo de un nuevo estilo de vida suburbano (aclamado en populares series de televisión, como *The Brady Bunch* y *I Love Lucy*, que celebraban un cierto tipo de «vida cotidiana de la gente»), junto con todo tipo de propaganda sobre el «sueño americano» de la propiedad individualizada de los hogares, se situaron en el centro de una gran campaña para construir nuevos antojos, necesidades y deseos, un estilo de vida totalmente nuevo, en la población en general. Se requerían empleos bien remunerados para respaldar la demanda efectiva. Trabajo y capital llegaron a un compromiso difícil presionados por el aparato estatal, en el que la clase trabajadora blanca obtuvo notables mejoras económicas, aunque las minorías no tan blancas fueran dejadas de lado. Las décadas de 1950 y 1960 fueron, en muchos aspectos, los años dorados de la acumulación de capital en Estados Unidos: altas tasas de crecimiento, una situación satisfactoria para la clase trabajadora blanca, aun cuando un poderoso movimiento por los derechos civiles y revueltas en las principales ciudades demostraron que no todo iba bien para los sectores afroamericano e inmigrante de la población, empobrecidos y marginados. Pero el problema de la sobreacumulación se resolvió durante quince o más años con esos medios. Como al parecer dijo el Presidente de la Reserva Federal de San Francisco, Estados Unidos «sale de las crisis construyendo casas y llenándolas de cosas»[24]. Pero, como más tarde se hizo evidente en la oleada de ejecuciones hipotecarias de 2007-2008, así es también como el capital se hunde en las crisis.

Un ejemplo similar del uso de la urbanización para resolver problemas económicos y políticos había ocurrido mucho antes en el París del Segundo Imperio[25]. La crisis económica de 1848 provocó movimientos revolucionarios de obreros y burgueses en esa ciudad; pero estos fracasaron y Luis Napoleón (sobrino de Bonaparte) fue elegido presidente, con la promesa de engrandecer de nuevo a Francia. Tomó el poder absoluto en un golpe de Estado en diciem-

---

[23] R. Caro, *The Power Broker: Robert Moses and the Fall of New York,* Nueva York, Vintage, 1975.

[24] B. Appelbaum, «A Recovery that Repeats its Painful Precedents», *New York Times,* 28 de julio de 2011.

[25] D. Harvey, *Paris: Capital of Modernity,* Nueva York, Routledge, 2003 [ed. cast.: *París, capital de la Modernidad,* Madrid, Akal, 2008].

bre de 1851 y se declaró emperador en 1852. Inmediatamente estableció una red de espías y una policía secreta para vigilar y mantener bajo control a toda la oposición. Pero también sabía que no podría mantenerse mucho tiempo, a menos que volviera a poner a trabajar al capital y la mano de obra. Fanático de las teorías utópicas de Saint-Simon, inició proyectos de obras públicas financiados por sociedades anónimas y llamó a Haussmann a París para supervisar la reconstrucción de la ciudad. El capital y la mano de obra disponibles fueron, efectivamente, empleados de modo rentable, creando los nuevos bulevares, parques, grandes almacenes, conducciones de agua potable y alcantarillado y otras infraestructuras. La vida cotidiana se transformó en el consumismo burgués de la ciudad-luz, florecieron los cafés y los *music-halls,* así como diversos espectáculos urbanos (que pusieron de moda los bulevares). Todavía hoy vemos las consecuencias de este esfuerzo de transformación urbana cuando caminamos por los bulevares de Haussmann, nos sentamos en los cafés de sus calles y disponemos de agua potable en todo París.

Pero la escala y la velocidad de esos cambios no podían ni compararse con los impulsados por Robert Moses en Estados Unidos después de 1945, que a su vez parecen pequeños en comparación con las transformaciones experimentadas en China en los últimos años.

En todos esos casos había un mismo problema subyacente: había que crear nuevas instituciones de crédito y métodos de financiación para alimentar los planes de construcción. Hubo que crear antivalor para forzar la producción de valor. En la década de 1850 cobró auge en París un nuevo tipo de banca impulsada por el crédito; pero en cierto momento la creación de deuda y el escepticismo en cuanto al valor que la respaldaba pasaron a primer plano. La crisis de la deuda de París en 1867 (quince años después del golpe de Estado de Luis Bonaparte) engulló no solo las instituciones financieras especulativas, sino también las finanzas de la ciudad. Haussmann se vio obligado a dimitir (como Moses en Nueva York un siglo más tarde). Se dispararon el desempleo y los disturbios. Napoleón III intentó salvarse aplicando una estrategia nacionalista que provocó la guerra francoprusiana de 1870-1871. El emperador perdió la guerra y huyó a Inglaterra. A raíz de la guerra y del asedio alemán de París, sus habitantes hicieron su propia revolución –la Comuna de 1871–, uno de los levantamientos urbanos más señalados de la historia humana. La gente recuperó «su» ciudad arrebatándosela a la burguesía y los capitalistas, que, en su opinión, la habían saqueado y sometido a sus caprichos. Los antojos, necesidades y deseos de los trabajadores y de una burguesía radicalizada, ofendida por el conspicuo consumo del Segundo Imperio, cobraron protagonismo; se pretendía crear un tipo diferente de sociedad y de ciudad[26]. Pero las clases altas, expulsadas de la ciudad, avivaron los rencores rurales y destruyeron implacablemente la Comuna, en un baño de sangre en el que unos 30.000 comuneros fueron asesinados.

Resolver el problema de la sobreacumulación mediante una urbanización rápida conlleva ciertos costes. En Estados Unidos se habían establecido en la década de 1930 nuevas instituciones de financiación hipotecaria y de otro tipo, pero después de 1945 se decidieron niveles incluso mayores de intervención estatal (como el proyecto de ley GI –G. I. Bill–, que otorgaba acceso privilegiado a la vivienda y la educación superior a los veteranos retornados). El sistema funcionó bien por un tiempo, pero las tensiones eran evidentes ya en 1967, cuando Moses se vio apartado del poder. Todo el proceso se detuvo abruptamente con los crecientes descontentos políticos de la generación del 68 y el movimiento por los derechos civiles, que fomentó levantamientos en el centro de las ciudades. Feministas de la primera ola veían las urbanizaciones periféricas como un territorio hostil y la generación del 68, inspirada por la crítica de Jane Jacobs del estéril estilo de planificación modernista de Moses, estaba en abierta rebelión contra su estilo de vida convencional y sus áridos intentos de renovación urbana corporativa. Los antojos, necesidades y deseos de la generación del 68 eran radicalmente diferentes y exigían un tipo distinto de urbanización y estilo de vida. Para colmo, el mercado inmobiliario colapsó poco después, culminando en la bancarrota técnica de la ciudad de Nueva York en 1973-1975 (la ciudad tenía uno de los mayores presupuestos públicos del mundo capitalista en aquel momento)[27]. Así se inició un periodo de grave recesión y reestructuración capitalista en Estados Unidos, que también afectó al Reino Unido, Europa y el resto de América del Norte, extendiéndose finalmente a escala global en una ola de reestructuración neoliberal del capitalismo en general[28]. Esa reestructuración implicó el crecimiento ace-

---

[26] Marx, «Der Bürgerkrieg in Frankreich / Adresse des Generalrats der Internationalen Arbeiterassoziation», en MEW, vol. 17, 1973 [ed. cast.: «La Guerra Civil en Francia», https://www.marxists.org/espanol/me/1870s/gcfran/index.htm; Madrid, Fundación Federico Engels, 2017].

[27] W. Tabb, *The Long Default: New York City and the Urban Fiscal Crisis,* Nueva York, Monthly Review Press, 1982.

[28] D. Harvey, *A Brief History of Neoliberalism,* Oxford, Oxford University Press, 2005 [ed. cast.: *Breve historia del neoliberalismo,* Madrid, Akal, 2007].

lerado del endeudamiento y la circulación del capital que devenga intereses como fuente principal de energía para la acumulación sin fin de capital. También marcó el comienzo del auge de un nuevo estilo de vida urbano y suburbano, más acorde con las demandas libertarias de la generación del 68.

Después de 2008, los chinos copiaron (probablemente sin saberlo) lo que Luis Bonaparte había hecho en París después de 1848 y Estados Unidos después de la Segunda Guerra Mundial (incluidas importantes inversiones en educación superior). Pero lo hicieron mucho más velozmente y a una escala mucho mayor, como muestran los datos sobre la utilización de cemento. Ese cambio de escala y velocidad es coherente con la visión marxiana del impulso del capital para reproducirse mediante la acelerada expansión de los valores de uso y de cambio.

No fue solo China la que trató de emular esa historia de la salida de las crisis mediante proyectos de construcción, llenando los nuevos espacios urbanizados con cosas. Turquía, por ejemplo, pasó por el mismo tipo de expansión en su urbanización: un nuevo aeropuerto para Estambul, un tercer puente sobre el Bósforo, la urbanización de la parte norte de la ciudad para crear un centro urbano para 45 millones de personas… Todas las ciudades turcas experimentaron un *boom* semejante de la construcción. Como consecuencia, Turquía apenas se vio afectada por el *crac* de 2008 (aunque también sufrieron sus industrias de exportación). En el periodo posterior a 2008, Turquía tenía la segunda tasa de crecimiento más alta después de China. Como sucede a menudo, esto suscitó una revuelta urbana (un débil eco de la Comuna de París) concentrada en el Parque Gezi de Estambul en 2013. La espectacular urbanización en los Estados del Golfo también absorbió una gran cantidad de capital excedente, aunque en este caso fue a costa de la mano de obra inmigrante importada. En los principales centros urbanos de América del Norte y Europa los mercados inmobiliarios se reactivaron rápidamente después de 2009, pero principalmente en proyectos de viviendas más lujosas para los más ricos. Las ciudades de Nueva York y Londres pronto experimentaron revitalizaciones de la propiedad en la construcción de alta gama, mientras se mantenía la ausencia crónica de cualquier inversión en viviendas asequibles para los menos favorecidos.

Detengámonos un momento y pensemos en lo que está sucediendo ahora. Hay algo de locura en la espectacular urbanización («despilfarro y consumo ilimitados») de los Estados del Golfo en una región del mundo desesperada por mejoras importantes en el bienestar de la gente común. Lo mismo puede decirse de la inversión en apartamentos de alta gama para los ricos y ultrarricos en la ciudad de Nueva York, donde hay una crisis de viviendas asequibles y 60.000 personas sin hogar en las calles. Los tugurios hirvientes de Mumbai rodean edificios palaciegos para los multimillonarios recién enriquecidos. En muchos de esos edificios de alta gama no vive nadie. Basta caminar por las calles de Nueva York y observar cuántas luces se encienden por la noche en esos espectaculares apartamentos para ricos que se elevan en el cielo nocturno. Los edificios son simplemente vehículos de inversión, no solo para los ultrarricos, sino para cualquiera que tenga dinero extra para invertir como ahorro.

Cuando China relajó sus controles de divisas en 2016, una bandada de inversores chinos apareció en Nueva York, Vancouver, San Francisco y otros lugares, buscando un lugar donde aparcar su dinero, más que un lugar para vivir. Cuando los bolsillos de los empresarios irlandeses rebosaban de dinero antes de 2007, también buscaron en Manhattan propiedades inmobiliarias para comprar. Los rusos, los saudíes, los australianos están haciendo lo mismo, y no solo los multimillonarios. La gente de la clase media compra casas y terrenos allí donde puede. Los fondos de pensiones de los trabajadores invierten en planes inmobiliarios depredadores («fondos buitre») porque ahí es donde se obtienen tasas de rendimiento más altas. Puede suceder que esos fondos programen el desalojo de inquilinos que invierten en los fondos de pensiones que proporcionan su financiación[29].

El capital está construyendo ciudades para que la gente y las instituciones inviertan en ellas, no para que la gente común pueda vivir en ellas. ¿Podemos considerar cuerdo ese comportamiento?

Cuando el auge de la construcción en China se detuvo, el exceso de capacidad productiva en la producción de cemento y acero se convirtió en un problema. La demanda global de materias primas disminuyó y los términos de intercambio se volvieron desfavorables para los productores de materias primas. En 2013 Brasil estaba inundado de dinero; en 2016 estaba en una profunda recesión. Desde 2014, la mayoría de los países de América Latina han experimentado una profunda angustia económica, porque el mercado chino ya no es tan vigoroso. Hasta en Alemania, que exporta máquinas herramientas y equipos de alta tecnología a China, se dejó sentir la ventolera.

---

[29] M. Goldstein, R. Abrams y B. Protess, «How Housing's New Players Spiraled into Banks' Old Mistakes», *New York Times,* 26 de junio de 2016.

El capital continúa moviéndose en busca de un «arreglo espacial» para sus problemas de acumulación, pero a un ritmo acelerado. Esto es lo que tradicionalmente trataba de resolver el imperialismo económico. En el siglo XIX el capital y la mano de obra excedentes en Gran Bretaña se desplazaban a Estados Unidos o a Australia, Sudáfrica y Argentina. Gran Bretaña prestó fondos a esos países para construir en ellos ferrocarriles e infraestructuras utilizando el acero y el material rodante que sobraban en Gran Bretaña. La productividad mejorada de la economía receptora permitió redimir con el tiempo la deuda. Así es como se suele estructurar hasta nuestros días la ayuda extranjera. Se crearon economías capitalistas dinámicas en nuevas ubicaciones (como en el caso de Estados Unidos frente a Gran Bretaña, y más recientemente de las inversiones estadounidenses en China). Las estrategias imperiales de protección de la cuota de mercado y de freno a la competencia de los nuevos espacios, como hizo Gran Bretaña en el caso de India, tuvieron menos éxito; no lograron producir un crecimiento mundial compuesto (iterado) y en la década de 1930 ayudaron a generar una depresión.

La búsqueda de arreglos espaciales para resolver problemas de sobreacumulación sigue siendo una práctica capitalista corriente. Los japoneses la emplearon para exportar el capital excedente desde finales de la década de 1960; Corea del Sur siguió el ejemplo a finales de la década de 1970, y Taiwán a principios de los años ochenta. Los flujos de capital excedente desde esos territorios se extendieron por todo el mundo, pero fueron particularmente importantes en la construcción de capacidad productiva en China[30].

Ahora le toca a China exportar. Existe exceso de capacidad en la producción de acero. ¿Cómo se debe administrar? El Estado trata de reducir la capacidad excedente mediante el cierre de plantas; pero esto es difícil, dada la feroz resistencia local a las pérdidas de empleo. Las autoridades chinas están proponiendo otro tipo de inversión en infraestructuras urbanas. Planean crear una ciudad de unos 130 millones de habitantes, lo que equivale a la población conjunta del Reino Unido y Francia, centrada en Beijing. Las inversiones se concentrarán en el transporte de alta velocidad y las comunicaciones[31]. Lo que se propone es la racionalización de tres grandes regiones urbanas: una centra-

---

[30] D. Harvey, *The New Imperialism,* Oxford, Oxford University Press, 2003 [ed. cast.: *El nuevo imperialismo*, Akal, 2004].

[31] M. Ridge, «Three New "Engines of Growth" to Watch in China», *Financial Times,* 18 de septiembre de 2014.

da en Beijing, la segunda en Shanghai y la tercera en la provincia de Guangdong. En cada una de esas regiones ya existen varias ciudades con millones de habitantes. El plan parece buscar una racionalización de orden superior de las relaciones espaciales entre ellas, como forma de absorber el exceso de capacidad productiva de cemento y acero durante los próximos años.

China también exporta tanto acero como puede a bajo coste. Las plantas siderúrgicas de alto coste en otros lugares (en Gran Bretaña, por ejemplo) se ven obligadas a cerrar. China está siendo denunciada ante la OMC por el *dumping* de acero subsidiado en el mercado mundial. Es casi seguro que se verá obligada a interrumpir ese comercio si quiere obtener el estatus de «economía de mercado» en la OMC. Pero las corporaciones chinas también están prestando dinero a otros países, en términos relativamente fáciles, para construir ferrocarriles, autopistas e infraestructuras materiales, por ejemplo en el este de África usando acero chino, así como mano de obra excedente china, a pesar de que en esos países hay una gran cantidad de mano de obra local disponible. Lo mismo está sucediendo en América Latina. Existen propuestas para construir un competidor del Canal de Panamá a través de Nicaragua, y líneas ferroviarias transcontinentales que van desde el Pacífico hasta la costa atlántica, con lo que será posible llegar por tierra desde el puerto de Lima a São Paulo en aproximadamente un día y medio. Varias propuestas de este tipo fueron presentadas hace algún tiempo en América Latina, pero nadie se las tomó en serio hasta que llegaron los chinos y dijeron que tenían mucho cemento y acero y que prestarían el dinero para comprar esos materiales y construir las infraestructuras. Aunque el coste del envío marítimo seguirá siendo mucho menor, también es más lento y el «tiempo es dinero» en la esfera de la circulación en estos días. China asimismo está reconstruyendo la Ruta de la Seda desde el interior de China hasta Estambul (y Europa) pasando por Teherán. Se proyecta una red ferroviaria rápida y de alta capacidad a través de Asia Central hacia Europa (bajo el título «Un cinturón, una vía»)[32]. Este proyecto, con su ramal a través de Pakistán hasta el puerto de Gwadar en el Mar Arábigo, absorberá gran cantidad de capital y buena parte del acero excedentes. Las ciudades del Asia Central a lo largo de la Ruta de la Seda ya experimentan grandes y rápidas expansiones de la construcción y del comercio con China y el fácil acceso a los Estados del Golfo a través de Pakistán

---

[32] C. Clover y L. Hornby, «China's Great Game: Road to a New Empire», *Financial Times,* 12 de octubre de 2015.

(evitando el tedioso viaje marítimo a través del Estrecho de Malacca, congestionado y vulnerable desde el punto de vista militar) significará casi seguramente una expansión considerable del comercio chino hacia esa región.

Los espacios relativos de la economía global se están revolucionando (¡una vez más!), no porque sea una buena idea o por una necesidad desesperada de por sí, sino porque es la mejor manera de evitar la depresión y la devaluación. Su objetivo es la absorción del capital excedente, como entendía muy bien Marx, que citaba estas frases de *The Currency Theory Reviewed* (Londres, 1845): «Pero luego del afán de obtener dinero, el deseo más perentorio es [...] el de separarse de nuevo de él mediante algún tipo de inversión que reporte interés o ganancia, pues el dinero como tal nada reporta [...] Empresas que requieren un gran capital para su ejecución y que de tiempo en tiempo canalizan el exceso de capital ocioso [...] son absolutamente necesarias, cuando menos en nuestro país, para absorber las acumulaciones periódicas de la riqueza excedentaria de la sociedad, que no pueden hallar lugar en los ramos habituales de inversión»[33]. El resultado en este caso particular es una base material totalmente nueva de relaciones espaciales para la reconstrucción de los regímenes de valor divergentes del mundo.

El capital no es el único agente involucrado en esa reestructuración espacial. Los movimientos migratorios masivos unen fuerzas de trabajo diversas en configuraciones competitivas. Esto también ha sucedido antes, pero ahora, como en el caso del cemento chino, sucede a una escala sin precedentes. No es solo el volumen de movimiento migratorio lo que cuenta. Las fuerzas laborales del mundo han entrado en una relación competitiva mutua al disminuir los costes de transporte y comunicaciones, las tecnologías organizativas y la velocidad cambiante (más que los costes) del movimiento, así como por el desarrollo de complejas cadenas mercantiles. La compresión espaciotemporal en las relaciones tanto de capital como de fuerza de trabajo produce una gama de tensiones y respuestas políticas que varían, desde los movimien-

---

[33] *El capital,* vol. 3, cap XXVI, p. 481 [«In England there takes place a steady accumulation of additional wealth, which has a tendency ultimately to assume the form of money. Now next in urgency, perhaps, to the desire to acquire money, is the wish to part with it again for some species of investment that shall yield either interest or profit; for money itself, as money, yields neither. [...] Enterprises which entail a large capital and create an opening from time to time for the excess of unemployed capital ... are absolutely necessary, at least in our country, so as to take care of the periodical accumulations of the superfluous wealth of society, which is unable to find room in the usual fields of application»].

tos antiinmigrantes, la reavivación de fervores nacionalistas o, en el lado más positivo, la adopción voluntaria del multiculturalismo como precursor de un futuro humano diferente.

Las tensiones de todos esos rápidos cambios se evidencian en todas partes y las poblaciones afectadas lo saben, lo sienten y a veces actúan sobre ellos. Durante la noche del 20 de junio de 2013, por ejemplo, más de un millón de personas tomaron las calles en distintas ciudades de Brasil, en un movimiento de protesta masivo. La mayor movilización, en la que participaron más de 100.000 personas, tuvo lugar en Río de Janeiro. Por lo general fueron respondidas por una violenta actuación policial. Durante más de un año se habían venido produciendo protestas esporádicas en varias ciudades brasileñas, lideradas por el movimiento juvenil «Passe Livre», que desde hace mucho tiempo ha estado agitando en favor del transporte público gratuito para los estudiantes, habiendo sido ignoradas en gran medida las protestas anteriores. Pero a comienzos de junio de 2013, los aumentos de tarifas del transporte público provocaron más protestas generalizadas. Muchos otros grupos, incluidos los anarquistas del «Black Block», salieron en defensa de los manifestantes del «Passe Livre» y otros cuando estos fueron atacados por la policía. El 13 de junio el movimiento se había transformado en una protesta general contra la represión policial, el fracaso de los servicios públicos para satisfacer las necesidades sociales y el deterioro de la vida urbana. Los enormes gastos de recursos públicos para organizar megaeventos como la Copa del Mundo y los Juegos Olímpicos, en detrimento del interés público, pero con grandes beneficios para unos pocos, tal como se entendía ampliamente, de la construcción corrupta y los intereses de los promotores urbanos se sumaron a las fuentes de descontento[34].

Las protestas en Brasil llegaron menos de un mes después de que miles de personas salieran a las calles de las principales ciudades de Turquía, cuando la cólera contra el artificioso proyecto de reurbanización del espacio verde del Parque Gezi en Estambul como un centro comercial se extendió a una protesta más amplia contra el estilo cada vez más autocrático del gobierno y la violencia de la respuesta policial. Enojos que venían acumulándose desde hacía tiempo sobre el ritmo y el estilo de la transformación urbana, incluido el desalojo indiscriminado de muchas familias de terrenos ahora muy cotiza-

---

[34] B. Carvalho, M. Cavalcanti y V. Venuturupalli (eds.), *Occupy All Streets: Olympic Urbanism and Contested Futures in Rio de Janeiro,* Nueva York, Terraform, 2016.

dos en localizaciones urbanas, agregaron combustible a las protestas. El deterioro de la vida urbana en Estambul y otras ciudades para toda la población, exceptuando a las clases más ricas, fue uno de los detonantes más evidentes[35].

Las protestas en Turquía y Brasil indujeron a Bill Keller, del *New York Times,* a escribir un artículo de opinión titulado «La rebelión de la clase ascendente». Los levantamientos «no habían nacido de la desesperación», decía. Tanto Brasil como Turquía habían experimentado un notable crecimiento económico en un periodo de crisis global. Eran «las últimas de una serie de revueltas que surgen de la clase media: los ricos urbanos y educados que son de alguna manera los principales beneficiarios de los regímenes que ahora rechazan», pero que también tenían algo que perder al tomar las calles en protesta. «Cuando los movimientos alcanzaron la masa crítica, su anhelo era algo más grande y más vago, la dignidad, las prerrogativas de la ciudadanía, las obligaciones del poder»[36]. Las revueltas significaron «una nueva alienación, un nuevo anhelo» que exigía respuesta. En ambos casos, el brasileño y el turco, el poder político ha optado como respuesta por la vía de la reacción y la represión (violenta también en Turquía), en lugar de la acomodación.

Pero, entonces, ¿de qué va esa «nueva alienación», y qué significa? Ha habido abundantes signos de ella en todas partes, desde las protestas contra la globalización, que alcanzaron su primera relevancia pública en Seattle en 1999; pasando por diversos movimientos en Europa (los *indignados* en España y las protestas de Atenas en la plaza Syntagma); los levantamientos apodados como «la primavera árabe», iniciada en Túnez, y que se extendió a través de Egipto y Siria hasta Ucrania; seguidos por los diversos movimientos «Occupy» en Nueva York y Londres y los movimientos independentistas, desde Escocia y Cataluña hasta Hong Kong; dando paso luego a movilizaciones más derechistas en Brasil y a la elección de gobiernos de extrema derecha en Hungría, Polonia y Estados Unidos, junto con el voto secesionista del Brexit en Gran Bretaña: todos esos movimientos sugieren una profundización del clima de disidencia, descontento e incluso desesperación. La locura de la razón económica, junto con todos sus efectos a través de la austeridad, y la economía de libre mercado, parecen estar produciendo una locura paralela, que en este caso llega a la cólera, también en la esfera política.

---

[35] A. Ozturkmen, «The Park, the Penguin and the Gas: Performance in Progress of Gezi Events», *The Drama Review,* Guest editor Carol Martin, 2014.
[36] B. Keller, «The Revolt of the Rising Classes», *New York Times,* 30 de junio de 2013.

En *Diecisiete contradicciones y el fin del capitalismo* sugerí que hay tres contradicciones que suponen un claro y presente peligro para la supervivencia del capitalismo en la era actual[37]. La primera es el deterioro de nuestra relación con la naturaleza (desde el calentamiento global, hasta la destrucción de hábitats y especies, la escasez de agua y degradaciones medioambientales). La segunda es el crecimiento acumulativo ininterrumpido, que ha alcanzado un punto de inflexión en la curva exponencial de crecimiento que se está demostrando cada vez más difícil de perpetuar, frente a la creciente escasez de oportunidades de inversión rentable; también están ejerciendo una intensa presión sobre esa forma de capital que puede aumentar sin límites las formas de dinero a crédito, las cuales parecen seguir una espiral creciente sobre la que se ha perdido todo tipo de control. La tercera es lo que llamé alienación universal. Marx no usó mucho ese concepto en *El capital*, pero está muy presente en sus escritos anteriores, desde los *Manuscritos económicos y filosóficos de 1844* hasta convertirse en un tema central en los *Grundrisse*. La teoría del valor-trabajo en *El capital* describe el trabajo alienado sin llamarlo así, tal vez porque Marx creía que el hegelianismo del término podía repeler a la audiencia a la que se dirigía principalmente (las clases trabajadoras británica y francesa). Sin embargo, abandonar el término no elimina su contenido[38].

El valor en Marx es trabajo alienado socialmente necesario. Dado que el capital es valor en movimiento, la circulación del capital implica la circulación de formas alienadas. ¿Hasta qué punto estas enajenaciones sustentan las evidentes manifestaciones políticas de descontento y desesperación?

La alienación inherente a la valorización es bien conocida desde hace tiempo. El obrero que crea valor está separado (alienado) del acceso a los medios de producción, del mando sobre el proceso de trabajo, el producto y el plusvalor. El capital lo hace aparecer como si muchos de los poderes inherentes (y dones gratuitos) del trabajo y de la naturaleza le pertenecieran y se derivaran de él porque es el capital el que le da significado. Hasta las funciones mentales y corporales del trabajador, junto con todas las fuerzas naturales desplegadas libremente en la producción, aparecen como poderes contingentes del capital, porque es el capital el que las moviliza. La alienación de la

---

[37] D. Harvey, *Seventeen Contradictions and the End of Capitalism*, Londres, Profile Books, 2013 [ed. cast.: *Diecisiete contradicciones y el fin del capitalismo*, Madrid, Traficantes de Sueños, 2014].

[38] B. Ollman, *Alienation*, Londres, Cambridge University Press, 1971.

relación con la naturaleza, e igualmente con la naturaleza humana, es una condición previa, por lo tanto, para la afirmación de la productividad y los poderes del capital. Además, la productividad del trabajo se ve impulsada por las tecnologías elegidas por el capital no solo para confirmar su control sobre el trabajador, sino también para socavar la dignidad y los poderes potenciales del trabajo, tanto en la producción como en el mercado. Empleos sin sentido, puestos de trabajo eventuales y desempleo, así como tasas de remuneración cada vez más bajas, son el destino del trabajo a menos que se movilice eficazmente la resistencia para contrarresto. En muchas partes del mundo, sin duda, la alienación del trabajo se ha intensificado y profundizado mediante los cambios tecnológicos, la supresión del poder organizado del movimiento obrero y la movilización de la competencia global mediante la reorganización de los regímenes territoriales de valor en el mundo. El desempleo y, lo que es más importante, el subempleo y la pérdida de significado han sido subproductos de las fuertes corrientes de cambio tecnológico y organizativo. Los relatos utópicos contemporáneos sobre las nuevas configuraciones tecnológicas basadas en la inteligencia artificial están llevándonos hasta el límite de un «mundo feliz» de consumismo emancipatorio y tiempo libre para todos, e ignoran por completo la alienación deshumanizante de los procesos laborales residuales y desechables que resultan de ellos. No pueden pasarse por alto los efectos colectivos traumáticos y disolventes de los cierres de fábricas sobre los lazos sociales que antaño unían a la gente en un lugar y tiempo determinados. Marx, por su parte, pensaba que había una importante distinción a establecer entre los trabajadores que, aun siendo objetivados y explotados por el capital, se sentían necesarios (conservando así el mismo orgullo y dignidad), y los que se sentían enajenados, desposeídos y desechables[39].

---

[39] *EFCEP*, vol. 2, pp. 394-395 [*MEW* 42, p. 722: «Der Ton wird gelegt nicht auf das Vergegenständlichtsein, sondern das Entfremdet-, Entäußert-, Veräußertsein – das Nicht-dem-Arbeiter-, sondern den personifizierten Produktionsbedingungen-, i.e. dem-Kapital-Zugehören, der ungeheuren [ver]gegenständlichten Macht, die die gesellschaftliche Arbeit selbst sich als eins ihrer Momente gegenübergestellt hat. Soweit auf dem Standpunkt des Kapitals und der Lohnarbeit die Erzeugung dieses gegenständlichen Leibes der Tätigkeit im Gegensatz zum unmittelbaren Arbeitsvermögen geschieht – dieser Prozeß der Vergegenständlichung in fact als Prozeß der Entäußerung vom Standpunkt der Arbeit aus oder der Aneignung fremder Arbeit vom Standpunkt des Kapitals aus erscheint –, ist diese Verdrehung und Verkehrung eine *wirkliche*, keine bloß *gemeinte*, bloß in der Vorstellung der Arbeiter und Kapitalisten existierende»].

La tendencia en las condiciones de empleo relacionada con la mecanización y la automatización va en ese mismo sentido. La pérdida de dignidad y respeto se siente casi tanto como la pérdida de un empleo.

Pero hay otras dimensiones de este problema. Los trabajadores son contratados individualmente y compiten por las oportunidades de empleo. Tienen que venderse al capital como portadores de la fuerza de trabajo, haciendo publicidad de sus cualidades a la vez que disminuyen e incluso denigran las cualidades de sus competidores. La competencia entre los trabajadores frustra la cooperación y obstaculiza la construcción de la solidaridad de clase. Introduce todo tipo de fragmentaciones. Los trabajadores se distancian unos de otros. Esto se vuelve aún más desagradable cuando se le añade el racismo, las discriminaciones de género, las hostilidades sexuales, étnicas o religiosas en el mercado laboral (divisiones que el capital acostumbra a alentar ávidamente). La intensificación de la competencia (en condiciones de desempleo generalizado y de una integración espacial más estrecha de las fuerzas de trabajo del mundo) está acrecentando en todas partes esas divisiones y tensiones dentro de la fuerza de trabajo, con resultados políticos predecibles, particularmente en situaciones en que la solidaridad social anterior se ha disuelto debido a la desindustrialización. Esos fueron, por ejemplo, los sentimientos que Donald Trump explotó tan exitosamente en su campaña presidencial de 2016 en Estados Unidos.

La alienación sobre la realización cobra formas bastante diferentes y múltiples y con frecuencia de doble filo. En la raíz de la demanda siempre se halla el nivel de antojos, necesidades y deseos. Marx consideraba, sin ironía, que la creación de nuevos deseos y necesidades formaba parte de la misión civilizadora del capital[40]. Esa opinión es difícil de discutir cuando consideramos, por ejemplo, todos los valores de uso que en nuestros días pueden aprovecharse, al haberse ampliado la esperanza de vida media de treinta y cinco años más o menos en los primeros años del capitalismo, a setenta años o más en muchas áreas del mundo de hoy. El capital produce una abundancia de valores de uso a partir de la cual la gente podría, en principio, crear relaciones sociales no alienadas y formas de estar en la naturaleza y en común. La posibilidad está ahí. El mundo está salpicado de espacios heterotópicos en los que los grupos

---

[40] *EFCEP*, vol. 1, p. 230 [*MEW* 42, p. 213: «Es ist grade diese Seite des Verhältnisses von Kapital und Arbeit, die einwesentliches Zivilisationsmoment ist und worauf die historische Berechtigung, aber auch die gegenwärtige Macht des Kapitals beruht»].

sociales se esfuerzan por construir formas no alienadas de vivir y de ser, en medio de un océano de alienación. Las alienaciones experimentadas en la producción están a la espera de ser compensadas mediante un consumo de valores de uso que mejore las cualidades de la vida cotidiana[41]. Por otro lado, los antojos, necesidades y deseos del complejo militar-industrial, el *lobby* de las armas o los productores de automóviles han formado y continúan formando potentes fuentes de demanda agregada, gestionada mediante la influencia corporativa sobre el aparato estatal y mediante elecciones impuestas de estilo de vida. Sus contribuciones al bienestar social son, en el mejor de los casos, dudosas. Una ciudad como São Paulo tiene como base económica una industria automovilística que fabrica vehículos que permanecen atascados durante horas en los embotellamientos de tráfico, al tiempo que obstruyen las calles de la ciudad, esparciendo agentes contaminantes y aislando a unas personas de otras. ¿Qué tiene de cuerda esa economía?

Qué hacer con los automóviles es una de las cuestiones críticas de nuestra época, de la que nadie quiere hablar (excepto en términos de una mejor gestión de los flujos mediante tecnologías de urbanismo inteligente). Sin embargo, las señales de advertencia se ven por todas partes. A principios del invierno de 2016, todas las ciudades chinas al norte del Yangtsé experimentaron una niebla asesina que obligó a cerrar los aeropuertos e impidió el tránsito durante varios días. Acontecimientos similares ocurrieron en Nueva Delhi y Teherán y se extendieron incluso a París y (menos intensamente) a Londres. La esperanza de vida ha venido disminuyendo al norte del Yangtsé en las últimas dos décadas y se sospecha que el deterioro de la calidad del aire es el motivo principal. Hay que insistir en que algunos de los peores contaminantes industriales son el acero y el cemento, junto con las centrales eléctricas de carbón.

La relación entre la realización y la historia del consumismo se solapa con la evolución histórica de los distintos modos de vida. La construcción de las urbanizaciones periféricas y las comunidades cerradas en Estados Unidos pudo salvar al capitalismo global de una recaída en el estado de depresión, pero también acorraló las opciones de vivienda en formas que no se relacio-

---

[41] A. Gorz, *Métamorphoses du travail, quête du sens*, Galilée, 1988; trad. al inglés como *Critique of Economic Reason*, Londres, Verso, 1989 [ed. cast.: *Metamorfosis del trabajo: Búsqueda del sentido: Crítica de la razón económica*, Madrid, Sistema, 1995]. Sobre los límites del consumismo compensatorio para los trabajadores véase *EFCEP*, vol. 1, pp. 150-151 [*MEW* 42, pp. 143-144].

naban únicamente con los requisitos materiales (por ejemplo, los automóviles y la propiedad privada de la vivienda), sino que también eran acompañadas de justificaciones políticas e ideológicas de una forma de vida (designada como «el sueño americano») que limita y encarcela los horizontes de la realización personal, en lugar de liberarlos. El aumento del «consumismo compensatorio» para las clases trabajadoras se complementa con el consumo de lujo de «bienes hedonísticos», en el que todas las clases no hacen más que sumarse al despilfarro conspicuo. La búsqueda interminable de satisfacciones de antojos, necesidades y deseos que nunca se pueden cumplir necesariamente es paralela al crecimiento compuesto de la producción. Aunque sería erróneo considerar «alienada» la reconfiguración de todos los nuevos antojos, necesidades y deseos, no es difícil ver cómo florecen las alienaciones y en muchos lugares y entre ciertas clases marginadas se han intensificado en el tipo de sociedad consumista que el capital necesariamente construye. La brecha entre la promesa y la realización se ha ido ampliando.

Si la circulación del capital está bajo una inmensa presión competitiva para acelerarla, eso requiere aumentar cada vez más el consumo. Yo sigo utilizando los cuchillos y tenedores de mis abuelos; si el capital solo produjera elementos de ese tipo, habría caído hace tiempo en una crisis permanente. El capital desarrolla toda una serie de tácticas, desde la obsolescencia programada hasta la utilización de presiones publicitarias y la moda como instrumentos de persuasión, todo para acelerar el tiempo de rotación en el consumo. Consideremos el caso de una serie original de Netflix. El hecho de que yo la consuma no impide que lo hagan otros y el tiempo de consumo es de una hora más o menos, comparado con el de mis cuchillos y tenedores, que han durado más de cien años. El valor que conlleva la producción y la transmisión a través de intrincadas infraestructuras de comunicación es recuperado por millones de usuarios que pagan sus suscripciones a Netflix. Sin que nadie pueda sorprenderse, el capital ha cultivado una «sociedad del espectáculo» para asegurarse un crecimiento del mercado de los productos efímeros para el consumo instantáneo[42], cuyas consecuencias sociales son de largo alcance y de doble filo. Las rápidas transformaciones en los estilos de vida, las tecnologías y las expectativas sociales multiplican la inseguridad social y aumentan las tensiones entre generaciones, así como entre grupos sociales diversos. Todo el mundo parece empeñado en

---

[42] G. Debord, *La Société du spectacle,* Buchet-Chastel, París, 1967; París, Champ libre, 1971; París, Gallimard, 1992 [ed. cast.: *La sociedad del espectáculo,* Valencia, Pre-textos, 2015].

consultar su teléfono móvil o su tablet, en lugar de conversar con otros. El arraigo de los significados culturales se vuelve menos seguro, abierto a reconstrucciones casuales de acuerdo con fantasías del momento. Las identidades flotan en un mar de apegos efímeros y transitorios. La gente y los productos que les corresponden son los necesarios para que el capital satisfaga el requisito del crecimiento compuesto indefinido. Eso es lo que parece el «consumo racional» desde el punto de vista de la acumulación sin fin de capital.

Las condiciones y la ubicación de la realización y la apropiación del valor son muy diferentes de las de la producción. La serie original de Netflix puede estar hecha en Los Ángeles, pero la realización tiene lugar en los mercados mediáticos de todo un país o incluso del mundo entero. Mi ordenador ha sido fabricado en Shenzhen por Foxconn y su valor es realzado por Apple en Estados Unidos. La primera de esas firmas obtiene una tasa de ganancia muy baja, mientras que la segunda se lleva la mayor parte del valor y el plusvalor. Así es como funcionan las transferencias de valor desde un espacio a otro[43], en un proceso cuya ecuanimidad resulta bastante cuestionable.

Las formas oportunistas de capital también intervienen en el momento de la realización para apropiarse de mucho más valor que el que les correspondería. Cuando los fondos de inversión de alto riesgo se apoderan de compañías farmacéuticas o adquieren grandes cantidades de viviendas desahuciadas para ponerlas luego a la venta a precios exorbitantes, la realización se convierte en el momento idóneo para la organización sistemática de la acumulación por desposesión[44]. Si se les pregunta a los estadounidenses cuáles son actualmente las principales formas de explotación en su país, mencionarán las tarifas de las tarjetas de crédito, a los propietarios y especuladores inmobiliarios y los alquileres que cobran, las compañías telefónicas y las facturas donde hacen aparecer extrañas llamadas supuestamente realizadas a o desde lugares donde no han estado nunca, las compañías de seguros sanitarios, los impuestos locales, los costes de transporte, etc. Existe una gran cantidad de actividades paracriminales (difíciles a veces de distinguir del robo o atraco directo) que se practican en el momento de la realización. La política de las luchas por la realización se manifiesta en todas partes. Los descontentos son legión.

---

[43] C. Hadjimichalis, *Uneven Development and Regionalism: State, Territory and Class in Southern Europe,* Londres, Croom Helm, 1987.

[44] D. Harvey, *The New Imperialism,* Oxford, Oxford University Press, 2003, cap. 4 [ed. cast.: *El Nuevo Imperialismo,* Madrid, Akal, 2004].

Las políticas involucradas en la extracción de riqueza en el momento de la realización son diferentes de las generadas en torno a la producción. Esas luchas son difíciles de teorizar y organizar. No se trata del capital contra el trabajo, sino del capital contra todos, entre compradores y vendedores más que entre trabajo y capital. Las poblaciones de clase media son compradoras y se involucran en luchas (a veces del tipo «no en mi patio») contra mercaderes mafiosos. ¿Las ven los sectores de la clase trabajadora como aliadas contra los especuladores inmobiliarios? Las políticas son tan robustas y cargadas de conflicto como las de valorización, aunque tengan una estructura diferente y reflejen distintas formas de alienación. Los movimientos revolucionarios, como la Comuna de París de 1871 o el movimiento del 68, debían tanto a una burguesía radicalizada y alienada que no podía realizar sus sueños y ambiciones, como a las clases trabajadoras. Pero la organización interclasista puede ser difícil y a menudo frustrante. La importancia creciente de la acumulación por desposesión (con las pérdidas masivas en la reciente crisis hipotecaria al frente) profundiza la desesperación y el descontento en muchos sectores de la población[45].

Aunque el capital extrae mucha riqueza de la realización, la distribución absorbe aún más. La forma más evidente de redistribución tiene que resaltar la disminución del porcentaje del trabajo en el producto nacional en gran parte del mundo y su fracaso en los últimos tiempos, en particular, en recibir algún beneficio del aumento de productividad. El trabajo ha sufrido, en cambio, el desempleo y el rápido deterioro de sus cualidades a causa del cambio tecnológico. El cambio del trabajo productivo a improductivo, acompañado por una excesiva burocratización en el Estado y las corporaciones, no ha ayudado. El aumento de la desigualdad en ingresos y riqueza en casi todo el mundo capitalista (con algunas excepciones raras) se suma a la mezcla de fuerzas que generan un profundo descontento político[46].

La política y los mecanismos de otras redistribuciones son, sin embargo, muy diferentes, y las consiguientes alienaciones son tan complejas que requerirían todo un libro para tratarlas. Las distintas facciones del capital —comerciantes, financieros, propietarios inmobiliarios e industriales capitalistas— a

---

[45] S. Sassen, *Expulsions: Brutality and Complexity in the Global Economy,* Cambridge, MA, Belknap Press, 2014.

[46] T. Piketty, *Le Capital au XXième siècle,* París, Seuil, 2013 [ed. cast.: *El capital en el siglo XXI,* Fondo de Cultura Económica, 2014].

veces cooperan y se complementan entre sí; pero también compiten y no son reacias a robarse y a ejercer el poder unas sobre otras. Las prácticas usurarias deberían haber desaparecido, según Marx, pero los financieros capitalistas –que típicamente exhiben ese «carácter tan bien mezclado de timador y profeta»[47]– llevan la voz cantante en las transacciones financieras y canalizan la circulación del capital que devenga intereses en formas que a menudo están lejos de ser beneficiosas excepto para ellos mismos. Las tácticas de préstamos predatorios están, por ejemplo, muy generalizadas. Esos préstamos no tienen la intención de promover la producción de valor, sino de enredar a los productores en tal red de obligaciones de deuda que al final no tienen otra opción que entregar sus derechos de propiedad al prestamista. Tales tácticas eran bien conocidas en tiempos de Marx, quien frecuentemente se refiere a ellas en el Tercer Volumen de *El capital*. Las instituciones financieras dedicadas a los préstamos predatorios para las clases trabajadoras han tenido mucho éxito en los últimos años, saqueando los valores asociados a la vivienda de poblaciones vulnerables. Los préstamos predatorios a determinados Estados a menudo conducen a ajustes estructurales impuestos por el FMI, que reducen el bienestar de poblaciones enteras para reembolsar las deudas acumuladas (como ha sucedido en Grecia)[48]. El trato punitivo hacia Argentina a raíz de sentencias judiciales dictadas en Manhattan, porque las deudas estaban denominadas en dólares, en favor de las exigencias de los «fondos capitalistas buitre», han significado la transferencia de buena parte de su riqueza a los bolsillos de los fondos de cobertura. Los gobiernos de muchos países del mundo también son notorios por su corrupción: los de Brasil, China e Italia son mencionados con frecuencia en la prensa financiera.

Los propios escritos de Marx al respecto en el Tercer Volumen de *El capital* reflejan tanto las confusiones sobre el tema como sus propias vacilaciones al tratar de integrar la peculiar circulación del capital que devenga intereses en su concepción global del capital como valor en movimiento. Traté de reconstruir sus opiniones y de sintetizar esos escritos en el segundo volumen de mi *Guía de El capital de Marx*[49]. Como no puedo reproducir aquí toda esa

---

[47] *El capital*, vol. 3, cap. XXVII, p. 512 [*MEW* 25, p. 457].

[48] C. Lapavitsas y H. Flassbeck, *Against the Troika: Crisis and Austerity in the Eurozone*, Londres, Verso, 2015 [ed. cast.: *Contra la Troika. Crisis y austeridad en la eurozona*, Madrid, Akal, 2015].

[49] D. Harvey, *A Companion to Marx's Capital, Volume 2*, Londres, Verso, 2013 [ed. cast.: *Guía de El capital de Marx, Libro segundo*, Madrid, Akal, 2016].

reconstrucción, me limitaré a citar un extenso pasaje en el que Marx describe una secuencia típica de eventos en la esfera financiera. Invito a los lectores a compararla con las líneas generales de lo que sucedió en la crisis financiera de 2007-2008 (sustituyendo las letras de cambio por «hipotecas»).

> En un sistema de producción en el que todo el mecanismo del proceso de reproducción se basa en el crédito, cuando este cesa súbitamente y solo rige ya el pago al contado tiene que producirse evidentemente una crisis, una violenta estampida en busca de medios de pago. Por eso, a primera vista toda la crisis se presenta solamente como crisis de crédito y de dinero, cuando en realidad se trata simplemente de la convertibilidad de las letras de cambio [hipotecas] en dinero. Pero estas letras representan en su mayoría compras y ventas reales, las cuales, *al haberse extendido más allá de las necesidades sociales, acaban dando lugar a toda la crisis.* Pero junto a ellas hay también una cantidad enorme de letras de cambio [hipotecas] que solo representan negocios fraudulentos, que ahora salen a la luz del día y estallan; además, especulaciones fracasadas realizadas con capital ajeno, y finalmente capital-mercancía desvalorizado o que resulta invendible, o reflujos que nunca llegan. Evidentemente, todo el sistema artificial de expansión violenta del proceso de reproducción no puede remediarse por el hecho de que un banco, por ejemplo el Banco de Inglaterra [o la Reserva Federal], entregue ahora a todos los especuladores el capital que les falta en papel-moneda y compre todas las mercancías depreciadas [viviendas] por sus viejos valores nominales. Además, todo parece puesto del revés, pues en ese mundo de papel no aparece en ninguna parte el precio real de sus factores reales, sino únicamente lingotes, monedas metálicas, billetes de banco, letras, títulos y valores. Esa distorsión se manifiesta sobre todo en los centros donde se condensa todo el negocio monetario del país, como Londres, donde todo el proceso resulta inexplicable; y menos, sin embargo, en los centros de producción[50].

---

[50] *El capital*, vol. 3, cap XXX, p. 566 [*MEW* 25, p. 507: «In einem Produktionssystem, wo der ganze Zusammenhang des Reproduktionsprozesses auf dem Kredit beruht, wenn da der Kredit plötzlich aufhört und nur noch bare Zahlung gilt, muß augenscheinlich eine Krise eintreten, ein gewaltsamer Andrang nach Zahlungsmitteln. Auf den ersten Blick stellt sich daher die ganze Krise nur als Kreditkrise und Geldkrise dar. Und in der Tat handelt es sich nur um die Konvertibilität der Wechsel in Geld. Aber diese Wechsel repräsentieren der Mehrzahl nach wirkliche Käufe und Verkäufe, deren das gesellschaftliche Bedürfnis weit überschreitende Ausdehnung schließlich der ganzen Krisis zugrunde liegt. Daneben aber stellt

Esto nos lleva a considerar el poder y la importancia de ese aspecto de la distribución que funciona como un centro de intercambio para llevar el dinero ocioso a la circulación de capital portador de interés. Es ahí donde la locura de la razón económica toma el control mediante la creación de antivalor y la promoción de la servidumbre por deudas. En un mundo inundado de liquidez excedente (como suele decir el FMI en sus informes), esos dineros deben ser movilizados, centralizados y prestados con la seguridad y certeza de la futura producción de plusvalor. La conversión del dinero excedente en una forma de anticapital que demanda su libra de carne futura se lleva a cabo dentro de las instituciones financieras. El prestamista retiene el derecho de propiedad sobre el dinero en todo momento y espera el retorno de ese valor dinerario al cabo de cierto periodo de tiempo, más el excedente que constituyen el interés y la ganancia de capital, el cual también se puede lograr a medida que aumentan las valoraciones bursátiles de los activos de la empresa.

La gestión general de esta operación de conversión (o metamorfosis, como prefería llamarla Marx) del dinero en su propio valor está en gran medida ubicada en lo que en otro lugar he denominado «el nexo Estado-finanzas»[51]. En Estados Unidos (así como en la mayoría de las democracias occidentales) está constituido por vínculos estrechos entre el departamento del Tesoro (que siempre tiene un estatus especial dentro del aparato estatal) y un banco central que es la cima del sistema de banca privada. Una estructura de ese tipo apareció por primera vez con la fundación del Banco de Inglaterra en 1694. Los reyes de la Revolución Gloriosa, William III-II y Mary II, concedieron a

---

auch eine ungeheure Masse dieser Wechsel bloße Schwindelgeschäfte vor, die jetzt ans Tageslicht kommen und platzen; ferner mit fremdem Kapital getriebne, aber verunglückte Spekulationen; endlich Warenkapitale, die entwertet oder gar unverkäuflich sind, oder Rückflüsse, die nie mehr einkommen können. Das ganze künstliche System gewaltsamer Ausdehnung des Reproduktionsprozesses kann natürlich nicht dadurch kuriert werden, daß nun etwa eine Bank, z.B. die Bank von England, in ihrem Papier allen Schwindlern das fehlende Kapital gibt und die sämtlichen entwerteten Waren zu ihren alten Nominalwerten kauft. Übrigens erscheint hier alles verdreht, da in dieser papiernen Welt nirgendswo der reale Preis und seine realen Momente erscheinen, sondern nur Barren, Hartgeld, Noten, Wechsel, Wertpapiere. Namentlich in den Zentren, wo das ganze Geldgeschäft des Landes zusammengedrängt, wie London, erscheint diese Verkehrung; der ganze Vorgang wird unbegreiflich; weniger schon in den Zentren der Produktion»].

[51] D. Harvey, *Seventeen Contradictions and the End of Capitalism,* Londres, Profile Books, 2013, pp. 44-47 [ed. cast.: *Diecisiete contradicciones y el fin del capitalismo,* Madrid, Traficantes de Sueños, 2014, pp. 58-61].

los comerciantes más ricos su monopolio con amplios poderes, a cambio de proporcionar crédito y finanzas a un Estado que había quedado en bancarrota por el despilfarro de los Estuardo. El equilibrio de poder entre el Estado y las finanzas ha cambiado con el tiempo. Desde que Bill Clinton, en los primeros años de su presidencia, llegó a la conclusión de que su programa económico dependía de la benevolencia de los tenedores de bonos, la oficina principal del secretario del Tesoro en los Estados Unidos ha estado casi permanentemente en manos de alguien de Goldman Sachs.

Ese nexo Estado-finanzas no está sometido a ningún control democrático o popular. Tiene como tarea la regulación y el control del sistema bancario privado en beneficio del capital en general. Las finanzas, sugería Marx, se ocupan de la administración del «capital común de la clase»[52]. El nexo Estado-finanzas, cuando se toma como un todo, es análogo al sistema nervioso central encarnado dentro de una totalidad orgánica. Sanciona y garantiza prácticas de apalancamiento que convierten los dineros inactivos en depósitos de anticapital. El papel del anticapital, como vimos antes, es excluir del futuro a tantos agentes económicos como sea posible y condenar a todos en general –consumidores y productores, comerciantes, terratenientes, e incluso a los mismos financieros– a un estado de servidumbre por deudas.

El capital, «como un tipo especial de mercancía», siempre ha tenido «un tipo especial de alienación que le es peculiar»[53]. «La inmensa expansión del sistema crediticio, y el crédito en su conjunto, son explotados por los banqueros como su capital privado. Esos tipos tienen su capital y sus ingresos permanentemente en forma de dinero o de órdenes de pago inmediatamente reclamables. La acumulación de riqueza por esa clase puede proceder de un modo muy diferente a la acumulación real, pero en todo caso demuestra que se embolsa una buena proporción de esta última»[54]. El problema es que las

---

[52] *El capital,* vol. 3, cap XXII, p. 424 [*MEW* 25, p. 381: «gemeinsames Kapital der Klasse»].

[53] *El capital,* vol. 3, cap XXI, p. 402 [*MEW* 25, p. 361: «Als Ware eigner Art besitzt das Kapital auch eine eigentümliche Art der Veräußerung»].

[54] *El capital,* vol. 3, cap XXX, p. 553 [*MEW* 25, p. 495: «die ganze ungeheure Ausdehnung des Kreditsystems, überhaupt der gesamte Kredit, von ihnen als ihr Privatkapital exploitiert wird. Diese Burschen besitzen das Kapital und die Einnahme stets in Geldform oder in direkten Forderungen auf Geld. Die Akkumulation des Vermögens dieser Klasse kann vor sich gehn in sehr verschiedner Richtung mit der wirklichen Akkumulation, beweist aber jedenfalls, daß diese Klasse einen guten Teil von dieser letzteren einsteckt.»].

finanzas típicamente «dan lugar al monopolio en ciertas esferas y con ello provocan la intromisión estatal. Reproducen una nueva aristocracia financiera, un nuevo tipo de parásitos disfrazados de promotores de empresas, especuladores y directores meramente nominales; todo un sistema de fraudes y engaños con respecto a la promoción de empresas, emisión de acciones y negociación de estas»[55]. Además, «si el plusvalor se concibe en la forma irracional del interés, el límite es solo cuantitativo» y las consecuencias de esto, añade Marx, «exceden toda fantasía»[56]. La mala infinitud levanta su fea cabeza. Las bonificaciones que los Wall Streets se repartieron durante los años del colapso «excedían toda fantasía». Esto fue lo que enfureció al movimiento Occupy, que apareció de repente en 2011 en el Zuccotti Park de Wall Street.

El efecto disciplinante del gravamen de la deuda es vital para la reproducción de la forma contemporánea de capital. La deuda significa que ya no somos «libres de elegir», como afirma Milton Friedman en su alabanza del capitalismo. El capital no nos perdona nuestras deudas, como pide la Biblia, sino que insiste en que las paguemos a través de la producción de valor futuro. El futuro ya está anunciado y ejecutado (pregúntese a cualquier estudiante que haya contraído una deuda de 100.000 dólares en préstamos estudiantiles). La deuda encarcela dentro de ciertas estructuras de producción futura de valor. La servidumbre por deudas es el medio preferido del capital para imponer su forma particular de esclavitud, y se vuelve doblemente peligrosa cuando el poder de los bonistas subvierte y busca doblegar la soberanía del Estado. Por esta razón el único modo de supervivencia del capital es a través de la coherencia y la fusión lograda mediante el nexo Estado-finanzas, con el que la alienación de poblaciones enteras con respecto a cualquier influencia real y poder es completa. Ni el Estado ni el capital pueden ofrecer ningún alivio a las privaciones y al desempoderamiento. Históricamente, Atenas se considera como la cuna de la democracia; hoy es simple-

---

[55] *El capital,* vol. 3, cap XXVII, p. 509 [*MEW* 25, p. 454: «Er stellt in gewissen Sphären das Monopol her und fordert daher die Staatseinmischung heraus. Er reproduziert eine neue Finanzaristokratie, eine neue Sorte Parasiten in Gestalt von Projektenmachern, Gründern und bloß nominellen Direktoren; ein ganzes System des Schwindels und Betrugs mit Bezug auf Gründungen, Aktienausgabe und Aktienhandel»].

[56] *El capital,* vol. 3, cap XXIV, p. 459 [*MEW* 25, p. 412: «Wird dagegen der Mehrwert in der begriffslosen Form des Zinses gefaßt, so ist die Grenze nur quantitativ und spottet jeder Phantasie»].

mente la cuna de la servidumbre por deudas, la completa demolición de cualquier democracia.

El poder corruptor y alienante del dinero –que cuando adopta la forma de interés actúa como «amor poseído»– es parte del problema. Marx no fue el único que reconoció las enajenaciones derivadas. Incluso Keynes, un profundo defensor del orden burgués, pero en ocasiones su crítico mordaz, intervino sobre el tema:

> Cuando la acumulación de riqueza ya no sea de gran importancia social, habrá grandes cambios en los códigos morales. Podremos librarnos de los principios pseudo-morales que nos han atormentado durante doscientos años, gracias a los cuales hemos exaltado algunas de las más desagradables cualidades humanas, situándolas en el lugar de las más altas virtudes. Seremos capaces de permitirnos juzgar el dinero de acuerdo con su verdadero valor. El amor al dinero como posesión –a diferencia del amor al dinero como medio para los goces y realidades de la vida– será reconocido por lo que es, una morbosidad más bien repugnante, una de esas propensiones semicriminales, semipatológicas de las que se encarga con estremecimiento a los especialistas en enfermedades mentales. Tendremos la libertad, por fin, de desechar todo tipo de costumbres sociales y prácticas económicas que afectan a la distribución de la riqueza y las recompensas y sanciones económicas, que ahora mantenemos a toda costa, a pesar de lo desagradables e injustas que puedan ser en sí mismas, debido a su tremenda utilidad para promover la acumulación de capital.[57]

Que la riqueza humana, que debería tener todo tipo de significados sociales, esté cada vez más encarcelada en la métrica única del poder del dinero es de por sí problemático. «Cuando se elimina la forma burguesa limitada», escribe Marx,

> ¿qué es la riqueza, sino la universalidad de las necesidades, capacidades, goces, fuerzas productivas, etc., de los individuos, creada en el intercambio universal? [¿Qué, sino...] una elaboración como resultado de la cual el hombre no se reproduce en su caracter determinado, sino que produce su plenitud

---

[57] J. M. Keynes, *Essays in Persuasion,* Nueva York, Classic House Books ed., 2009, p. 199 [ed. cast.: *Ensayos de persuasión,* Madrid, Síntesis, 2009; cap. 25, «Las posibilidades económicas de nuestros nietos»].

total? [Como resultado de] la cual no busca permanecer como algo devenido, sino que está en el movimiento absoluto del devenir? En la economía burguesa –y en la época de la producción que a ella corresponde– esta elaboración plena de lo interno aparece como vaciamiento pleno, esta objetivación universal como enajenación total, y la destrucción de todos los objetivos unilaterales determinados como sacrificio del objetivo propio frente a un objetivo completamente externo[58].

Esto es lo que «excede toda fantasía». Ese es el mundo insano y profundamente problemático en el que vivimos.

---

[58] *EFCEP,* vol. 1, pp. 447-448 [*MEW* 42, p. 396: «wenn die bornierte bürgerliche Form abgestreift wird, was ist der Reichtum anders, als die im universellen Austausch erzeugte Universalität der Bedürfnisse, Fähigkeiten, Genüsse, Produktivkräfte etc. der Individuen? Die volle Entwicklung der menschlichen Herrschaft über die Naturkräfte, die der sog. Natur sowohl wie seiner eignen Natur? Das absolute Herausarbeiten seiner schöpferischen Anlagen, ohne andre Voraussetzung als die vorhergegangne historische Entwicklung, die diese Totalität der Entwicklung, d.h. der Entwicklung aller menschlichen Kräfte als solcher, nicht gemessen an einem vorhergegebnen Maßstab, zum Selbstzweck macht? Wo er sich nicht reproduziert in einer Bestimmtheit, sondern seine Totalität produziert? Nicht irgend etwas Gewordnes zu bleiben sucht, sondern in der absoluten Bewegung des Werdens ist? In der bürgerlichen Ökonomie – und der Produktionsepoche, der sie entspricht – erscheint diese völlige Herausarbeitung des menschlichen Innern als völlige Entleerung; diese universelle Vergegenständlichung als totale Entfremdung und die Niederreißung aller bestimmten einseitigen Zwecke als Aufopferung des Selbstzwecks unter einen ganz äußeren Zweck»].

Coda

El filósofo Jacques Derrida acuñó la expresión «locura de la razón económica» [«*folie de la raison économique*»] en su comentario del informe de Marcel Mauss sobre las ceremonias «potlatch» de las comunidades indígenas de la Columbia Británica. En el curso de esas ceremonias periódicas las familias competían en el regalo o destrucción de sus posesiones con el fin de adquirir prestigio, honor y estatus. Los primeros relatos occidentales sobre esas ceremonias las interpretaban en términos de los conceptos de una economía de mercado; desde ese punto de vista, y desde el de la Ilustración, el sacrificio de la riqueza personal y doméstica minuciosamente acumulada durante muchos años parecía irracional. A Mauss, en cambio, ese lenguaje le pareció engañoso, por lo que reemplazó los conceptos de «deuda» y «reembolso» por los de «regalos hechos» y «devueltos». De ahí la noción de una economía alternativa, no mercantil, basada en el regalo, que algunos siguen encontrando tan atractiva. Al parecer, Derrida la celebraba como un sustituto adecuado del bienestar social gestionado por el Estado; pero lo que también impresionó poderosamente a Mauss, y por extensión a Derrida, fue la locura frenética de destrucción con la que tantas veces concluía el potlatch. «No se trata en realidad de dar y devolver –escribió Mauss–, sino de destruir, de modo que no parece ni siquiera haber un deseo de devolución. Se queman cajas enteras de aceite de olachen (pez vela) o de ballena, y también las casas y miles de colchas. Se rompen los objetos de cobre más valiosos y se arrojan al agua, para aniquilar y "aplastar" al rival.» Esto es lo que Mauss consideró verdaderamente loco. «Siempre hay un momento –comenta Derrida– en que esa locura comienza a quemar la palabra o el significado del propio regalo y a esparcir sin retorno sus cenizas...»[1]

No es mi intención aquí sugerir que el capital cae a veces en algún instinto primordial de destruir todo lo que ha construido, del mismo modo que algunos niños parecen deleitarse en pisotear los castillos laboriosamente construidos por otros en la arena. Porque lo que Marx pretendía mostrar era cómo lo que parecía (o se presentaba como) un acto del destino o de los dioses en la historia del capitalismo era, de hecho, un producto del propio capital; pero necesitaba un aparato conceptual alternativo para mostrarlo. Por ejemplo, el modo de producción capitalista debe reconocer –decía Marx– que «una devaluación del dinero crediticio [...] trastornaría todas las relaciones existentes». Los bancos, como ahora muy bien sabemos, deben ser rescatados, sea cual sea el coste. «Por ello se sacrifica el valor de las mercancías para asegurar la existencia fantástica y autónoma de ese valor en dinero. En cualquier caso, un valor dinero solo está garantizado mientras lo esté el propio dinero –la inflación, como también sabemos, debe mantenerse bajo control a toda costa–. Por eso es por lo que hay que sacrificar muchos millones en mercancías a cambio de unos pocos millones en dinero. Esto es inevitable en la producción capitalista y constituye uno de sus encantos»[2]. Se sacrifican los valores de uso y se destruyen, sin importar cuál sea la necesidad social ¿Es o no es eso una locura?

El capital, hemos argumentado, es valor en movimiento. En el proceso de circulación del capital aparecen periódicamente bloqueos. El capital permanece entonces «atascado en una de sus fases de reproducción porque no puede completar su metamorfosis [...] Durante la propia crisis, todos tienen bienes para vender y no pueden vender, a pesar de que tienen que vender para pagar [...] El capital ya invertido se halla, de hecho, masivamente ocioso, ya

---

[1] J. Derrida, «Folie de la raison économique: un don sans présent», en J. Derrida, *Donner le temps: I. La fausse monnaie,* París, Galilée, 1991, p. 68 [ed. cast.: *Dar (el) tiempo: I. La moneda falsa,* Barcelona, Paidós Ibérica, 1995]; M. Mauss, *The Gift: The Form and Reason for Exchange in Archaic Societies,* Londres, Routledge, 1990].

[2] *El capital,* vol. 3, cap XXXII, p. 596 [*MEW* 25, p. 533: «Eine Entwertung des Kreditgeldes [...] würde alle bestehenden Verhältnisse erschüttern. Der Wert der Waren wird daher geopfert, um das phantastische und selbständige Dasein dieses Werts im Geld zu sichern. Als Geldwert ist er überhaupt nur gesichert, solange das Geld gesichert ist. Für ein paar Millionen Geld müssen daher viele Millionen Waren zum Opfer gebracht werden. Dies ist unvermeidlich in der kapitalistischen Produktion und bildet eine ihrer Schönheiten.»].

que el proceso de reproducción está estancado. Las fábricas permanecen inactivas, las materias primas se acumulan, los productos terminados abarrotan el mercado en calidad de mercancías. Por consiguiente, nada podría ser más erróneo que atribuir semejante situación a una escasez de capital productivo. Es precisamente entonces cuando hay un exceso de capital productivo, en parte en relación con la situación normal, aunque temporalmente contraída, de la reproducción, y en parte en relación con la paralización del consumo»[3].

Esa es la locura que hemos vivido una y otra vez durante los últimos cuarenta años. Exceso de capital y una masa de trabajo sobrante y desechable en constante aumento, uno junto al otro, sin que haya manera alguna de ensamblarlos para producir los valores de uso que se necesitan tan desesperadamente, por más que un tercio de los niños en Estados Unidos, que sigue siendo todavía el país más rico del planeta, vivan en la pobreza y a menudo en ambientes tóxicos, sufran hambre y envenenamiento por plomo mientras se les niega el acceso a servicios sociales básicos y oportunidades educativas, como consecuencia de una política de austeridad forzada. ¿Podría haber algo más enloquecido que eso?

Lo que hace Marx en *El capital,* así como en el resto de sus escritos politicoeconómicos, es sugerir una forma de acabar con todas las confusiones del funcionamiento diario de un modo de producción capitalista y llegar a su esencia –sus leyes dinámicas internas– mediante la formulación de abstracciones entretejidas en una teoría simple (aunque en el fondo no tan simple) de la acumulación infinita del capital. La verdadera ciencia comienza cuando tomamos estos conceptos, abstracciones y formulaciones teóricas sacándolos de nuevo a la superficie de la vida cotidiana y mostramos cómo pueden iluminar las causas y razones de las luchas diarias que la gente en general, y los trabajadores en particular, emprenden en defensa de su supervivencia. Eso es lo que el concepto de capital pretende hacer y eso es lo que Marx esperaba que *El*

---

[3] *El capital,* vol. 3, cap. XXX, pp. 558-559 [*MEW* 25, p. 500: «in einer seiner Reproduktionsphasen stockt, weil es seine Metamorphose nicht vollziehn kann […] In der Krisis selbst, da jeder zu verkaufen hat und nicht verkaufen kann und doch verkaufen muß, um zu zahlen […]. Das schon ausgelegte Kapital ist dann in der Tat massenweis unbeschäftigt, weil der Reproduktionsprozeß stockt. Fabriken stehn still, Rohstoffe häufen sich auf, fertige Produkte überfüllen als Waren den Markt. Es ist also nichts falscher, als solchen Zustand einem Mangel an produktivem Kapital zuzuschreiben. Es ist gerade dann Überfluß von produktivem Kapital vorhanden, teils in bezug auf den normalen, aber augenblicklich kontrahierten Maßstab der Reproduktion, teils in bezug auf die gelähmte Konsumtion»].

capital nos ayudara a conseguir. Lo que espero haber logrado con esta exposición del pensamiento de Marx es sugerir que la vía que proponía no era una autopista única que seguir, sino una puerta abierta a través de la cual podemos avanzar hacia una comprensión cada vez más profunda de los problemas subyacentes que conforman nuestra realidad actual. Si queremos entender esa realidad con todas sus expresiones políticas contemporáneas, confusas y aparentemente disparatadas, seguramente es fundamental alguna investigación sobre cómo funciona el capital. Si la política actual parece insensata (como me lo parece a mí), seguramente la locura de la razón económica tiene algo que ver con eso. De hecho, a veces parece como si estuviéramos en un mundo político feroz y violento, en busca de un culpable al que responsabilizar y castigar. Evidentemente, el capital no es el único responsable de todos los males actuales; pero pretender que no tiene nada que ver con nuestras dolencias y que no necesitamos una representación convincente, en lugar de la fetichista y apologética que solemos encontrar, de cómo funciona, cómo circula y se acumula entre nosotros, es una ofensa contra la humanidad que su historia, si se las arregla para sobrevivir tanto tiempo, juzgará severamente.

Referencias

Marx, K. (1844), *Ökonomisch-philosophische Manuskripte aus dem Jahre 1844,* Marx - Engels Werke, Ergänzungsband, 1. Teil, pp. 465-588, Berlín, Dietz, 1968; ed. cast.: *Manuscritos de economía y filosofía,* Madrid, Alianza, 1968.

— (1847), *Misère de la philosophie,* https://www.marxists.org/francais/marx/works/1847/06/km18470615.htm; ed. cast.: *Miseria de la filosofía: respuesta a la Filosofía de la miseria de Proudhon,* México, Siglo XXI, 1987.

— (1857-1858), *Grundrisse der Kritik der politischen Ökonomie,* en *MEW* Band 42, Berlín, Dietz, 1983, pp. 47-905; ed. cast.: *Elementos Fundamentales para la Crítica de la Economía Política (EFCEP),* en 3 vols., Madrid, Siglo XXI, 1971, 1998.

— (1859), *Zur Kritik der Politischen Ökonomie, MEW* Band 13, Berlín, Dietz, 1961, pp. 4-160; ed. cast.: *Contribución a la crítica de la economía política,* México, Siglo XXI, 1980.

— (1862-1863), *Theorien über den Mehrwert [Teorías sobre el plusvalor],* en *MEW* Band 26-1, 26-2, 26-3, Berlín, Dietz, 1965, 1967, 1968; ed. cast.: E. Dussel: *Hacia un Marx desconocido: un comentario de los manuscritos del 61-63,* México, Siglo XXI, 1988.

— (1867), *Lohn, Preis und Profit,* en *MEW* Band 16, Berlín, Dietz, 1962, pp. 101-152; ed. cast.: *Salario, Precio y Ganancia* (junto con *Trabajo Asalariado y Capital*), Fundación Federico Engels, 2003.

— (1863-1867), *Ökonomische Manuskripte 1863-1867: Das Kapital. Erstes Buch. Sechstes Capitel. Resultate des unmittelbaren Produktionsprozesses,*

Marx / Engels Gesamtausgabe (MEGA), zweite Abteilung, Band 4, 4.1, Berlín (1988); ed. cast.: *El capital. Libro I. Sexto Capítulo (inédito). Resultados del proceso inmediato de producción,* Barcelona, Curso, 1997; Siglo XXI, 1971, 2001.

— (1867), *Das Kapital, Band 1, MEW* Band 23, Berlín, Dietz, 1962; ed. cast.: *El capital,* vol. 1, Madrid, Siglo XXI, 1975-2017.

— (1861-1883), *Das Kapital, Band 2, MEW* Band 24, Berlín, Dietz, 1962; ed. cast.: *El capital,* vol. 2, Madrid, Siglo XXI, 1975-2017.

— (1861-1883), *Das Kapital, Band 3, MEW* Band 25, Berlín, Dietz, 1962; ed. cast.: *El capital,* vol. 3, Madrid, Siglo XXI, 1975-2017.

— (1871), *Der Bürgerkrieg in Frankreich,* en *MEW* Band 17, Berlín, Dietz, 1973, pp. 489-610; ed. cast.: *La Guerra Civil en Francia,* Fundación Federico Engels, 2003.

Marx, K. y F. Engels (1846-1883), *Correspondencia,* en *MEW* Bände 27-35, Berlín, Dietz, distintas fechas.

— (1848), *Manifest der Kommunistischen Partei,* en *MEW* Band 4, Berlín, Dietz, 1972, pp. 459-493; ed. cast.: *Manifiesto Comunista,* edición bilingüe, Madrid, Akal, 2018.

— (2016), *Obras Escogidas,* Madrid, Akal, 2016.

Índice

Agradecimientos 7
Prólogo 9

    I. La visualización del capital como valor en movimiento ... 15
   II. *El capital:* el texto 39
  III. El dinero como representación del valor 67
  IV. Antivalor: la teoría de la devaluación 93
    V. Precios sin valores 119
  VI. La cuestión de la tecnología 135
 VII. El espacio y el tiempo del valor 157
VIII. La producción de regímenes de valor 187
  IX. La locura de la razón económica 207

Coda 247
Referencias 251